汽车结构有限元
分析及优化设计研究

王书贤　著

中国原子能出版社

图书在版编目(CIP)数据

汽车结构有限元分析及优化设计研究 / 王书贤著.
-- 北京 : 中国原子能出版社, 2019.9

ISBN 978-7-5221-0078-4

Ⅰ. ①汽… Ⅱ. ①王… Ⅲ. ①有限元法－应用－汽车－结构分析 ②汽车－结构设计－研究 Ⅳ. ①U463

中国版本图书馆 CIP 数据核字(2019)第 219296 号

内 容 简 介

本书比较系统地介绍了有限元基础理论,重点突出有限元法在汽车结构中的分析研究,阐述了有限元分析与优化设计在汽车结构设计中的应用、有限元分析内容与分析实例。本书给出了汽车结构分析指南,为分析设计提供了思路和方法,指出了分析中应注意的问题,强调理论学习、程序运用与工程实践应紧密结合。

汽车结构有限元分析及优化设计研究

出版发行 中国原子能出版社(北京市海淀区阜成路 43 号 100048)
责任编辑 张 琳
责任校对 冯莲凤
印 刷 北京亚吉飞数码科技有限公司
经 销 全国新华书店
开 本 787mm×1092mm 1/16
印 张 12.5
字 数 224 千字
版 次 2020 年 3 月第 1 版 2020 年 3 月第 1 次印刷
书 号 ISBN 978-7-5221-0078-4 定 价 62.00 元

网址: http://www.aep.com.cn E-mail:atomep123@126.com
发行电话:010－68452845

前　言

随着我国社会主义经济的迅速发展，汽车工业的发展也越来越快。在汽车的设计与分析中，有限元分析方法已成为一种通用的重要分析手段，广泛应用于结构的静力分析、模态分析和动态分析中。可以毫不夸张地说，结构分析已离不开有限元分析方法。有限元分析方法作为汽车数字化设计的一项核心技术，不仅可以提升产品的竞争力，而且也为企业的自主创新带来了新的契机。随着有限元分析越来越快地融入汽车整个设计流程，各企业在产品设计流程中明确规定了分析环节，规定没有分析的设计不能进入下一个技术环节，从而真正做到基于分析的设计，实现产品设计的创新。目前有限元法正向着流程化、标准化、规模化、集成化方向发展，分析功能日益全面，应用范围不断扩大。

本书比较系统地介绍了有限元基础理论，重点突出有限元法在汽车结构中的分析研究，阐述了有限元分析与优化设计在汽车结构设计中的应用、有限元分析内容与分析实例。本书给出了汽车结构分析指南，为分析设计提供了思路和方法，指出了分析中应注意的问题，强调了理论学习、程序运用与工程实践应紧密结合。

全书共分为 8 章，第 1 章为汽车结构有限元分析及优化设计概述，介绍了有限元法和优化设计方法的发展、有限元技术在汽车结构设计中的地位与作用，以及有限元分析与优化设计在汽车结构设计中的应用；第 2 章为有限元分析的力学基础理论，主要介绍弹性力学的基本假定、关键概念、基本方程以及虚功原理；第 3 章为平面结构问题的有限元分析研究，主要分析平面问题的有限元法；第 4 章为杆系结构的有限元分析研究，包括拉压直杆、梁，以及刚架的有限元分析；第 5 章为其他常见问题的有限元分析研究，主要包括空间轴对称问题、板壳问题、动力学问题以及非线性问题的有限元分析；第 6 章为汽车结构有限元分析的过程及应用研究，介绍了汽车结构有限元分析过程以及汽车结构有限元建模，并列举了汽车结构有限元分析实例以及非线性有限元问题分析实例；第 7 章为优化问题及模型求解方法研究，介绍了优化问题的数学模型以及优化方法；第 8 章为基于有限元分析的汽车结构优化应用研究，主要内容包括白车身灵敏度分析及多目标轻量化优化设计、鼓式制动器的优化设计、汽车离合器摩擦片的优化设计、汽车主减速器双曲面齿轮结构参数优化设计。

本书的撰写力求既包含理论知识又具有工程指导意义，但是有限元分析的内容十分广泛，本书重点讨论了结构方面的问题。本书将有限单元法基本理论与实际应用相结合，又反映了有限单元法在机械与汽车结构分析中的应用的一些最新发展及科研成果，内容上由浅入深，循序渐进，强调了系统性、科学性，以应用为目的，突出了内容和生产实际的结合，本书可作为汽车领域中广大工程技术人员学习和应用有限单元法的指导参考书。

有限元法具有严密的力学理论基础和可靠的工程应用背景，已经形成了庞大的理论与应用体系，各种著作、教材、文章以及程序难以计数。本书是结合作者多年相关科研成果而撰写的，凝聚了作者的智慧、经验和心血，但是为了尽量保证本书的系统性和完整性，本书参考了大量文献，在此对这些作者表示衷心的感谢。

本专著承“机电汽车”湖北省优势特色学科群开放基金资助。

由于作者水平有限以及时间仓促，书中难免存在一些不足和疏漏之处，敬请广大读者和专家给予批评指正。

王书贤

2019 年 5 月

目　录

第1章　汽车结构有限元分析及优化设计概述

我国汽车产销量已连续多年居全球前列，是生产大国和使用大国。但我国出口整车一直未有很大起色，出口量占产销量的比例远低于发达国家。从中也能看出，国产汽车技术水平与国际市场要求的水平还存在一定差距。

随着我国汽车工业的发展，汽车设计与制造水平不断提升，国家大力倡导创新和研发投入，汽车公司对研发日益重视，对产品设计方面的要求越来越高。汽车零部件有限元技术作为开发过程中的重要工具，能解决设计阶段的问题，提高设计质量，缩短开发周期，节省开发费用，同时避免产品投放市场初期可能出现的质量问题。

有限元法和优化设计方法是现代设计方法的两个重要组成部分，随着计算机技术的发展，两种方法得到了广泛的应用。它们为工程设计提供了先进的设计方法，在解决复杂设计问题时，提高了设计效率和设计质量。从本质上来讲，这两种方法的起源均是求解特征点问题的数学方法。

1.1　有限元法和优化设计方法的发展

有限元法（Finite Element Method）是求解数学物理方程的一种高效率、常用的数值计算方法，也是将弹性理论、计算数学和计算机软件有机结合起来的一种数值分析技术。有限元法是以变分原理为基础发展起来的数值计算方法，因而它可以应用于以任何微分方程所描述的单物理场和多物理场中。

优化设计（Optimization Design）是将设计问题的物理模型转化为数学模型，运用最优化数学理论，选用适当的优化方法，以计算机为手段求解数学模型，从而得出最佳设计方案的一种设计方法。

有限单元分析（Finite Element Analysis，FEA），简称有限元分析，是更广泛意义上的计算机辅助工程（Computer Aided Engineering，CAE）的重要组成部分。CAE技术是计算机技术和工程分析技术相结合形成的新兴技术。简单地说，CAE是指工程设计中的分析计算与分析仿真，具体包括工程数值分析、结构与过程优化设计、强度与寿命评估、运动学或动力学仿真等。随着计算机软硬件技术的发展，CAE(计算机辅助工程)技术的日趋成熟，各种数值仿真方法，如有限元、多体动力学、结构优化设计等现代设计方法在产品设计中得到了大量的应用。

作为数值分析的典型代表，有限元分析已经成为继汽车结构力学分析和汽车结构实验研究之后的另一个重要手段，由此形成了现代汽车设计理论与方法。有限元分析不仅能够解决和验证传统的汽车结构问题，而且极大地扩大了结构分析的研究范围，成为解决汽车结构问题的新的主要手段。

有限元法的思想最早可以追溯到古代数学家采用割圆法来对圆周长进行计算，这实际上就体现了离散逼近的思想，即采用大量的简单小物体来“充填”出复杂的大物体。现代数学家里茨(Ritz)将其发展成为完善的数值近似方法，为有限元法打下了坚实基础。

在近代，有限元法基本思想的提出，通常认为始于20世纪40年代。雷尼柯夫(Hrenikoff,1941)首次提出用桁架方法求解弹性问题。柯兰特(Courant,1943)采用三角形域内分段连续函数求解扭转问题，第一次用有限元法思想处理连续体问题。阿基里斯(Argyris,1955)作了很多能量原理与矩阵分析方面的研究，并于1960年与克尔西(Kelsey)一起发表了《结构分析的能量原理(Energy Theorems and Structural Analysis)》一书，为有限元法理论基础的建立做出了贡献。1956年，特纳(Turner)、克拉夫(Clough)、马丁(Martin)和托普(Topp)等将刚架分析中的位移法扩展到弹性力学平面问题，并用于飞机的结构分析和设计。

1960年，克拉夫第一次使用有限元法这一术语。此后，大量学者、专家开始使用这一方法来处理工程结构、流体、热传导、电磁学等问题。贝塞林(Besseling,1963)、卞学璜(1963、1969)等人将有限元法与弹性力学变分原理联系起来，为有限元法数学基础的建立做出了贡献。晋凯维奇(Zienkiewicz)和张佑启(Y. K. Cheung)于1967年发表了世界上第一部有限元法的专著。

20世纪70年代后，随着计算机技术的快速发展，有限元法得到了更充分的应用与发展，尤其是在非线性、流变性和振动等方面，都取得了长足的进展。欧登(Oden,1972)出版了世界上第一部非线性连续介质有限元法的专著。

到20世纪90年代，有限元法的理论得到了不断地完善和发展。主要体现在：建立了严格的数学和工程学基础；应用范围扩展到结构力学以外的领域；收敛性得到进一步研究，形成了系统的误差估计理论；相应的有限元软件得到快速发展。目前，各种数值模拟软件公司强强联合，不断推出功能齐全、界面友好的系列软件，以解决复杂及大型装备产品的设计与制造难题。

随着计算机技术的飞速发展，应用有限元法的软件大量涌现，并在工程领域发挥越来越重要的作用；目前，比较著名的有限元分析软件有 ANSYS、Hyperworks、ABAOUS、MSC/NASTRAN、MARC、LS-DYNA、ALGOR、PRO/MECHANICA、IDEA 等。

最早的优化问题可以追溯到欧几里得的“同周长矩形中正方形的面积最大”，18 世纪微积分的建立给出了求函数极值的一些准则。在 20 世纪 40 年代，Petersa 的文章《如何应用满应力设计法》算是现代优化设计的开端。20 世纪 50 年代末，优化方法中的数学规划法被用于结构优化中，使之成为优化设计的基本理论基础。1960 年 Schmit 将结构有限元技术与数学规划法结合起来进行结构优化设计，开创了现代结构优化设计的先河。至 20 世纪 70 年代主要有数学规划法和准则法两类方法进行结构优化设计。进入 20 世纪 80 年代，随着计算机的发展与普及，进一步拓展了结构优化设计技术的应用与发展。1982 年 Iman 发表的阐述三维结构形状优化设计的文章，掀起了求解拓扑优化，形状、尺寸优化算法的研究热潮。这一阶段数学规划法中的经典算法均被用来进行结构优化设计。随着科学技术的发展，生物科技被引入到工程研究当中，遗传算法、蚁群算法和基于神经网络的优化算法，越来越多地应用于工程结构优化领域。

此外，随着计算机科技的发展，并行计算、互联网技术、人工智能等新技术也逐渐被引入到优化设计领域中，使得基于多物理场的、多目标的优化设计成为可能。许多商用工程软件均提供拓扑优化、形貌优化、尺寸优化、形状优化以及自由尺寸形状优化等技术。

1.2　有限元技术在汽车结构设计中的地位与作用

1.2.1　有限元技术在汽车结构设计中的地位

有限元技术在车企开发中已经成为必不可少的一种设计方法，其分析的对象涉及零部件、总成、系统和整车，主要有结构的强度和刚度分析、模态分析、谐响应分析、谱响应分析、屈曲分析、冲压成型分析、碰撞分析、多体动力学分析、振动噪声（NVH）分析、结构疲劳分析、热分析、流体分析、耦合分析等。

目前，商业的有限元软件有很多，如ABAQUS、MSC、ANSYS、HyperWorks等，以及其他三维软件自带的有限元分析模块。这些有限元分析软件各有千秋，针对不同的问题，各有利弊。自ANSYS 7.0开始，ANSYS公司推出了ANSYS经典版(Mechanical APDL)和ANSYS Workbench版两个版本，ANSYS公司极力打造一个通用的、面向用户的CAE平台，而ANSYS Workbench做到了这一点。它允许用户将ANSYS所有功能以及第三方CAE系统通过该平台集成到一起，开发一个面向用户专门问题的CAE系统。它与目前市场通用的主流三维建模软件可以做到无缝衔接，与其他分析软件也可通过存储中间格式的方式进行分析。

目前，ANSYS Workbench作为产品工程师所需掌握的一款工具之一，它的界面友好，工程化性质强，方便工程师熟练使用。

1.2.2 有限元技术在汽车新产品开发过程中的作用

在科学技术日新月异的今天，汽车的市场生命周期大大缩短，对于一个汽车企业来说，保持企业具有良好的发展状态只有两条途径：一是开发汽车新产品，二是开拓汽车新市场。而对于成熟的市场来说，汽车企业最重要的途径是不断开发汽车新产品。

然而，汽车产品开发是一项复杂的系统工程。新产品开发一般要经历以下几个阶段。

第一阶段：产品规划即市场策划阶段。通过市场调研，从客户需求出发，准确定位车型市场，建立新车型的目标产品。该阶段主要由企划部负责，营销、研发等部门协助。

第二阶段：概念开发和研究阶段，即概念设计和可行性研究阶段。该阶段主要由研发部门负责，总工程师根据产品的目标定位，确定产品的方案以及各大总成等主要参数。通过自顶向下的方式布置明确的设计任务，将各个模块的设计指标(如性能参数、结构强度、刚度、质量等)下达到每位设计师。

第三阶段：设计、试制试验与认证阶段。这一阶段的设计和试验过程中需要大量使用有限元技术，以便工程师解决和掌握强度、刚度问题，并决定是否进行继续优化设计来保证产品的设计水平。

第四阶段：确认设计，生产准备阶段。在确认设计过程中，需要解决新产品的样品试验中暴露出来的问题，部分问题可以采用有限元技术进行分析和诊断问题的原因，验证对策可行性，将问题解决在投放市场之前。

当然，新产品从无到有并推向市场，不只是量产与投产、销售等过程，但和有限元技术相关的过程，主要在第二阶段至第四阶段。可见，有限元技术在新产品开发过程的重要地位。只有当设计、分析和试验三者有效结合时，才能在更大程度上体现有限元技术在汽车新产品开发过程中的作用。

1.3　有限元分析与优化设计在汽车结构设计中的应用

由于有限元通用程序使用方便、计算精度高，其计算结果已成为汽车产品设计和性能分析的可靠依据。有限元分析已成为汽车设计中的重要环节，无论是在车型改造，还是在新车开发阶段，就产品中的强度、刚度、疲劳、振动、噪声及耐撞击性能等问题进行计算分析，可以在很大程度上提高设计品质，缩短开发周期，节省开发费用，真正形成自主的产品开发能力。

汽车发展的历史已经超过了 10 年，人类在汽车的发展过程中不断改善其结构、造型、性能，以满足使用的需要。汽车轻量化发展的趋势越来越突出，汽车轻量化直接提高汽车的比功率，使汽车的动力性提高。除材料选择以外，车身轻量化的主要途径是结构优化设计。结构优化设计是将优化技术与有限元分析技术结合起来，设计满足给定各种要求的最佳结构尺寸、形状等的设计手段。结构优化设计充分利用了计算机技术、有限元技术和优化技术，可大大缩短设计周期，降低产品材料消耗，提高产品精度和性能，并将产生明显的经济效益。

现代设计理论和方法的建立，特别是计算机辅助分析技术的运用，使汽车结构的分析水平有了质的飞跃。基于有限元法的结构仿真分析已经涵盖了从零部件、总成到整车的所有重要系统，有限元技术大量应用于汽车设计中，用来解决汽车零部件复杂的受力分析计算问题。如车架的静力学有限元分析和模态分析、驱动桥桥壳总成的静力学有限元分析、发动机曲轴的谐响应分析、推力杆的屈曲分析、齿轮的瞬态动力学分析等。如图 1-1 所示为汽车结构有限元分析流程图。

汽车设计中的影响因素非常多，而且可供选择的设计方案也较多，加之计算比较复杂，所以采用优化设计方法可以将传统的设计内容、现代的设计方法和现代的设计手段较好地结合起来，最大限度地协调各种技术指标，使设计出的汽车尽可能满足多种角度考虑的设计要求。目前优化技术主要应用于汽车结构件或零部件的优化设计，如以汽车质量或体积为目标函数的最优设计，还有对比分析中的参数化设计和形状优化。

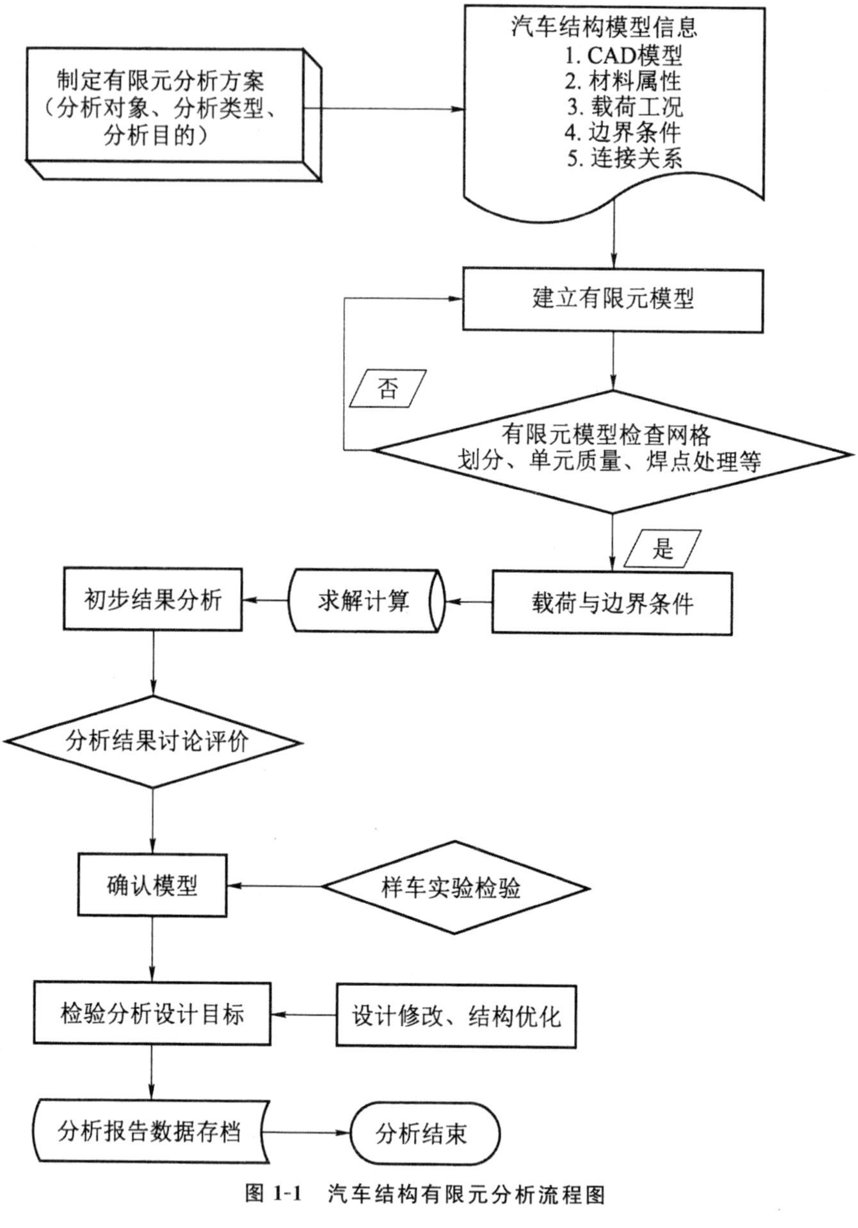

图 1-1　汽车结构有限元分析流程图

汽车产品的结构优化设计贯穿于概念设计、详细设计、虚拟仿真、实验验证和产品制造整个过程当中，它是以计算机自动设计选优为其基本特征，其过程分为四个阶段。

(1)工程设计问题的提出。首先决定设计目标，它可以是单项设计指标，也可以是多项设计指标的组合。从技术经济观点出发，车辆的运动学和动力学性能、体积、重量、效率、成本、可靠性等都可以作为设计所追求的目标。

(2)建立数学模型。将工程设计问题用数学方程式的形式予以全面地、准确地描述,其中包括:根据设计目标建立评价设计方案优劣的目标函数;确定哪些参数参与选优,也就是确定设计变量;把设计应满足的各类要求以等式或不等式的形式建立约束方程。

(3)选择优化方法。根据数学模型中函数的性质、设计的精度要求等选择适用的优化方法。

(4)得出最优设计方案。利用软件或编程上机计算,然后对计算结果做出分析和正确的判断,从而得出最优设计方案。

各种汽车结构件都可应用有限元法进行静态分析、模态分析和动态分析。汽车结构有限元分析的应用主要体现在以下几个方面:

(1)整车、车身及零部件结构强度、刚度、模态分析及结构优化设计。一是在汽车设计中对所有的结构件、主要零部件的强度和刚度进行分析;二是基于有限元法作为结构优化设计分析的工具;三是采用有限元法对车身及部件进行模态分析,了解各部件的固有频率及振型,进一步计算出各部件的动态响应,为结构的动态设计建立基础。

(2)车身内的声学设计。将车身结构模态与车身内声模态耦合,评价乘员感受的噪声并进行噪声控制。

(3)疲劳寿命与可靠性分析。汽车产品设计已进入有限寿命设计阶段,要求汽车在设计的使用期内整车和零部件完好,不产生疲劳破坏。

(4)碰撞与安全性分析。汽车模拟碰撞分析的目的是为了提高汽车被动安全性能,有效提高车辆设计的安全性,同时大幅减少实车试验的庞大费用。一是在碰撞时,车身结构、驾驶系统、座位等能吸收较高撞击能量,缓和冲击;二是发生事故时,确保车内乘员生存空间,通过安全气囊、座椅安全带等对乘员实施被动保护功能,以保证乘员安全并在碰撞后容易进行车外救助和脱险。

(5)气动或流场分析。应用计算流体力学方法来预测车身外部流场,为汽车性能和造型设计服务。

(6)整车性能的综合分析及评价。从整体的角度对汽车的各种性能进行分析和预测,包括汽车的空气动力学特性、声学特性、振动特性、操纵稳定性、乘坐舒适性、碰撞安全性等。

随着计算机技术的飞速发展,计算规模、计算速度、计算机容量等已不再是主要矛盾,汽车结构有限元分析中,大多数问题都可以在微机上完成。通过建立零部件、结构或系统的有限元计算模型,或将CAD模型进行转换，对模型施加载荷或其他性能条件，即可进行计算。

1.3.1 驱动桥桥壳总成静力学有限元分析

驱动桥桥壳总成作为汽车的承载零部件，在实际设计过程中，先通过理论计算和设计，制作出三维模型，然后在有限元分析软件中进行静力学分析，对其进行强度和刚度研究，如图 1-2 所示。

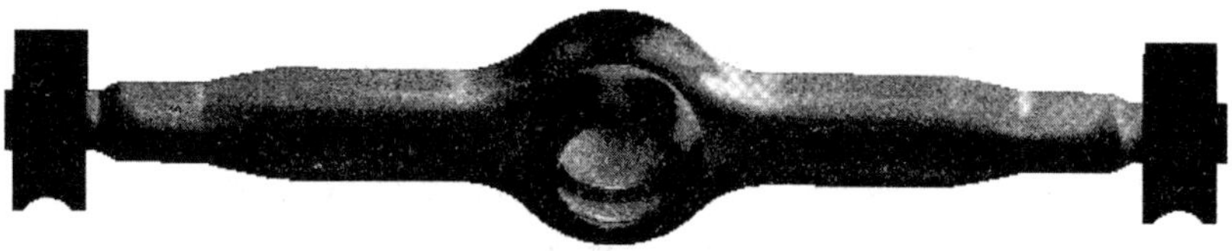

图 1-2　驱动桥桥壳总成应力云图

1.3.2 车架的静力学有限元分析和模态分析

车架是汽车的重要组成部分，在工作的过程中总会受到来自各个方面的载荷作用，所以车架必须要有足够大的刚度和强度来承受这些载荷，如图 1-3 和图 1-4 所示。另外车架受到两类激振：一是汽车行驶时路面不平度对车轮作用的随机激振；二是发动机运转时，做功行程燃烧爆发压力和活塞往复惯性力引起的简谐激振。当激励力的激振频率和车架的某一固有频率相吻合时，就会产生共振，导致车架某些部位产生数值很大的共振载荷，造成

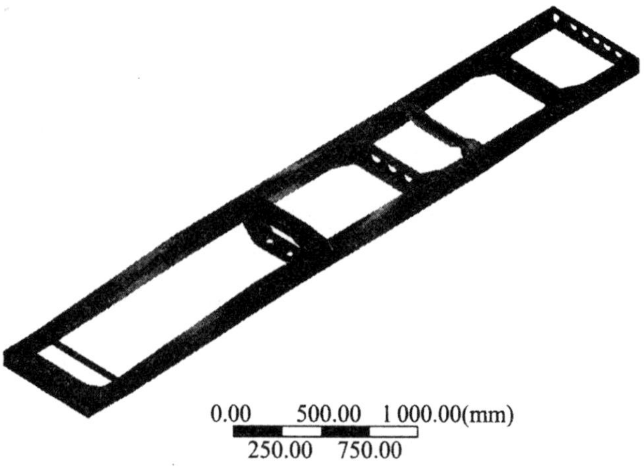

图 1-3　弯曲工况下车架的刚度

车架的破坏。因此,车架的模态分析对于研究车架的动态响应非常重要,它是研究结构动态性能的基础,图 1-5 所示为车架的某阶模态分析。

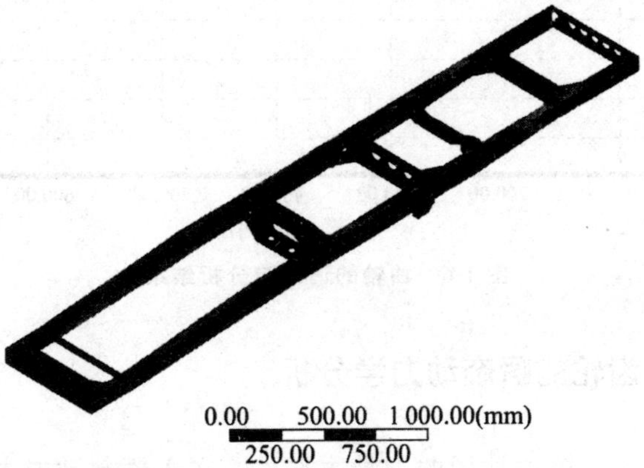

图 1-4　弯曲工况下车架的强度

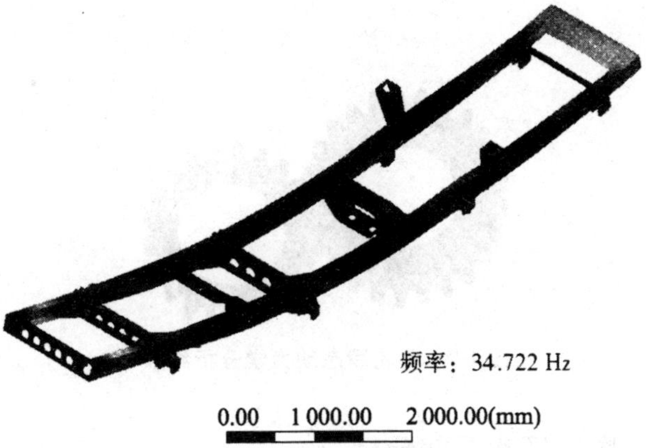

图 1-5　车架模态分析

1.3.3　发动机曲轴的谐响应分析

曲轴是发动机中最重要的部件之一,在做功行程燃烧爆发压力和活塞往复惯性力通过曲轴将周期性的运动作用于汽车零部件上。因此可以把曲轴的这种运动进行谐响应分析,如图 1-6 所示为曲轴的谐响应分析结果。

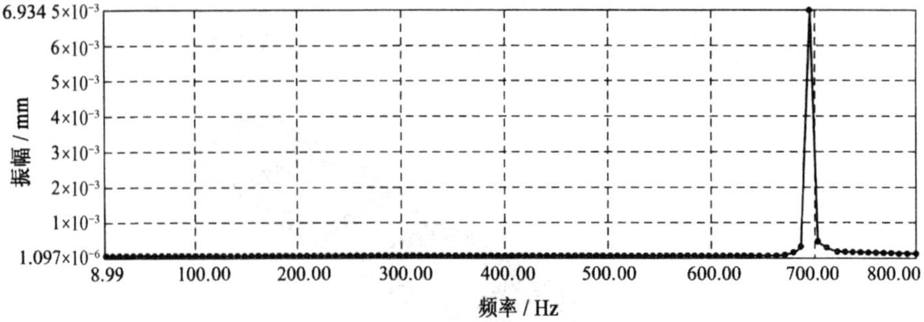

图 1-6　曲轴的谐响应分析结果

1.3.4　齿轮的瞬态动力学分析

齿轮是传动系统中常用的一种零部件。在车辆起动或者制动等过程中，短时间内会产生较大的负荷，其工况不同于正常工况下齿轮的啮合运动，一般可采用瞬态动力学进行分析，图 1-7 所示为一对齿轮的瞬态动力学分析结果。

图 1-7　齿轮瞬态动力学分析结果

1.3.5　推力杆的屈曲分析

对于一些细长件或者壁厚与其某一尺寸相差较大，受到外界压力时，其未达到材料的极限值就产生某种类型的破坏，用普通的静力学分析很难解释此类问题，这是由于结构屈曲造成的。图 1-8 所示为推力杆的屈曲分析结果。

图 1-8　推力杆的屈曲分析结果

图 1-9～图 1-16 给出了汽车多种部件、不同单元的有限元计算模型。包括齿轮轮齿局部单元模型、悬架总成模型、轮胎有限元模型、大客车骨架空间梁单元模型、轿车车身有限元模型、SUV 白车身有限元模型、轿车碰撞分析模型和轻型货车碰撞分析模型。

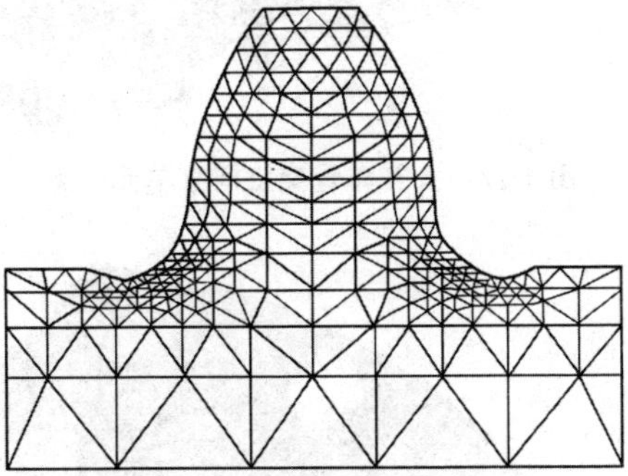

图 1-9　齿轮轮齿局部单元模型

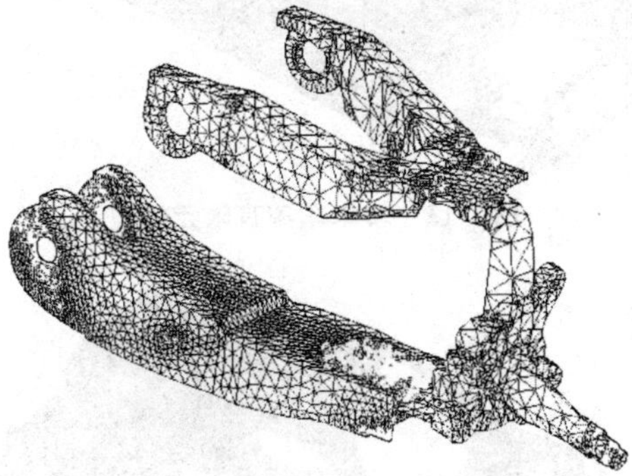

图 1-10　悬架总成模型

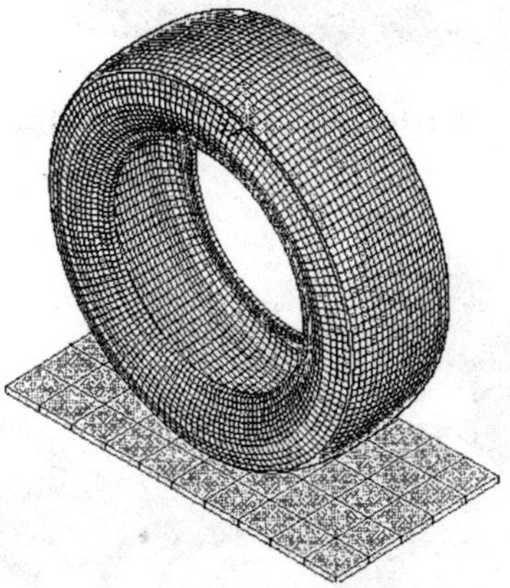

图 1-11　轮胎有限元模型

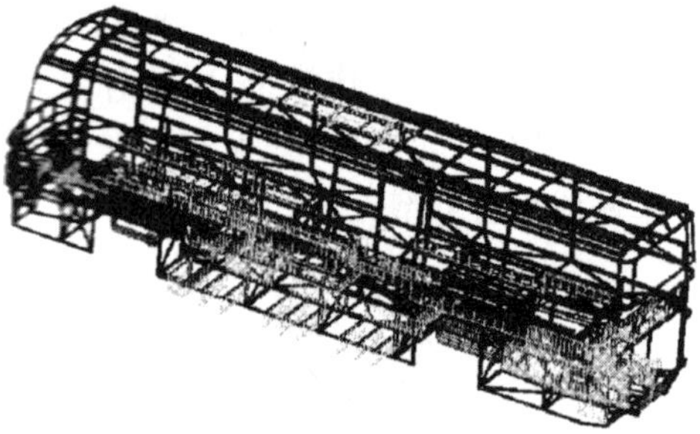

图 1-12　大客车骨架空间梁单元模型

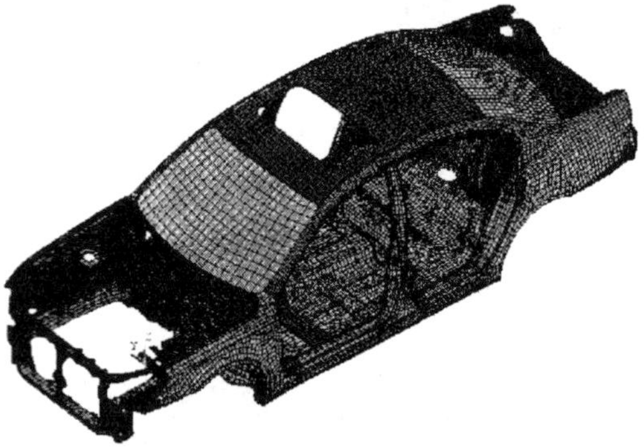

图 1-13　轿车车身有限元模型

图 1-14　SUV 白车身有限元模型

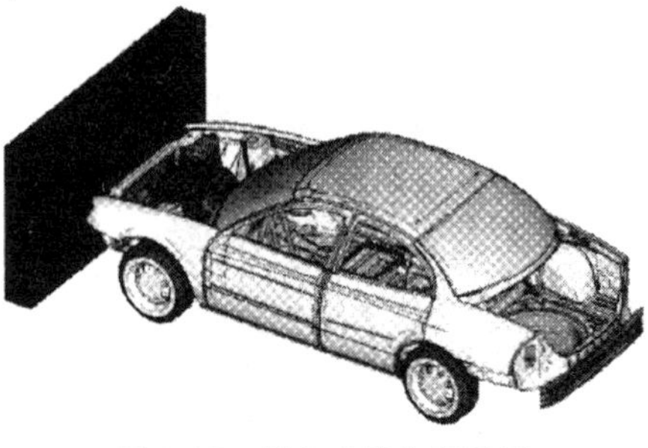

图 1-15　轿车碰撞分析模型

图 1-16　轻型货车碰撞分析模型

第2章　有限元分析的力学基础理论

有限元分析的基本思想是将连续体进行离散，划分成为网格进行计算，这些网格称为单元；网格和网格的交线称为边界；网格间相互连接的交点称为节点，单元、边界和节点如图2-1所示。因模型上节点总数是有限的，单元数(网格数)也是有限的，这就是“有限元”一词的由来。划分网格的目的是把连续体分解成可得到精确解的适当数量单元，然后通过已知条件和未知条件，对单元建立相关方程，将单元组成的集合，组成矩阵进行求解。

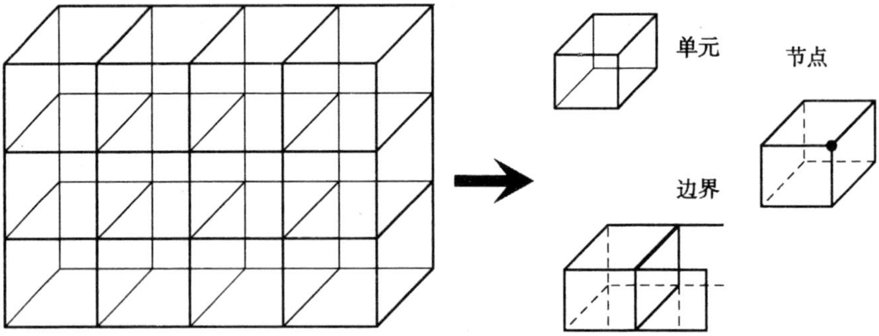

图2-1　有限元分析中的网格、边界、节点

从有限元法所用的力学基础理论来看，涉及弹性静力学、动力学、弹塑性力学与接触理论、疲劳与断裂力学、复合材料力学、流体力学和热力学等众多学科。但是有限元法本身仍在不断发展，各种分析软件的功能越来越丰富，分析研究范围大大扩展。

通过学习并掌握力学基础理论，一方面加深对有限元学习的理解，另一方面也为将实际问题简化成力学模型打下了基础。

2.1　弹性力学的基本假定

弹性力学是研究弹性体在外力和约束作用下应力和变形分布规律的一门学科，是材料力学课程的延续。弹性力学可不采用这些假定得到比材料力学更加精确的解答，除了研究杆状结构外，还将研究板、壳、实体等非杆状结构。

从研究物体的主要力学特征以及求解问题的范围着手，弹性力学主要采用以下几点假定。

(1)连续性假设。

弹性体由连续介质组成，不存在任何空隙，可用连续函数来描述。有了这个假设，物体内的一些物理量(如应力、应变等)才能连续，因而才能用坐标的连续函数表示它们的变化规律。

如不连续，则发展成为颗粒弹性力学。

(2)理想弹性假设。

假定物体受力在弹性范围内，一旦消除引起变形的因素后，能完全恢复到原来的形状。物体满足虎克定律，表征应力和应变之间关系的弹性常数不随应力和应变的变化而改变。这一假设使得物体在任意瞬时的应变将完全取决于该瞬时物体所受的外力或温度变化等因素，而与加载的历史和加载顺序无关。

如不满足，则为塑性力学。

(3)均质性假设。

假定整个物体是由同一个材料组成的，或者由多种材料均匀混合而成，物体的弹性常数不会随位置而变，保证物体各个位置的物质具有相同特性。

(4)各向同性假设。

假定物体的弹性在各个方向都是相同的，即物体的弹性常数不随方向而变。

(5)无初应力(自然状态)假设和小位移、小变形假设。

就是假设物体在外力和其他因素作用下，所有各点的位移都远远小于物体原来的尺寸。这样，在研究物体受力变形后的平衡状态时，可以不考虑物体尺寸的变化，而仍用变形前的尺寸；并且在研究物体变形时，对于变形的二次幂和乘积都可略去不计。这样就使得弹性力学中的基本微分方程简化为线性的，而且可以应用叠加原理。

超出以上假定研究范围的都有专门的学科进行研究，如非线性弹性力学、塑性力学、复合材料力学、损伤力学、大变形力学等。一般而言，在线弹性范围内，弹性力学的解认为是精确的，它可以用来校核材料力学解以及有限元分析近似解，可以作为判定截面应力分布规律，检验不同单元、不同网格划分密度的解差别的标准等。

2.2 弹性力学的关键概念

2.2.1 载荷

载荷是外界作用在弹性体上的力，又称为外力。它包括体力、面力和集中力三种形式。

体力是分布于整个弹性体体积内的外力，如重力、惯性力、磁力等。单位体积内的体力通常也可分解为沿坐标轴的 3 个分量，常用其在单位体积上的体力表示，国际单位为 N/m^3。

$$\boldsymbol{P}_v = [P_{vx} \quad P_{vy} \quad P_{vz}]^T \tag{2-2-1}$$

面力是作用于弹性体表面的外力，如接触气压力、介质压力等，单位面积上的面力通常可分解为平行于坐标轴的 3 个分量，常用其在单位面积上的面力表示，国际单位为 N/m^2。

$$\boldsymbol{P}_s = [P_{sx} \quad P_{sy} \quad P_{sz}]^T \tag{2-2-2}$$

如果外力作用面很小，则可视为外力作用在物体表面的某一点上，这种外力称为集中力。集中力的矩阵表示见式(2-2-3)，国际单位为 N。

$$\boldsymbol{P}_c = [P_{cx} \quad P_{cy} \quad P_{cz}]^T \tag{2-2-3}$$

2.2.2 应力

弹性体受到载荷作用，相应地在内部产生了内力，单位面积上产生的内力称为应力，它反映了力在截面上的分布密度。

一弹性体在外力作用下处于平衡状态。为了研究任意点的应力情况，用平行于坐标面的平面在该点附近，取出一无限小的微元体(这样可认为每一面的应力均匀分布)。弹性体其余部分对微元体各面有应力作用。把应力沿坐标轴方向进行分解，对每个侧面来讲，分解为一个正应力和两个剪应力。如图 2-2 所示为微分体的应力分量。

(1)正应力。

垂直于表面的应力称为正应力，用 σ 表示，其下标代表应力作用方向和应力作用面。

(2)剪应力。

平行于表面的应力称为剪应力，又称为切应力，用 τ 表示，带有两个角标，第一个角标表示作用面，垂直于哪一个坐标轴；第二个角标表示作用方向，沿哪一个坐标轴。

这样在微元体上共有三个正应力，六个剪应力。

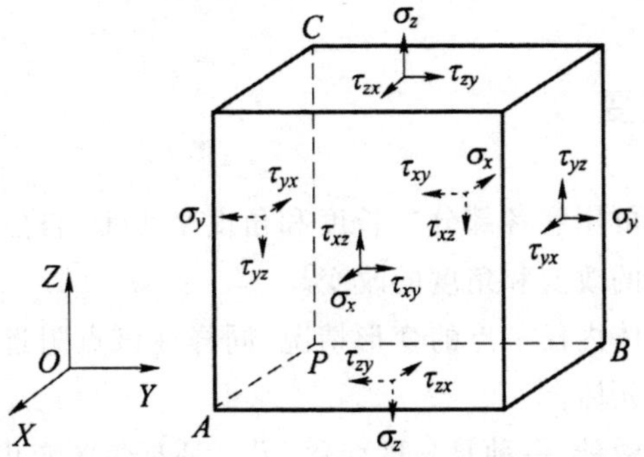

图 2-2　微分体的应力分量

(3)正面、负面与应力正负号规定。

如果某个截面的外法线是与坐标轴正方向一致，则称该面为正面。图 2-2 中的右、前、上各面均为正面。在正面上的应力，包括正应力和剪应力，以与坐标轴的正向一致为正，反之为负。

如果某个截面的外法线是与坐标轴的负向一致，则称该面为负面。图 2-2 中的左、后、下各面均为负面。在负面上的应力，以与坐标轴的负方向一致时为正，反之为负。

图 2-2 上所示的应力全都是正的。

根据剪应力互等定理，微分体上 6 个剪应力有如下关系：

$$\tau_{xy}=\tau_{yx},\tau_{yz}=\tau_{zy},\tau_{zx}=\tau_{xz}$$

因此，微分体上只有 6 个独立的应力，即 3 个正应力 σ_x、σ_y、σ_z 和 3 个剪应力 τ_{xy}、τ_{yz}、τ_{zx}，如图 2-2 所示。

某一点在不同方向截面上的应力是不同的，即同一点在不同方向上的应力不同。但可以证明，经过该点的任意斜截面上的应力都可以通过上述 6 个应力求得。

应力的列阵表示为

$$\boldsymbol{\sigma}=[\sigma_x\quad\sigma_y\quad\sigma_z\quad\tau_{xy}\quad\tau_{yz}\quad\tau_{zx}]^{\mathrm{T}}\tag{2-2-4}$$

2.2.3　位移

弹性体在受力后要发生位置和形状的改变。物体内任意一点的位移，

用位移在 x、y、z 坐标轴上的投影组成的向量表示为

$$\boldsymbol{\delta}(x,y,z)=\begin{bmatrix}u(x,y,z)\\v(x,y,z)\\w(x,y,z)\end{bmatrix} \tag{2-2-5}$$

2.2.4 应变

物体的形状可用它各部分的长度和角度来表示，自然物体形状的改变就可归结为长度的改变和角度的改变。

为了研究物体内任一点的变形情况，同样在该点附近用平行于坐标面的平面截取一微元体。

应变可分为两种，一种是长度变化，另一种是角度变化。单位长度的长度变化为线应变或正应变，沿 3 个坐标轴分别用 ε_x、ε_y、ε_z 表示。相互垂直面夹角的变化值为角应变或剪应变，分别用 γ_{xy}、γ_{yz}、γ_{zx} 表示。对于物体内任意一点的应变状态，可用一个应变列阵表示

$$\boldsymbol{\varepsilon}=\begin{bmatrix}\varepsilon_x & \varepsilon_y & \varepsilon_z & \gamma_{xy} & \gamma_{yz} & \gamma_{zx}\end{bmatrix}^{\mathrm{T}} \tag{2-2-6}$$

2.3 弹性力学基本方程

在弹性力学中针对微小的单元体建立基本方程，把复杂形状弹性体的受力和变形分析问题归结为偏微分方程组的边值问题。弹性力学的基本方程包括平衡方程、几何方程、物理方程。

2.3.1 平衡方程

在静态载荷作用下，结构相对于周围的物体处于静止状态，称该结构处于静力平衡状态。弹性力学中的平衡状态主要是弹性体所受外力与弹性体内部产生的应力相平衡。

物体受外力 $\boldsymbol{P}_v$ 作用，过 P 点的微分体取边长 $PA=\mathrm{d}x$，$PB=\mathrm{d}y$，$PC=\mathrm{d}z$，由于它是从处于平衡状态的物体中取出的，因此它在空间内也应保持平衡。由于各应力分量是坐标的函数，因此微分体的应力分量函数如图 2-3 所示。

根据平衡条件，作用于微分体上 x 方向的合力为零，即

$$\sum F_x = \left(\sigma_x + \frac{\partial \sigma_x}{\partial x}\right)\mathrm{d}y\mathrm{d}z + \left(\tau_{yx} + \frac{\partial \tau_{yx}}{\partial y}\right)\mathrm{d}x\mathrm{d}z + \left(\tau_{zx} + \frac{\partial \tau_{zx}}{\partial z}\right)\mathrm{d}x\mathrm{d}y - \sigma_x \mathrm{d}y\mathrm{d}z - \tau_{yx}\mathrm{d}x\mathrm{d}z - \tau_{zx}\mathrm{d}x\mathrm{d}y + P_{vx}\mathrm{d}x\mathrm{d}y\mathrm{d}z = 0 \tag{2-3-1}$$

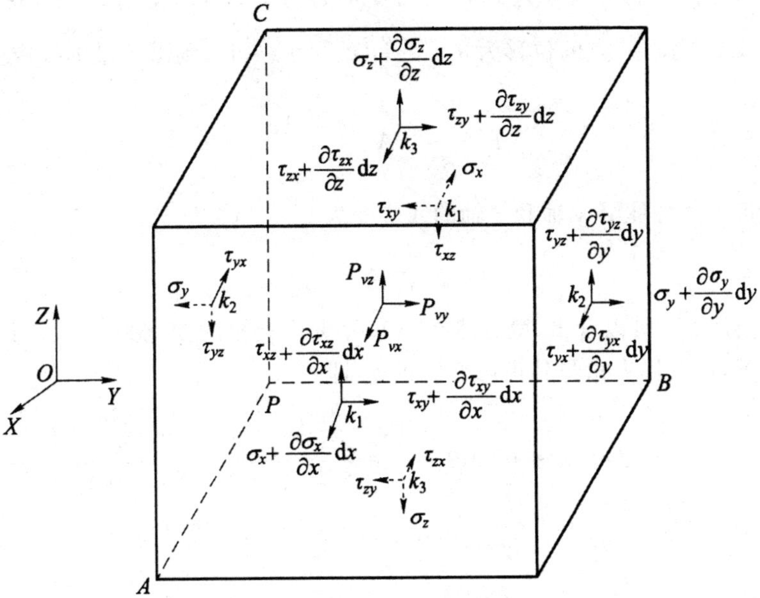

图 2-3　微分体的应力分量函数

经简化并应用剪应力互等定律得

$$\frac{\partial \sigma_x}{\partial x} + \frac{\partial \tau_{xy}}{\partial y} + \frac{\partial \tau_{xz}}{\partial z} + P_{vx} = 0 \tag{2-3-2}$$

同理得到 y、z 方向的平衡方程，则微分体的平衡方程为

$$\begin{aligned} &\frac{\partial \sigma_x}{\partial x} + \frac{\partial \tau_{xy}}{\partial y} + \frac{\partial \tau_{xz}}{\partial z} + P_{vx} = 0 \\ &\frac{\partial \tau_{yx}}{\partial x} + \frac{\partial \sigma_y}{\partial y} + \frac{\partial \tau_{yz}}{\partial z} + P_{vy} = 0 \\ &\frac{\partial \tau_{zx}}{\partial x} + \frac{\partial \tau_{zy}}{\partial y} + \frac{\partial \sigma_z}{\partial z} + P_{vz} = 0 \end{aligned} \tag{2-3-3}$$

式(2-3-3)称为平衡微分方程，它是弹性体内部必须满足的条件，也就是应力分量之间的相关条件。

2.3.2　几何方程

位移与应变是用来描述物体变形状态的两种物理量，它们之间有着一定关系。由这些变形几何关系就可以得出几何方程。

从物体内取一微分体，为清楚起见，仅考察 xOy 平面内的变形，如图 2-4 所示为位移与应变关系。

微分体 x 轴方向棱为 PA，受力变形后为 $P'A'$，P 变到 P' 点，位移为 u_0、v_0，A 变到 A' 点的位移为 $u_0+\frac{\partial u}{\partial x}\mathrm{d}x$、$v_0+\frac{\partial v}{\partial y}\mathrm{d}y$，则沿 x 轴的线应变为

$$\varepsilon_x=\frac{P'A'-PA}{PA}=\frac{\frac{\partial u}{\partial x}\mathrm{d}x}{\mathrm{d}x}=\frac{\partial u}{\partial x} \tag{2-3-4}$$

同理可求微分体沿 y 轴和 z 轴的线应变为

$$\varepsilon_y=\frac{\partial v}{\partial y},\varepsilon_z=\frac{\partial w}{\partial z} \tag{2-3-5}$$

由图 2-4 可以看出，微分体在 xOy 平面内夹角的变化为 $\alpha+\beta$。小变形条件下，可以用夹角与其正切近似相等，即

$$\begin{aligned}\gamma_{xy}=\alpha+\beta\approx\tan\alpha+\tan\beta&=\frac{\left(v+\frac{\partial v}{\partial x}\mathrm{d}x\right)-v}{\mathrm{d}x}+\frac{\left(u+\frac{\partial u}{\partial y}\mathrm{d}y\right)-u}{\mathrm{d}y}\\&=\frac{\partial v}{\partial x}+\frac{\partial u}{\partial y}\end{aligned} \tag{2-3-6}$$

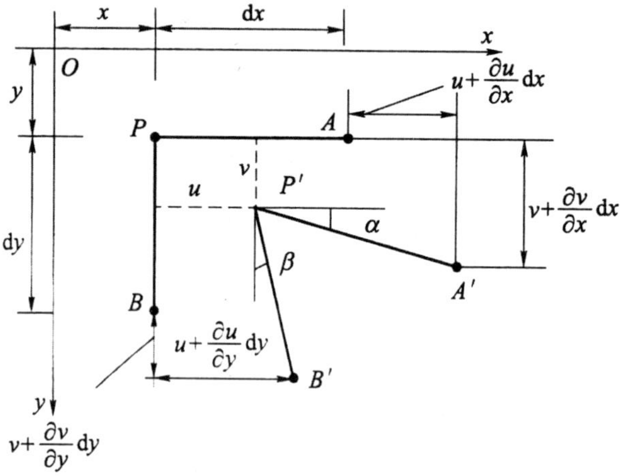

图 2-4　位移与应变关系

同理得微分体在另两个面的剪应变为

$$\gamma_{yz}=\frac{\partial w}{\partial y}+\frac{\partial v}{\partial z},\gamma_{zx}=\frac{\partial u}{\partial z}+\frac{\partial w}{\partial x} \tag{2-3-7}$$

写成矩阵的形式为

$$\boldsymbol{\varepsilon}=\begin{bmatrix}\varepsilon_x\\\varepsilon_y\\\varepsilon_z\\\gamma_{xy}\\\gamma_{yz}\\\gamma_{zx}\end{bmatrix}=\begin{bmatrix}\dfrac{\partial u}{\partial x}\\\dfrac{\partial v}{\partial y}\\\dfrac{\partial w}{\partial z}\\\dfrac{\partial u}{\partial y}+\dfrac{\partial v}{\partial x}\\\dfrac{\partial v}{\partial z}+\dfrac{\partial w}{\partial y}\\\dfrac{\partial w}{\partial x}+\dfrac{\partial u}{\partial z}\end{bmatrix}=\begin{bmatrix}\dfrac{\partial}{\partial x}&0&0\\0&\dfrac{\partial}{\partial y}&0\\0&0&\dfrac{\partial}{\partial z}\\\dfrac{\partial}{\partial y}&\dfrac{\partial}{\partial x}&0\\0&\dfrac{\partial}{\partial z}&\dfrac{\partial}{\partial y}\\\dfrac{\partial}{\partial z}&0&\dfrac{\partial}{\partial x}\end{bmatrix}\begin{bmatrix}u\\v\\w\end{bmatrix}\tag{2-3-8}$$

式(2-3-8)就是从变形几何条件得出的几何方程。

2.3.3 物理方程

在弹性力学中，应力分量与应变分量呈线性关系，即它们之间对应一个转换矩阵。由材料力学中的广义虎克定律，可知

$$\left.\begin{aligned}\varepsilon_x&=\frac{1}{E}[\sigma_x-\mu(\sigma_y+\sigma_z)]\\\varepsilon_y&=\frac{1}{E}[\sigma_y-\mu(\sigma_x+\sigma_z)]\\\varepsilon_z&=\frac{1}{E}[\sigma_z-\mu(\sigma_x+\sigma_y)]\\\gamma_{xy}&=\frac{\partial\tau_{xy}}{G},\gamma_{yz}=\frac{\partial\tau_{yz}}{G},\gamma_{zx}=\frac{\partial\tau_{zx}}{G}\end{aligned}\right\}\tag{2-3-9}$$

式(2-3-9)是以应力表示应变的物理方程式，转换成以应变表示应力的物理方程为

$$\begin{bmatrix}\sigma_x\\\sigma_y\\\sigma_z\\\tau_{xy}\\\tau_{yz}\\\tau_{zx}\end{bmatrix}=\frac{E(1-\mu)}{(1+\mu)(1-2\mu)}\begin{bmatrix}1&\dfrac{\mu}{1-\mu}&\dfrac{\mu}{1-\mu}&0&0&0\\\dfrac{\mu}{1-\mu}&1&\dfrac{\mu}{1-\mu}&0&0&0\\\dfrac{\mu}{1-\mu}&\dfrac{\mu}{1-\mu}&1&0&0&0\\0&0&0&\dfrac{1-2\mu}{1(1-\mu)}&0&0\\0&0&0&0&\dfrac{1-2\mu}{1(1-\mu)}&0\\0&0&0&0&0&\dfrac{1-2\mu}{1(1-\mu)}\end{bmatrix}\begin{bmatrix}\varepsilon_x\\\varepsilon_y\\\varepsilon_z\\\gamma_{xy}\\\gamma_{yz}\\\gamma_{zx}\end{bmatrix}\tag{2-3-10}$$

简写为

$$\boldsymbol{\sigma} = \boldsymbol{D\varepsilon} \tag{2-3-11}$$

式中，$\boldsymbol{D}$ 为弹性矩阵。

$$\boldsymbol{D} = \begin{bmatrix} 1 & \frac{\mu}{1-\mu} & \frac{\mu}{1-\mu} & 0 & 0 & 0 \\ \frac{\mu}{1-\mu} & 1 & \frac{\mu}{1-\mu} & 0 & 0 & 0 \\ \frac{\mu}{1-\mu} & \frac{\mu}{1-\mu} & 1 & 0 & 0 & 0 \\ 0 & 0 & 0 & \frac{1-2\mu}{1(1-\mu)} & 0 & 0 \\ 0 & 0 & 0 & 0 & \frac{1-2\mu}{1(1-\mu)} & 0 \\ 0 & 0 & 0 & 0 & 0 & \frac{1-2\mu}{1(1-\mu)} \end{bmatrix} \tag{2-3-12}$$

2.4 虚功原理

虚功原理是变分原理的一种形式，它在推导有限元法的基本算法过程中有着重要的作用，它包括虚位移原理和虚应力原理。虚位移原理是建立在真实的力系和虚设的位移基础上的，因此，适用于求解力系的平衡问题。而虚应力原理是建立在真实的位移和虚设的力系基础上的，因此，适用于求解系统的变形问题。在理论力学中，虚位移原理用于求解刚体系统的静平衡问题，我们称其为“刚体虚位移原理”，它只是平衡方程的另一种表现形式，因此，只适用于求解静定结构的未知力。而当我们需要计算结构的变形或位移时，就必须依赖于弹性体的虚功原理。

弹性体的虚功原理可表述为：弹性体中一组平衡的力系在任意满足协调条件的变形状态上所做的虚功等于零，体系的外力虚功与内力虚功之和等于零。

为了计算弹性体的内力虚功，我们先介绍几个与内力虚功有关的概念。

2.4.1 功和余功

功的概念是大家所熟悉的，它是力对物体作用效果的度量。对于定常力作用下的刚体，功等于力与刚体位移的内积。而对于弹性体，由于弹性体抵抗变形的能力随变形的增大而增大，因此，力在弹性体变形过程中是连续变化的，如图 2-5 所示。

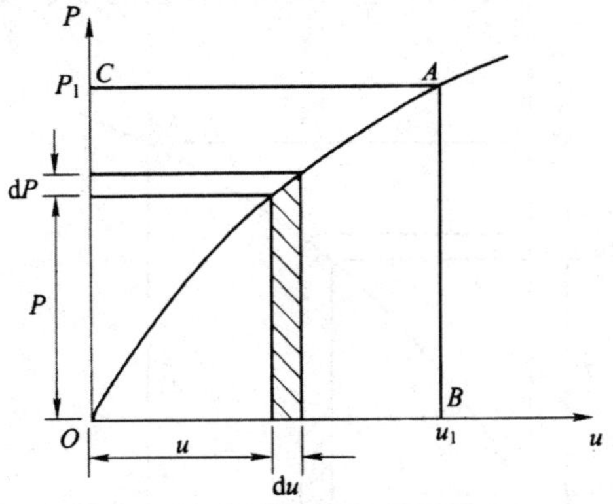

图 2-5　功和余功示意图

根据功的定义，不难写出图 2-5 所示系统的外力 P 在位移 $\mathrm{d}u$ 上所做的功：

$$\mathrm{d}W = P\mathrm{d}u \qquad (2\text{-}4\text{-}1)$$

则力 P 在位移 u_1 上的功为

$$W = \int_0^{u_1} P\mathrm{d}u \qquad (2\text{-}4\text{-}2)$$

式(2-4-2)的积分等于图 2-5 中曲线 OA 下的面积 OAB。而曲线 OA 上的面积 OAC 则被称为力 P 的余功，即

$$W^* = \int_0^{P_1} P\mathrm{d}u \qquad (2\text{-}4\text{-}3)$$

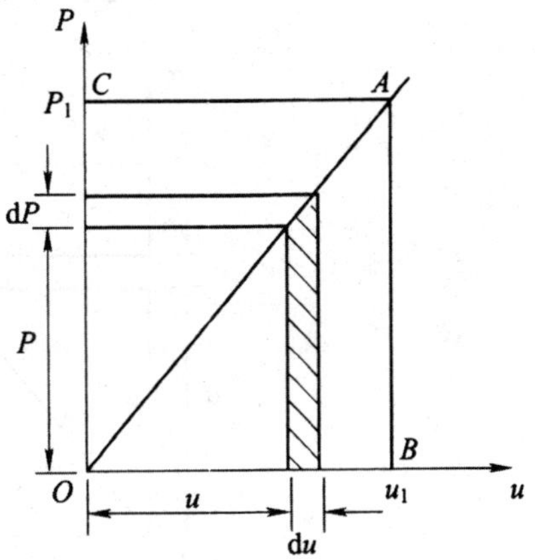

图 2-6　线弹性系统的功和余功示意图

对于线弹性系统，由图 2-6 可知

$$W = \int_0^{u_1} P\mathrm{d}u = \frac{1}{2}P\mathrm{d}u_1 = \frac{1}{2}P_1\mathrm{d}u = \int_0^{P_1} u\mathrm{d}P = W^* \qquad (2\text{-}4\text{-}4)$$

即线弹性系统的功和余功相等。

2.4.2　应变能与应变余能

应变能和应变余能可以用与功和余功相同的方式来说明，如图 2-7 和

图 2-8 所示。工程应力应变曲线就是材料的荷载位移曲线，因此，图 2-7 和图 2-8 与图 2-5 和图 2-6 是相同的。图 2-7 的应力应变曲线 *OA* 下的面积 *OAB* 表示应变能，而面积 *OAC* 则表示应变余能。它们分别对应于外力的功和余功。对于线性弹性体，其应变能与应变余能相等，如图 2-8 所示。

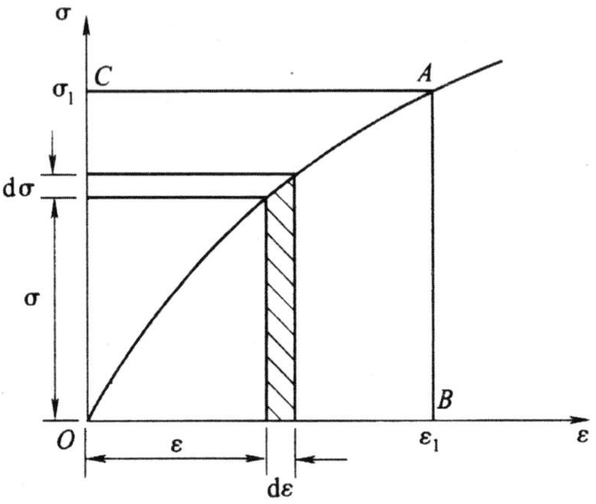

图 2-7　应变能与应变余能

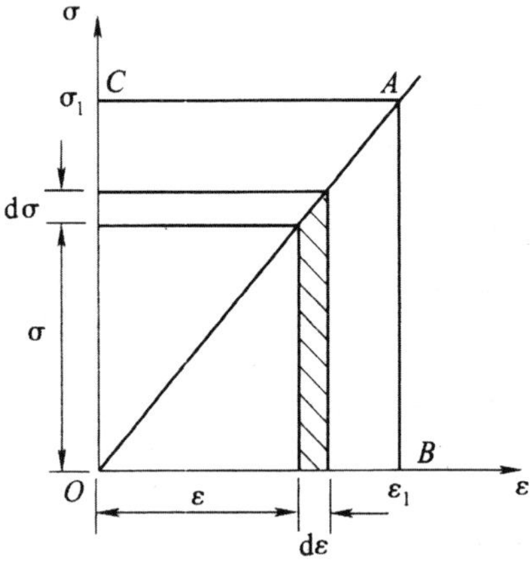

图 2-8　线弹性系统的应变能和余能

由图 2-7 可得一维弹性力学问题的应变能和余能表达式：

$$U(\varepsilon) = \int_V \mathrm{d}V \int_0^{\varepsilon_1} \sigma \mathrm{d}\varepsilon \tag{2-4-5}$$

$$U^*(\sigma) = \int_V \mathrm{d}V \int_0^{\sigma_1} \varepsilon \mathrm{d}\sigma \tag{2-4-6}$$

对于线弹性体，式(2-4-5)和式(2-4-6)可表示为

$$U(\varepsilon) = \int_V \mathrm{d}V \int_0^{\varepsilon_1} E\varepsilon \mathrm{d}\varepsilon = \frac{1}{2}\int_V E\varepsilon^2 \mathrm{d}V \tag{2-4-7}$$

$$U^*(\sigma) = \int_V \mathrm{d}V \int_0^{\sigma_1} C\sigma \mathrm{d}\sigma = \frac{1}{2}\int_V C\sigma^2 \mathrm{d}V \tag{2-4-8}$$

对于一般的弹性体,其应变能和余能可表示为

$$U(\boldsymbol{\varepsilon}) = \frac{1}{2}\int_V \boldsymbol{\varepsilon}^{\mathrm{T}} \boldsymbol{D\varepsilon} \mathrm{d}V \tag{2-4-9}$$

$$U^*(\boldsymbol{\sigma}) = \frac{1}{2}\int_V \boldsymbol{\sigma}^{\mathrm{T}} \boldsymbol{C\sigma} \mathrm{d}V \tag{2-4-10}$$

2.4.3　虚位移原理

虚位移原理是求解力系平衡问题的一种能量方法,它基于一组真实的力系和一组任意的虚位移。刚体虚位移的概念在理论力学中已经讨论过了,但结构不能发生刚体位移,因此,结构的虚位移是约束条件允许的变形。弹性体的虚位移原理可表述为:若弹性体在一力系作用下处于平衡状态,则该力系对弹性体的任意虚位移所做的功等于弹性体的变形能,即

$$\delta W = \delta U \tag{2-4-11}$$

式中,δW 为力系的虚功,即对虚位移所做的功。因此,变形能是与虚位移对应的虚应变能,故以 δU 表示。此时,弹性体的内力是由该力系引起的。

反之,若一力系对弹性体的任意虚位移做的功等于弹性体的变形能,则该力系一定是平衡的。因此,虚位移原理是力系平衡的充要条件。下面我们来证明式(2-4-11)。

对于 $\sigma_{ij,i} + f_i = 0$ 表示的系统,其虚位移原理可表示为

$$\int_V \delta u_i (\sigma_{ij,i} + f_i) \mathrm{d}V + \int_{S_\sigma} \delta u_i (\overline{T}_i - \sigma_{ij} n_j) \mathrm{d}V = 0 \tag{2-4-12}$$

上式的等价表达形式为

$$\int_V \delta u_i (\sigma_{ij,i} + f_i) \mathrm{d}V - \int_{S_\sigma} \delta u_i (\sigma_{ij} n_j - \overline{T}_i) \mathrm{d}V = 0 \tag{2-4-13}$$

由式(2-4-13)可以看出,虚位移原理等价于平衡方程和应力边界条件(自然边界条件)的伽辽金等效积分。对式(2-4-13)的第一项积分进行分部积分得

$$\int_V \delta u_i \sigma_{ij,j} \mathrm{d}V = -\int_V \frac{1}{2} (\delta u_{i,j} + \delta u_{j,i}) \sigma_{ij} \mathrm{d}V + \int_S \delta u_i \sigma_{ij} n_j \mathrm{d}S \tag{2-4-14}$$

代入式(2-4-12)得

$$\int_V \left[-\frac{1}{2} (\delta u_{i,j} + \delta u_{j,i}) \sigma_{ij} + \delta u_i f_i \right] \mathrm{d}V + \int_{S_u} \delta u_i \sigma_{ij} n_j \mathrm{d}S + \int_{S_\sigma} \delta u_i \overline{T}_i \mathrm{d}S = 0$$
$$\tag{2-4-15}$$

在位移边界 S_u 上 $u_i = \bar{u}_i$,因此,$\delta u_i = 0$,故而式(2-4-15)简化为

$$\int_V \frac{1}{2}(\delta u_{i,j}+\delta u_{j,i})\sigma_{ij}\mathrm{d}V-\int_V \delta u_i f_i \mathrm{d}V-\int_S \delta u_i \overline{T}_i \mathrm{d}S=0 \quad (2\text{-}4\text{-}16)$$

将几何方程式 $\varepsilon_{ij}=\frac{1}{2}(u_{i,j}+u_{j,i})(i,j=1,2,3)$ 和物理方程式 $\sigma_{ij}=D_{ijkl}\varepsilon_{kl}(i,j,k,l=1,2,3)$ 代入上式并整理得

$$\delta\int_V \frac{1}{2}D_{ijkl}\varepsilon_{ij}\varepsilon_{kl}\mathrm{d}V-\int_V \delta u_i f_i \mathrm{d}V-\int_S \delta u_i \overline{T}_i \mathrm{d}S=0 \quad (2\text{-}4\text{-}17)$$

上式的第一项为弹性体应变能的变分：

$$\delta\int_V \frac{1}{2}D_{ijkl}\varepsilon_{ij}\varepsilon_{kl}\mathrm{d}V=\delta U \quad (2\text{-}4\text{-}18)$$

后两项分别为体积力和边界力的虚功(外力势能的变分)：

$$\delta\left(\int_V u_i f_i \mathrm{d}V+\int_{S\sigma} u_i \overline{T}_i \mathrm{d}S\right)=\delta W=\delta V \quad (2\text{-}4\text{-}19)$$

因此，式(2-4-17)表示弹性体的总势能变分等于零，即

$$\delta(U-V)=0 \quad (2\text{-}4\text{-}20)$$

或

$$\delta U=\delta W \quad (2\text{-}4\text{-}21)$$

至此，式(2-4-11)得证。

与式 $\delta\prod(\boldsymbol{u})=0$ 比较可知，弹性体的总势能就是系统的泛函：

$$\prod\nolimits_p(\boldsymbol{u})=\int_V \frac{1}{2}D_{ijkl}\varepsilon_{ij}\varepsilon_{kl}\mathrm{d}V-\int_V u_i f_i \mathrm{d}V-\int_{S_\sigma} u_i \overline{T}_i \mathrm{d}S \quad (2\text{-}4\text{-}22)$$

上式可表示成矩阵的形式：

$$\prod\nolimits_p(\boldsymbol{u})=\int_V \frac{1}{2}\boldsymbol{\varepsilon}^{\mathrm{T}}\boldsymbol{D}\boldsymbol{\varepsilon}\mathrm{d}V-\int_V \boldsymbol{u}^{\mathrm{T}}\boldsymbol{f}\mathrm{d}V-\int_{S_\sigma} \boldsymbol{u}^{\mathrm{T}}\overline{\boldsymbol{T}}\mathrm{d}S \quad (2\text{-}4\text{-}23)$$

对式(2-4-22)作两次变分得

$$\delta^2\prod(\boldsymbol{u})=\int_V \frac{1}{2}D_{ijkl}\delta\varepsilon_{ij}\delta\varepsilon_{kl}\mathrm{d}V\geqslant 0 \quad (2\text{-}4\text{-}24)$$

由式(2-4-24)可知，弹性体总势能的变分为零[见式(2-4-17)]意味着总势能的极小值，即最小势能原理。它的物理意义是，在弹性体内满足变形协调条件(几何方程)，在边界上满足给定位移条件的一组可能的位移中，真实位移使系统的总势能取极小值。

2.4.4 虚应力原理

虚应力原理是求解系统位移的一种能量方法，它基于一组真实的位移和一组虚设的力系，条件是位移是协调(在弹性体内满足几何方程，在边界上满足给定边界条件)的。若弹性体在该力系作用下发生了满足边界条件

的位移，则该力系的虚余功等于弹性体的虚余能，即

$$\delta W^{*}=\delta U^{*} \tag{2-4-25}$$

式中，δW^{*} 为力系的虚余功；δU^{*} 为虚余能。这就是虚应力原理的力学意义。

对于一般的弹性体，虚应力原理是几何方程和位移边界条件的等效积分：

$$\int_V \delta\sigma_{ij}\left[\varepsilon_{ij}-\frac{1}{2}(u_{i,j}+u_{j,i})\right]\mathrm{d}V+\int_{S_u}\delta T_i(u_i-\bar{u}_i)\mathrm{d}S=0 \tag{2-4-26}$$

对上式的第二项进行分部积分得

$$\int_V \delta\sigma_{ij}\frac{1}{2}(u_{i,j}+u_{j,i})\mathrm{d}V=-\int_V \delta\sigma_{ij,j}u_i\mathrm{d}V+\int_S \delta\sigma_{ij}n_j u_i\mathrm{d}S \tag{2-4-27}$$

由平衡方程式 $\sigma_{ij,j}+f_i=0(i,j=1,2,3)$ 可知，$\delta\sigma_{ij,ji}=0$。将式(2-4-27)代入式(2-4-26)，并注意到 $\delta T_i=\delta\sigma_{ij}n_j$，得

$$\int_V \delta\sigma_{ij}\varepsilon_{ij}\mathrm{d}V-\int_{S_\sigma}\delta\sigma_{ij}n_i u_i\mathrm{d}S-\int_{S_u}\delta T_i\bar{u}_i\mathrm{d}S=0 \tag{2-4-28}$$

在应为边界 S_σ 上 $\overline{T}_i=\delta_{ij}n_j(i,j=1,2,3)$，因此，$\delta\sigma_{ij}=0$，故而式(2-4-28)简化为

$$\int_V \delta\sigma_{ij}\varepsilon_{ij}\mathrm{d}V-\int_{S_u}\delta T_i\bar{u}_i\mathrm{d}S=0 \tag{2-4-29}$$

将物理方程式 $\varepsilon_{ij}=C_{ijkl}\sigma_{kl}$ 代入上式并整理得

$$\delta\left(\int_V \frac{1}{2}CV_{ijkl}\sigma_{ij}\sigma_{kl}\mathrm{d}V-\int_{S_u}T_i\bar{u}_i\mathrm{d}S\right)=0 \tag{2-4-30}$$

上式括号内的第一项为弹性体的虚余能，第二项为边界力的虚余功。因此，上式表示在弹性体内满足平衡条件，在边界上满足力边界条件的可能应力中，真实的应力使系统的总余能取驻值：

$$\delta\prod\nolimits_c(\boldsymbol{\sigma})=0 \tag{2-4-31}$$

式中，$\prod_c(\boldsymbol{\sigma})$ 为系统的总余能泛函：

$$\prod\nolimits_c(\boldsymbol{\sigma})=\int_V \frac{1}{2}C_{ijkl}\sigma_{ij}\mathrm{d}V-\int_{S_u}T_i\bar{u}_i\mathrm{d}S \tag{2-4-32}$$

或

$$\prod\nolimits_c(\boldsymbol{\sigma})=\int_V \frac{1}{2}\boldsymbol{\sigma}^{\mathrm{T}}\boldsymbol{C\sigma}\mathrm{d}V-\int_{S_u}\boldsymbol{T}^{\mathrm{T}}\bar{\boldsymbol{u}}\mathrm{d}S \tag{2-4-33}$$

对上式变分两次，得

$$\delta^2\prod\nolimits_c(\boldsymbol{\sigma})=\int_V \frac{1}{2}C_{ijkl}\delta\sigma_{ij}\delta\sigma_{kl}\mathrm{d}V \tag{2-4-34}$$

上式表明，当 $\delta\sigma_{ij}\neq 0$ 时，$\delta^2\prod_c(\boldsymbol{\sigma})>0$，即真实的应力使系统的总余能取极小值。因此，也称虚应力原理为最小余能原理。

第 3 章　平面结构问题的有限元分析研究

任何一个实际结构或构件都是空间物体，一般的外力也都是空间力系，因此严格地说，任何实际问题都是空间问题，应考虑所有的应力、应变和位移分量。但是，如果所研究结构或构件具有特殊的几何形状，并承受特定的外力和几何约束，就可简化为平面问题。平面问题的有限元法不仅在工程上有实际意义，而且通过它可以了解用有限元法对一般连续弹性体进行应力分析的基本原理和方法步骤，看到有限元法的优点，并了解其在使用中应注意的问题。

3.1　两种平面问题

3.1.1　平面应力问题

所谓平面应力问题，是指研究的对象在 z 方向上的尺寸很小（即呈薄板形），外载荷（包括体力）都与 z 轴垂直，且沿 z 方向没有变化，在 $z=\pm t/2$ 处的两个外表面（平面）不受任何载荷，如图 3-1 所示。

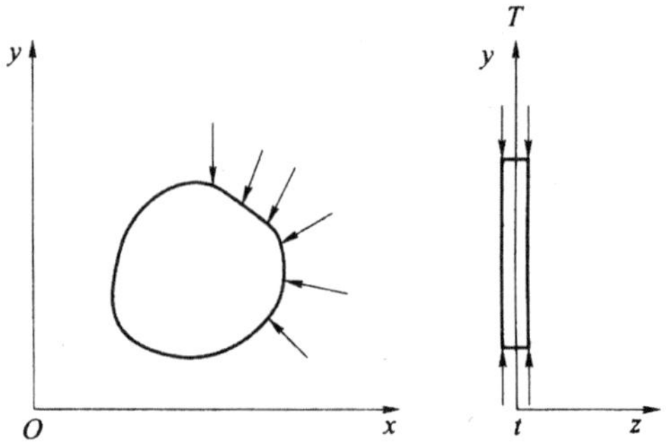

图 3-1　平面应力问题

对于这种情况，在 $z=\pm t/2$ 处的两个外表面上的任何一点，都有 $\sigma_z=\tau_{zx}=\tau_{zy}=0$。另外，由于 z 方向上的尺寸很小，可假设在物体内任意一点的

σ_z、τ_{zx}、τ_{zy} 都等于零，而其余 3 个分量 σ_x、σ_y、τ_{xy} 都是 x、y 的函数。此时物体内各点的应力状态称为平面应力状态。

当结构满足以下两个条件时，则认为是平面应力问题。

(1)几何条件：厚度尺寸远远小于截面尺寸，即结构形状呈薄板形。

(2)载荷条件：载荷平行于板平面且沿厚度方向均匀分布，板平面不受任何外力作用。

在平面应力状态下，由于 $\sigma_z = \tau_{zx} = \tau_{zy} = 0$，因此可以很容易得到平面应力问题的平衡微分方程为

$$\begin{cases} \dfrac{\partial \sigma_x}{\partial x} + \dfrac{\partial \tau_{xy}}{\partial y} + P_{ux} = 0 \\ \dfrac{\partial \tau_{yx}}{\partial x} + \dfrac{\partial \sigma_y}{\partial y} + P_{vy} = 0 \end{cases}$$

几何方程为

$$\boldsymbol{\varepsilon} = \begin{bmatrix} \varepsilon_x \\ \varepsilon_y \\ \gamma_{xy} \end{bmatrix} = \begin{bmatrix} \dfrac{\partial u}{\partial x} \\ \dfrac{\partial v}{\partial y} \\ \dfrac{\partial u}{\partial y} + \dfrac{\partial v}{\partial x} \end{bmatrix} = \begin{bmatrix} \dfrac{\partial}{\partial x} & 0 \\ 0 & \dfrac{\partial}{\partial y} \\ \dfrac{\partial}{\partial y} & \dfrac{\partial}{\partial x} \end{bmatrix} \begin{bmatrix} u \\ v \end{bmatrix} \tag{3-1-1}$$

虽然平面应力问题中 ε_z 不一定等于零，但它可以由另外两个线应变求得。

平面应力问题的物理方程为

$$\begin{cases} \varepsilon_x = \dfrac{1}{E}(\sigma_x - \mu\sigma_y) \\ \varepsilon_y = \dfrac{1}{E}(\sigma_y - \mu\sigma_x) \\ \gamma_{xy} = \dfrac{\tau_{xy}}{G} \end{cases}$$

平面应力问题物理方程的弹性矩阵 $\boldsymbol{D}$ 简化为

$$\boldsymbol{D} = \frac{E}{1-\mu^2}\begin{bmatrix} 1 & \mu & 0 \\ \mu & 1 & 0 \\ 0 & 0 & \dfrac{1-\mu}{2} \end{bmatrix}$$

通常厚度远小于其截面尺寸的薄板，且仅受平行于板面的沿厚度不变的外力作用时，就可将它按照平面应力问题来考虑。在实际应用中，许多机械零件都可作为平面应力问题处理，例如，链传动中的链片、发动机中的连杆、内燃机的飞轮、轧机的机架和齿宽较小的直齿圆柱齿轮等。

3.1.2 平面应变问题

当物体 z 方向上的尺寸很长，物体所受的外载荷（包括体力）平行于其横截面（垂直于 z 轴），且不沿长度方向（z 方向）变化，即物体的内在因素和外部作用都不沿长度方向变化，那么这种问题就称为平面应变问题，如图 3-2 所示。

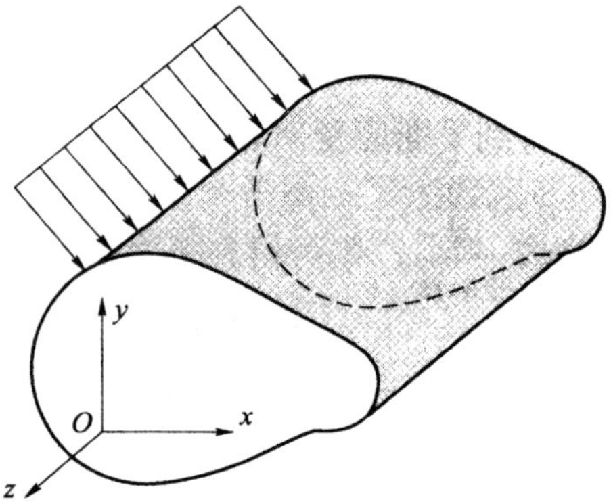

图 3-2 平面应变问题

凡满足以下两个条件的结构可视为平面应变问题。

(1)几何条件：沿厚度方向的截面形状和大小相同且厚度尺寸远远大于截面尺寸，即结构呈等截面的细长形。

(2)载荷条件：载荷平行于其横截面（垂直于 z 轴）且沿厚度均匀分布，两个端面不受力。

对于平面应变问题，由于任一横截面都可以看作是对称面，因此物体内各点都只能在 xOy 平面内移动，而不会发生 z 方向上的移动。根据平面应变问题的条件可知，$\tau_{zx}=\tau_{zy}=0$，由于 z 方向上的变形被阻止，因此一般情况下 σ_z 并不等于零。

在平面应变状态下，由于 σ_x、σ_y、σ_z 及 τ_{xy} 都只是 x、y 的函数，而 $\tau_{xz}=\tau_{yz}=0$，且因载荷都垂直于 z 轴，故无 z 方向的分量。

对于平面应变问题，因位移分量都不沿 z 方向变化，且 $w=0$，所以有 $\varepsilon_z=\gamma_{zx}=\gamma_{zy}=0$，因此平面应变问题的几何方程也与平面应力问题的几何方程一样。

由于 $\varepsilon_z=0$，即 $\sigma_z=\mu(\sigma_x+\sigma_y)$，因而平面应变问题的物理方程和平面应力问题的物理方程是不同的，即

$$\begin{cases}\varepsilon_x = \dfrac{1-\mu^2}{E}\left(\sigma_x - \dfrac{\mu}{1-\mu}\sigma_y\right)\\ \varepsilon_y = \dfrac{1-\mu^2}{E}\left(\sigma_y - \dfrac{\mu}{1-\mu}\sigma_x\right)\\ \gamma_{xy} = \dfrac{\tau_{xy}}{G}\end{cases}$$

平面应变问题的弹性矩阵 $\boldsymbol{D}$ 简化为

$$\boldsymbol{D} = \frac{E(1-\mu)}{(1+\mu)(1-2\mu)}\begin{bmatrix} 1 & \dfrac{\mu}{1-\mu} & 0 \\ \dfrac{\mu}{1-\mu} & 1 & 0 \\ 0 & 0 & \dfrac{1-2\mu}{2(1-\mu)} \end{bmatrix}$$

在实际工程中，滚针轴承的滚针、轧钢机的轧辊、水坝、受内压管道、齿宽较大的直齿轮等，都可简化为平面应变问题来计算。

把平面应力问题和平面应变问题做比较可看出，应力分量和应变分量相同，不同的只是弹性矩阵。如把平面应力问题的弹性矩阵 $\boldsymbol{D}$ 中的 E 换成 $E/(1-\mu^2)$，μ 换成 $\mu/(1-\mu)$，便可得到平面应变问题的弹性矩阵；如把平面应变问题的弹性矩阵 $\boldsymbol{D}$ 中的 E 换成 $\dfrac{E(1+2\mu)}{(1+\mu)^2}$，$\mu$ 换成 $\dfrac{\mu}{1+\mu}$，则可得到平面应力问题的弹性矩阵。

3.2　平面问题的结构离散

离散就是将一个连续的弹性体分割为一定数量的单元，从而将连续体转换为由有限个单元组成的组合体，如图 3-3 所示为一厚度为 t 的平面薄片悬臂结构，在自由端受竖直向下的载荷 P。该模型几何关系简单，是典型的平面应力问题，确定 xOy 的平面坐标系，将各边中点和顶点取作节点，以 3 节点三角形单元为基本，共划分成 4 个单元 6 个节点。每个单元内部按照逆时针规律确定局部码 i、j 和 m，单元码、节点局部码和节点整体码的关系如图 3-3(b)所示。

单元 e 的节点力和节点位移为

$$\begin{cases}\boldsymbol{f}^e = [f_{ix} \quad f_{iy} \quad f_{jx} \quad f_{jy} \quad f_{mx} \quad f_{my}]^{\mathrm{T}} \\ \boldsymbol{\delta}^e = [u_i \quad v_i \quad u_j \quad v_j \quad u_m \quad v_m]^{\mathrm{T}}\end{cases},(e=1,2,3,4)$$

单元节点局部码 i、j 和 m 与整体节点码的对应关系为

$[i,j,m]^1[i,j,m]^2[i,j,m]^3[i,j,m]^4 \to [1,2,3][2,4,5][5,3,2][3,5,6]$

单元 e 节点的局部码和整体码 r、s、t 的对应关系简写成

$$[i,j,t]^e \to [r,s,t],(r,s=1,2,\cdots,6)$$

结构的节点载荷为

$$\boldsymbol{F}=[F_{1x} \quad F_{1y} \quad F_{2x} \quad F_{2y} \quad F_{3x} \quad F_{3y} \quad F_{4x} \quad F_{4y} \quad F_{5x} \quad F_{5y} \quad F_{6x} \quad F_{6y}]^{\mathrm{T}}$$

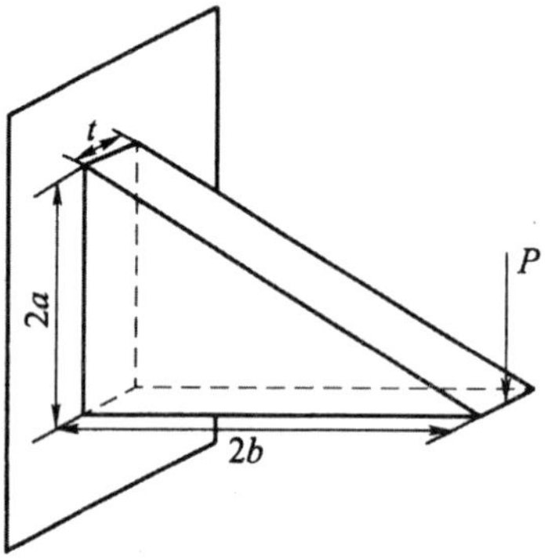

（a）平面薄片悬臂结构

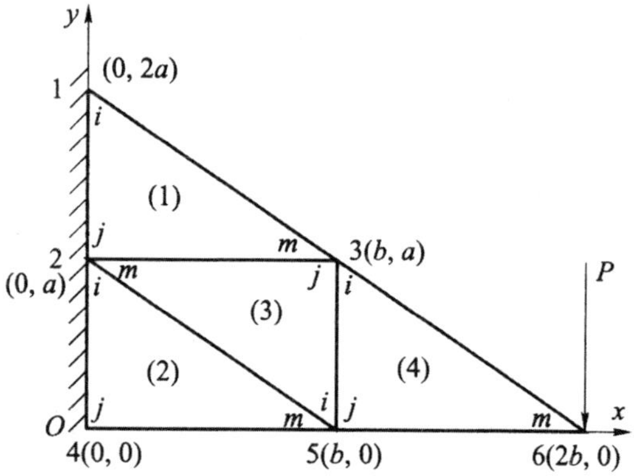

（b）离散化模型

图 3-3　平面薄片悬臂结构离散化

由于单元在外观上类似栅格的形状，因此从几何外形上看单元又称为网格，结构离散的过程又称为网格划分。结构离散后，每个节点的几何位置已知（结构的坐标系已经确定），因此由若干节点组成的单元形状是确定的。

3.3　平面三角形常应变单元位移模式

图 3-4 为任一三角形单元。设其顶点为节点，节点编号按右手法则依次为 i、j、m。每个节点在平面内存在沿 x 轴和 y 轴的位移 u、v，单元的 3 个节点共有 6 项位移分量。单元内任一点（x，y）的位移 $u(x,y)$、$v(x,y)$ 可假设为坐标 x、y 的某种函数，即可选用适当的位移函数表示，这种函数也称为位移模式。

一种简单的线性位移函数为

$$\begin{cases} u = \alpha_1 + \alpha_2 x + \alpha_3 y \\ v = \alpha_4 + \alpha_5 x + \alpha_6 y \end{cases} \tag{3-3-1}$$

式中，$\alpha_1,\alpha_2,\cdots,\alpha_6$ 为 6 个待定常数，可以由

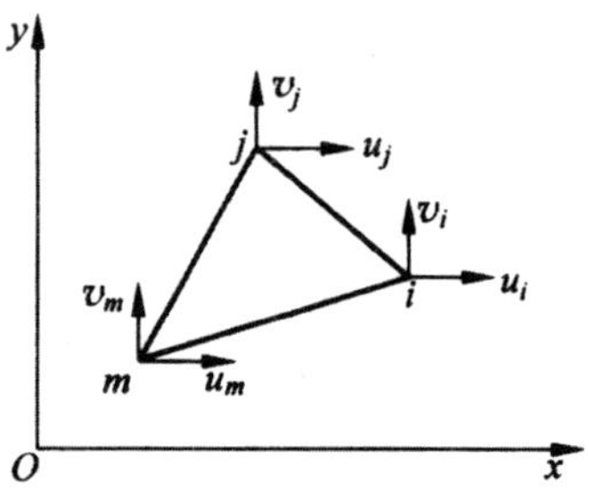

图 3-4　三角形单元

单元的节点位移确定。

设节点 i、j、m 的坐标分别为 (x_i, y_i)、(x_j, y_j)、(x_m, y_m)，其节点位移为 (u_i, v_i)、(u_j, v_j)、(u_m, v_m)，将它们代入上式得

$$\begin{cases} u_i = \alpha_1 + \alpha_2 x_i + \alpha_3 y_i, v_i = \alpha_4 + \alpha_5 x_i + \alpha_6 y_i \\ u_j = \alpha_1 + \alpha_2 x_j + \alpha_3 y_j, v_j = \alpha_4 + \alpha_5 x_j + \alpha_6 y_j \\ u_m = \alpha_1 + \alpha_2 x_m + \alpha_3 y_m, v_m = \alpha_4 + \alpha_5 x_m + \alpha_6 y_m \end{cases} \tag{3-3-2}$$

联立求解上述公式左边的 3 个方程，可以求出待定常数 α_1、α_2、α_3 为

$$\alpha_1 = \frac{1}{2A}\begin{vmatrix} u_i & x_i & y_i \\ u_j & x_j & y_j \\ u_m & x_m & y_m \end{vmatrix}, \alpha_2 = \frac{1}{2A}\begin{vmatrix} 1 & u_i & y_i \\ 1 & u_j & y_j \\ 1 & u_m & y_m \end{vmatrix}, \alpha_3 = \frac{1}{2A}\begin{vmatrix} 1 & x_i & u_i \\ 1 & x_j & u_j \\ 1 & x_m & u_m \end{vmatrix} \tag{3-3-3}$$

式中，A 为三角形单元 ijm 的面积，即

$$A = \frac{1}{2}\begin{vmatrix} 1 & x_i & y_i \\ 1 & x_j & y_j \\ 1 & x_m & y_m \end{vmatrix}$$

为使求得的面积 A 为正值，单元节点编号 i、j、m 的次序必须是逆时针转向。至于将哪个节点作为起始节点 i，则没有关系。将式(3-3-3)代入式(3-3-1)的第一式，整理后得

$$u = \frac{1}{2A}[(a_i + b_i x + c_i y)u_i + (a_j + b_j x + c_j y)u_j + (a_m + b_m x + c_m y)u_m] \tag{3-3-4}$$

同理可得

$$v = \frac{1}{2A}[(a_i + b_i x + c_i y)v_i + (a_j + b_j x + c_j y)v_j + (a_m + b_m x + c_m y)v_m] \tag{3-3-5}$$

式中

$$\begin{cases} a_i = x_j y_m - x_m y_j \\ b_i = y_j - y_m \\ c_i = -x_j + x_m \end{cases}, (i = i, j, m) \tag{3-3-6}$$

下标 i, j, m 按顺序轮换。如令

$$N_i = \frac{1}{2A}(a_i + b_i x + c_i y), (i = i, j, m) \tag{3-3-7}$$

就得到由节点位移表达单元内任一点位移的插值公式，即位移模式的另一形式

$$\begin{cases} u = N_i u_i + N_j u_j + N_m u_m \\ v = N_i v_i + N_j v_j + N_m v_m \end{cases}, (i = i, j, m) \tag{3-3-8}$$

函数 N_i 表示单元内部的位移分布形态，故 N_i、N_j、N_m 可称为单元的形状函数，简称为形函数。通常把式(3-3-8)写成矩阵形式

$$\boldsymbol{f}=\begin{bmatrix}u\\v\end{bmatrix}=\begin{bmatrix}N_i & 0 & N_j & 0 & N_m & 0\\0 & N_i & 0 & N_j & 0 & N_m\end{bmatrix}\boldsymbol{\delta}^e=\boldsymbol{N}\boldsymbol{\delta}^e \qquad (3\text{-}3\text{-}9)$$

式中，$\boldsymbol{N}$ 称为形函数矩阵，其维数为 2×6：

$$\boldsymbol{N}=\begin{bmatrix}N_i & 0 & N_j & 0 & N_m & 0\\0 & N_i & 0 & N_j & 0 & N_m\end{bmatrix}$$

3.4 单元应变和应力

有了单元的位移模式，就可以用几何方程求得单元的应变。将式(3-3-4)、式(3-3-5)代入式(3-1-1)，得到应变和节点位移的关系式

$$\begin{bmatrix}\varepsilon_x\\\varepsilon_y\\\gamma_{xy}\end{bmatrix}=\frac{1}{2A}\begin{bmatrix}b_i & 0 & b_j & 0 & b_m & 0\\0 & c_i & 0 & c_j & 0 & c_m\\c_i & b_i & c_j & b_j & c_m & b_m\end{bmatrix}\begin{bmatrix}u_i\\v_i\\u_j\\v_j\\u_m\\v_m\end{bmatrix} \qquad (3\text{-}4\text{-}1)$$

上式简写成

$$\boldsymbol{\varepsilon}=\boldsymbol{B}\boldsymbol{\delta}^e \qquad (3\text{-}4\text{-}2)$$

式中，$\boldsymbol{B}$ 为单元应变转换矩阵，它可以写成分块形式

$$\boldsymbol{B}=[\boldsymbol{B}_i \quad \boldsymbol{B}_j \quad \boldsymbol{B}_m]$$

其中子矩阵为

$$\boldsymbol{B}_i=\frac{1}{2A}\begin{bmatrix}b_i & 0\\0 & c_i\\c_i & b_i\end{bmatrix},(i=i,j,m) \qquad (3\text{-}4\text{-}3)$$

由于矩阵 $\boldsymbol{B}$ 的元素都是常数，则由式(3-4-1)可知，单元内各点的应变也都是常数，这是采用了线性位移模式的必然结果。所以 3 节点三角形单元也称为常应变单元。

将式(3-4-2)代入物理方程 $\boldsymbol{\sigma}=\boldsymbol{D}\boldsymbol{\varepsilon}$，得

$$\boldsymbol{\sigma}=\boldsymbol{D}\boldsymbol{B}\boldsymbol{\delta}^e=\boldsymbol{S}\boldsymbol{\delta}^e \qquad (3\text{-}4\text{-}4)$$

这就是应力与节点位移的关系式。其中 $\boldsymbol{S}$ 为单元应力矩阵，也可写成分块形式

$$\boldsymbol{S} = \boldsymbol{DB} = [\boldsymbol{S}_i \quad \boldsymbol{S}_j \quad \boldsymbol{S}_m]$$

对于平面应力问题，其子矩阵为

$$\boldsymbol{S}_i = \boldsymbol{DB}_i = \frac{E}{2(1-\mu^2)A}\begin{bmatrix} b_i & \mu c_i \\ \mu b_i & c_i \\ \dfrac{(1-\mu)c_i}{2} & \dfrac{(1-\mu)b_i}{2} \end{bmatrix}, (i = i, j, m) \tag{3-4-5}$$

对于平面应变问题，只要把式(3-4-5)中的 E 换为 $E/(1-\mu^2)$，把 μ 换为 $\mu/(1-\mu)$，就可得到相应的子矩阵。

显然，$\boldsymbol{S}$ 矩阵是常数矩阵，单元中的应力分量也是常量，这就造成在相邻单元的公共边上存在着应力突变现象。但是随着网格的细分，这种应力突变将会急剧减小，有限元的解答将收敛于正确结果。

3.5　单元平衡方程与单元刚度矩阵

整个结构处于平衡状态，所划分出的一个小单元体同样处于平衡状态，而结构的平衡条件可通过节点的平衡条件表示。有限元的任务就是要建立和求解整个弹性体的节点位移和节点力之间关系的平衡方程。为此首先要建立每一个单元的节点位移和节点力之间关系的平衡方程。单元平衡方程可以利用最小势能原理建立，也可以利用虚功原理求解。下面采用虚功方程来建立单元的平衡方程。

作用在每个单元上的载荷都移置各节点之后，各单元所受到的力就只有通过节点传递的节点力。图 3-5 表示作用于单元 e 上的节点力 $\boldsymbol{F}^e$ 以及相应的应力分量 $\boldsymbol{\sigma}$，它们使单元处于平衡状态。在每个节点处，沿 x 和 y 方向有 2 个节点力分量，每个单元共 6 个节点力分量，组成单元节点力列阵为

$$\boldsymbol{F}^e = [X_i \quad Y_i \quad X_j \quad Y_j \quad X_m \quad Y_m]^{\mathrm{T}} \tag{3-5-1}$$

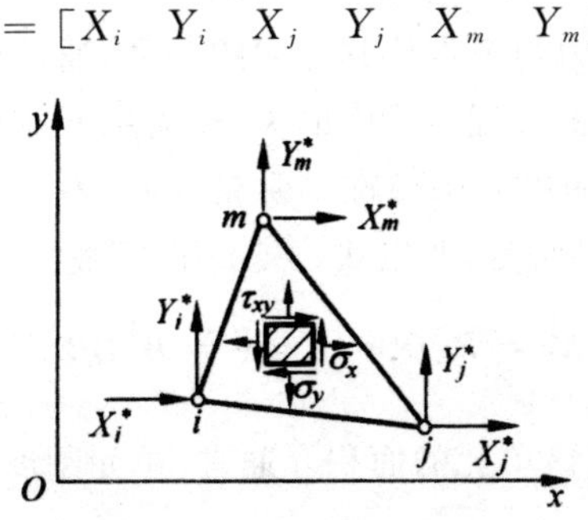

图 3-5　三角形单元节点力

设想单元节点发生了虚位移 $\boldsymbol{f}^* = [u^* \quad v^*]^{\mathrm{T}}$，相应的节点虚位移如图 3-6 所示，其 6 个分量组成单元节点虚位移列阵为

$$\boldsymbol{\delta}^* = [u_i^* \quad v_i^* \quad u_j^* \quad v_j^* \quad u_m^* \quad v_m^*]^{\mathrm{T}} \tag{3-5-2}$$

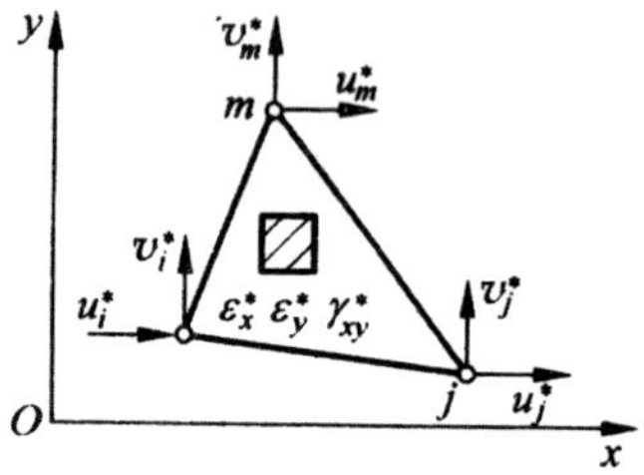

图 3-6 三角形单元节点虚位移

在单元内部引起的虚应变为

$$\boldsymbol{\varepsilon}^* = [\varepsilon_x^* \quad \varepsilon_y^* \quad \varepsilon_z^*]^{\mathrm{T}} \tag{3-5-3}$$

根据虚功原理，外力虚功等于内力虚功。所以节点力在节点的虚位移上所做的虚功应等于单元内部应力在虚应变上所做的虚功。这就是单元保持平衡状态所必须满足的条件，即单元的平衡条件

$$\boldsymbol{\delta}^{*e\mathrm{T}}\boldsymbol{F}^e = \iint \boldsymbol{\varepsilon}^{*\mathrm{T}}\boldsymbol{\sigma} t\,\mathrm{d}x\mathrm{d}y \tag{3-5-4}$$

式中，t 为单元厚度，$\boldsymbol{\varepsilon}^* = \boldsymbol{B}\boldsymbol{\delta}^{*e}$，$\boldsymbol{\sigma} = \boldsymbol{D}\boldsymbol{B}\boldsymbol{\delta}^e$，将它们代入式(3-5-4)，并因虚位移是任意的，可以在等号两边同时消去，得

$$\boldsymbol{F}^e = \iint \boldsymbol{B}^{\mathrm{T}}\boldsymbol{D}\boldsymbol{B} t\,\mathrm{d}x\mathrm{d}y\boldsymbol{\delta}^e \tag{3-5-5}$$

令

$$\boldsymbol{k}^e = \iint \boldsymbol{B}^{\mathrm{T}}\boldsymbol{D}\boldsymbol{B} t\,\mathrm{d}x\mathrm{d}y \tag{3-5-6}$$

则

$$\boldsymbol{F}^e = \boldsymbol{k}^e\boldsymbol{\delta}^e \tag{3-5-7}$$

这就建立了单元节点力与节点位移之间的关系，通常称为单元刚度方程，其实质代表的是单元平衡方程。式中的 $\boldsymbol{k}^e$ 称为单元刚度矩阵。由于 $\boldsymbol{D}$ 中的元素和 t 对某一给定的单元来说都是常量，而且在选取线性位移函数的情况下，$\boldsymbol{B}$ 中的元素也是常量，所以式(3-5-6)可写成

$$\boldsymbol{k}^e = \boldsymbol{B}^{\mathrm{T}}\boldsymbol{D}\boldsymbol{B} t\iint \mathrm{d}x\mathrm{d}y = \boldsymbol{B}^{\mathrm{T}}\boldsymbol{D}\boldsymbol{B} tA \tag{3-5-8}$$

式中，$A = \iint \mathrm{d}x\mathrm{d}y$，为该单元的面积。通常，单元刚度矩阵式(3-5-8)多用分块形式来推导并表达，以便于编制计算程序，$\boldsymbol{k}^e$ 由 9 个分块组成

$$\boldsymbol{k}^e = \begin{bmatrix} \boldsymbol{B}_i^{\mathrm{T}} \\ \boldsymbol{B}_j^{\mathrm{T}} \\ \boldsymbol{B}_m^{\mathrm{T}} \end{bmatrix} \boldsymbol{D} [\boldsymbol{B}_i \quad \boldsymbol{B}_j \quad \boldsymbol{B}_m] tA = \begin{bmatrix} \boldsymbol{k}_{ii} & \boldsymbol{k}_{ij} & \boldsymbol{k}_{im} \\ \boldsymbol{k}_{ji} & \boldsymbol{k}_{jj} & \boldsymbol{k}_{jm} \\ \boldsymbol{k}_{mi} & \boldsymbol{k}_{mj} & \boldsymbol{k}_{mm} \end{bmatrix}^e$$

其中每个子块是 2×2 的子矩阵

$$(\boldsymbol{k}_{rs})^e = (\boldsymbol{B}_r)^{\mathrm{T}} \boldsymbol{D} \boldsymbol{B}_s tA = \begin{bmatrix} k_{rs}^{xx} & k_{rs}^{xy} \\ k_{rs}^{yx} & k_{rs}^{yy} \end{bmatrix}^e, (r, s = i, j, m)$$

对于平面应力问题

$$(\boldsymbol{k}_{rs})^e = \frac{1}{2A} \begin{bmatrix} b_r & 0 & c_r \\ 0 & c_r & b_r \end{bmatrix} \cdot \frac{E}{1-\mu^2} \begin{bmatrix} 1 & \text{对} & \\ \mu & 1 & \text{称} \\ 0 & 0 & \frac{1-\mu}{2} \end{bmatrix} \cdot \frac{1}{2A} \begin{bmatrix} b_s & 0 \\ 0 & c_s \\ c_s & b_s \end{bmatrix} \cdot tA$$

$$= \frac{Et}{4(1-\mu^2)A} \begin{bmatrix} b_r b_s + \frac{1-\mu}{2} c_r c_s & \mu b_r c_s + \frac{1-\mu}{2} c_r b_s \\ \mu c_r b_s + \frac{1-\mu}{2} b_r c_s & c_r c_s + \frac{1-\mu}{2} b_r b_s \end{bmatrix},$$

$$(r, s = i, j, m)$$

对于平面应变问题，把上式中的 E 换为$\frac{E}{1-\mu^2}$，μ 换为$\frac{\mu}{1-\mu}$ 即可。于是得

$$(\boldsymbol{k}_{rs})^e = \frac{E(1-\mu)t}{4(1+\mu)(1-2\mu)A} \begin{bmatrix} b_r b_s + \frac{1-2\mu}{2(1-\mu)} c_r c_s & \frac{\mu}{1-\mu} b_r c_s + \frac{1-2\mu}{2(1-\mu)} c_r b_s \\ \frac{\mu}{1-\mu} c_r b_s + \frac{1-2\mu}{2(1-\mu)} b_r c_s & c_r c_s + \frac{1-2\mu}{2(1-\mu)} b_r b_s \end{bmatrix}。$$

$$(r, s = i, j, m)$$

3.6　非节点载荷的移置

有限元模型是一组仅在节点连接、仅靠节点传力、仅受节点载荷、仅在节点处受约束的单元组合体。只有节点是可以承受载荷和约束的。因此，原来作用于连续结构上的所有外力必须移置相应的节点上，这个过程称为非节点载荷的移置。

载荷移置应遵循能量等效原则和圣维南原理。依据圣维南原理要求，载荷移置只能在载荷作用的局部区域进行，即就近效应，这种等效只会对局部应力分布产生影响，不会影响远离该区域的力学性能，且随着单元的细分，其影响会逐步减小。

3.6.1 集中力的移置

如图3-7所示，在单元内任意一点作用集中力

$$\boldsymbol{P} = [P_x \quad P_y]^{\mathrm{T}}$$

设单元发生了虚位移，其中集中力作用点的虚位移为 $\delta \boldsymbol{f}$，单元节点虚位移为 $\delta \boldsymbol{d}^e$，注意 $\delta \boldsymbol{f} = \boldsymbol{N}\delta \boldsymbol{d}$，由虚位移原理可得

$$\delta \boldsymbol{d}^{e\mathrm{T}} \boldsymbol{R}^e = \delta \boldsymbol{d}^{e\mathrm{T}} \boldsymbol{N}^{\mathrm{T}} \boldsymbol{P}$$

由于虚位移是任意的，则

$$\boldsymbol{R}^e = \boldsymbol{N}^{\mathrm{T}} \boldsymbol{P} \tag{3-6-1}$$

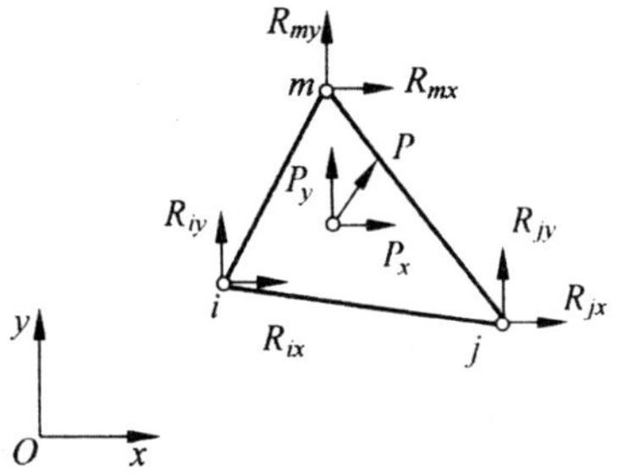

图3-7 集中力作用的单元

由式(3-6-1)可知，移置的结果取决于 $\boldsymbol{N}$，因而，位移函数不同，移置的结果不同；同时，注意此时的 $\boldsymbol{N}$ 是指载荷作用点的形函数值。

3.6.2 体力的移置

设单元所受的均匀分布体力为 $\boldsymbol{P}_V = [X \quad Y]^{\mathrm{T}}$，此时若将微元体 $t\mathrm{d}x\mathrm{d}y$ 上的体力 $\boldsymbol{P}_V t\mathrm{d}x\mathrm{d}y$ 视为集中力，则利用式(3-6-1)，对整个单元体积积分，可得

$$\boldsymbol{R}^e = \iint \boldsymbol{N}^{\mathrm{T}} \boldsymbol{P}_V t\,\mathrm{d}x\mathrm{d}y$$

3.6.3 面力的移置

设在单元的边上分布有单位面积上的面力 $\boldsymbol{P}_s = [\overline{X} \quad \overline{Y}]^{\mathrm{T}}$，在此边界上取微面积 $t\mathrm{d}s$，将微面积上的面力 $\boldsymbol{P}_s t\mathrm{d}s$ 视为集中力，则利用式(3-6-1)，对整个边界面积分，可得

$$\boldsymbol{R}^e = \int_s \boldsymbol{N}^{\mathrm{T}} \boldsymbol{P}_s t \mathrm{d}s$$

3.6.4　线性位移模式下的载荷移置

利用上述公式计算等效节点载荷，当外载荷为分布体力或面力时，进行积分计算比较繁琐。而对于线性位移模式的常应变三角形单元，可按静力学等效原则直接求得等效节点载荷。

(1)均质材料单元所受体力的等效，只需将单元上的外载荷(如重力)均匀等分至各个节点即可，等效节点载荷方向与外载方向相同，如图 3-8(a)所示。

(2)边界受均匀分布面力的等效，只需将单元边界上的分布载荷之和平均分配至受力边的两个节点，等效节点载荷方向与外载方向相同，如图 3-8(b)所示。

(3)边界受三角形分布面力的等效，如图 3-8(c)所示 ij 边，i 点载荷集度为 q，j 点载荷集度为 0，进行载荷等效时，只需将单元边界上的分布载荷之和的 1/3 分配给载荷集度为 0 的节点 j，另外 2/3 分配给载荷集度为 q 的节点 i。等效节点载荷方向与外载方向相同。

(4)边界受梯形分布面力的等效，可按叠加原理，将梯形分布载荷分解为均匀分布和三角形分布的叠加进行处理，如图 3-8(d)所示。

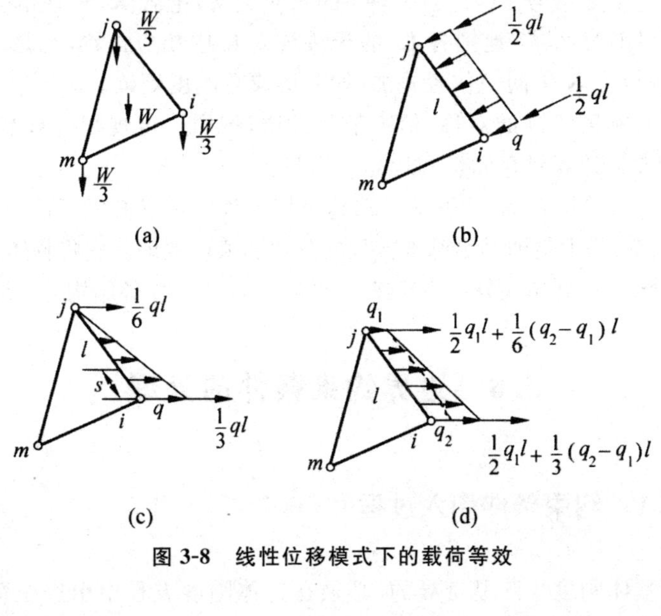

图 3-8　线性位移模式下的载荷等效

3.7 整体平衡方程与总刚度矩阵

单元平衡方程建立了单元节点力与节点位移之间的关系。对每个单元都可以建立单元平衡方程，将所有单元平衡方程集合在一起，就得到结构的整体平衡方程

$$\boldsymbol{K}\boldsymbol{\delta} = \boldsymbol{R}$$

式中，$\boldsymbol{\delta}$ 是整个结构上节点位移分量的列阵，设节点个数为 n，每个节点有 2 个位移分量，$\boldsymbol{\delta} = [u_i \quad v_i]^{\mathrm{T}}$ 是二阶向量，按照从小到大的节点编号列阵为 $\boldsymbol{\delta} = [\boldsymbol{\delta}_1^{\mathrm{T}} \quad \boldsymbol{\delta}_2^{\mathrm{T}} \quad \boldsymbol{\delta}_3^{\mathrm{T}} \quad \cdots \quad \boldsymbol{\delta}_n^{\mathrm{T}}]^{\mathrm{T}}$；$\boldsymbol{R}$ 是整个结构上节点力分量的列阵，每个节点有 2 个节点力分量，$\boldsymbol{R}_i = [R_{xi} \quad R_{yi}]^{\mathrm{T}}$，则 $\boldsymbol{R} = [\boldsymbol{R}_1^{\mathrm{T}} \quad \boldsymbol{R}_2^{\mathrm{T}} \quad \boldsymbol{R}_3^{\mathrm{T}} \quad \cdots \quad \boldsymbol{R}_n^{\mathrm{T}}]^{\mathrm{T}}$；$\boldsymbol{K}$ 为结构的整体刚度矩阵，一般称为总刚度矩阵，其维数为 $2n \times 2n$，可写成分块形式

$$\left.\begin{bmatrix} \boldsymbol{K}_{11} & \boldsymbol{K}_{12} & \cdots & \cdots & \boldsymbol{K}_{1n} \\ \boldsymbol{K}_{21} & \boldsymbol{K}_{22} & \cdots & \cdots & \boldsymbol{K}_{2n} \\ \vdots & \vdots & & & \vdots \\ \vdots & \vdots & & & \vdots \\ \boldsymbol{K}_{n1} & \boldsymbol{K}_{n2} & \cdots & \cdots & \boldsymbol{K}_{nn} \end{bmatrix} \begin{bmatrix} \boldsymbol{\delta}_1 \\ \boldsymbol{\delta}_2 \\ \vdots \\ \vdots \\ \boldsymbol{\delta}_n \end{bmatrix} = \begin{bmatrix} \boldsymbol{R}_1 \\ \boldsymbol{R}_2 \\ \vdots \\ \vdots \\ \boldsymbol{R}_n \end{bmatrix}\right\}$$

子矩阵 $\boldsymbol{K}_{ij}$ 是 2×2 矩阵。组集的原则是将每个单元的子矩阵 $(\boldsymbol{K}_{rs})_{2\times2}$ 置于整体刚度矩阵的第 r 行、第 s 列上。根据各单元节点的局部编号 (i,j,m) 与整体编号 $(1,2,3,\cdots,n)$ 的对应关系，把各 $\boldsymbol{K}^e$ 子块的下标换成整体编号，"对号入座"地把各 $\boldsymbol{K}^e$ 的子块放入 $\boldsymbol{K}$ 中相应位置，凡是下标相同的子块，应放入 $\boldsymbol{K}$ 中同一位置叠加，如此形成总刚度矩阵。

根据总刚度矩阵的对称、稀疏带状性质，按照一定规则进行节点编号，可以节省大量计算机存储量和运算工作量。

有限元法的核心是：它不是寻求整个域上连续的解析解，而是去寻找在每个子域(单元)上近似满足基本方程的分片插值函数解。它将物体人为地划分成一个个单元，在单元分析的基础上，再集合单元，对整体结构进行综合分析。

3.8 边界约束条件的处理

3.8.1 约束条件引入过程

由于整体刚度矩阵是奇异的，必须在整体刚度方程中引进位移边界条

件(约束条件),消除整体结构的刚体位移,才能求解整体刚度方程获得节点位移的位移解。对于平面问题来说,要消除刚体位移,至少要引入三个位移约束条件。通常引进位移边界条件的方法有两种:对角元素置 1 法与乘大数法。

(1)对角元素置 1 法。

设已知整体刚度方程为

$$\boldsymbol{K}\boldsymbol{d} = \boldsymbol{R}$$

按自由度展开为

$$\begin{bmatrix} k_{11} & k_{12} & \cdots & k_{1r} & \cdots & k_{1N} \\ k_{21} & k_{22} & \cdots & k_{2r} & \cdots & k_{2N} \\ \vdots & \vdots & & \vdots & & \vdots \\ k_{r1} & k_{r2} & \cdots & k_{rr} & \cdots & k_{rN} \\ \vdots & \vdots & & \vdots & & \vdots \\ k_{N1} & k_{N2} & \cdots & k_{Nr} & \cdots & k_{NN} \end{bmatrix} \begin{bmatrix} u_1 \\ v_1 \\ \vdots \\ u_r \\ \vdots \\ v_n \end{bmatrix} = \begin{bmatrix} R_{1x} \\ R_{1y} \\ \vdots \\ R_{rx} \\ \vdots \\ R_{ny} \end{bmatrix} \tag{3-8-1}$$

式中,n 为总的节点数;$N=n\times$节点自由度数,为整体结构总的自由度数。假设第 r 自由度方向的位移分量是已知的,即

$$u_r = c_r \tag{3-8-2}$$

为了不改变整体刚度矩阵的行和列的排列顺序,将边界约束条件(3-8-2)直接引入到式(3-8-1),即将整体刚度矩阵中对应主对角元素改为 1,对应行列其他元素改为零,在节点载荷列阵中,对应 u_r 的右端项改为 c_r,而其余各元素减去已知位移与 $\boldsymbol{K}$ 中相应列项元素的乘积。经过这样处理后,就可得到引入了第 r 个自由度约束条件(3-8-2)后的整体刚度方程

$$\begin{bmatrix} k_{11} & k_{12} & \cdots & 0 & \cdots & k_{1N} \\ k_{21} & k_{22} & \cdots & 0 & \cdots & k_{2N} \\ \vdots & \vdots & & \vdots & & \vdots \\ 0 & 0 & \cdots & 1 & \cdots & 0 \\ \vdots & \vdots & & \vdots & & \vdots \\ k_{N1} & k_{N2} & \cdots & 0 & \cdots & k_{NN} \end{bmatrix} \begin{bmatrix} u_1 \\ v_1 \\ \vdots \\ u_r \\ \vdots \\ v_n \end{bmatrix} = \begin{bmatrix} R_{1x} - k_{1r}c_r \\ R_{1y} - k_{1r}c_r \\ \vdots \\ c_r \\ \vdots \\ R_{ny} - k_{1r}c_r \end{bmatrix} \tag{3-8-3}$$

如果已知节点位移分量为固定支座约束,即 $u_r = c_r = 0$,则此时的处理显得特别简单,即将被约束的位移分量所对应的主元素改为 1,而对应行、列上的其他元素改为零,并将节点载荷列阵 $\boldsymbol{R}$ 中的对应元素也改为零,即

$$\begin{bmatrix} k_{11} & k_{12} & \cdots & 0 & \cdots & k_{1N} \\ k_{21} & k_{22} & \cdots & 0 & \cdots & k_{2N} \\ \vdots & \vdots & & \vdots & & \vdots \\ 0 & 0 & \cdots & 1 & \cdots & 0 \\ \vdots & \vdots & & \vdots & & \vdots \\ k_{N1} & k_{N2} & \cdots & 0 & \cdots & k_{NN} \end{bmatrix} \begin{bmatrix} u_1 \\ v_1 \\ \vdots \\ u_r \\ \vdots \\ v_n \end{bmatrix} = \begin{bmatrix} R_{1x} \\ R_{1y} \\ \vdots \\ R_{rx} \\ \vdots \\ R_{ny} \end{bmatrix} \tag{3-8-4}$$

显然，对角元素置 1 法是不难在程序中实现的，特别是对于已知位移为零的所谓载荷作用问题比较方便。对某些已知位移不为零的所谓支座整动问题，则采用下面的乘大数法更为方便。

(2)乘大数法。

设第 r 自由度方向的位移分量是已知的，$u_r = c_r$。所谓乘大数法就是将整体刚度矩阵中与该被约束的位移分量 u_r 对应的主对角元素 k_{rr} 乘一个大数 M(一般取 $10^8 \sim 10^{10}$)，即改写成 Mk_{rr}，再将节点载荷列阵中相对应的元素改为乘积 $Mk_{rr}c_r$，则整体刚度方程为

$$\begin{bmatrix} k_{11} & k_{12} & \cdots & k_{1r} & \cdots & k_{1N} \\ k_{21} & k_{22} & \cdots & k_{2r} & \cdots & k_{2N} \\ \vdots & \vdots & & \vdots & & \vdots \\ k_{r1} & k_{r2} & \cdots & Mk_{rr} & \cdots & k_{rN} \\ \vdots & \vdots & & \vdots & & \vdots \\ k_{N1} & k_{N2} & \cdots & k_{Nr} & \cdots & k_{NN} \end{bmatrix} \begin{bmatrix} u_1 \\ v_1 \\ \vdots \\ u_r \\ \vdots \\ v_n \end{bmatrix} = \begin{bmatrix} R_{1x} \\ R_{1y} \\ \vdots \\ Mk_{rr}c_r \\ \vdots \\ R_{ny} \end{bmatrix} \tag{3-8-5}$$

实际上，这里只改变了整体刚度方程(3-8-5)中的第 r 个方程的写法，使之成为

$$k_{r1}u_1 + k_{r2}v_1 + \cdots + Mk_{rr}u_r + \cdots + k_{rN}v_n = Mk_{rr}c_r$$

若将上述方程左右两边同除以 Mk_{rr}，可知左边除第 r 项为 u_r 应保留外，其余各项均为微小量可略去，则方程成为

$$u_r = c_r$$

即已知的位移边界条件被引入到了整体刚度矩阵。

3.8.2 约束反力计算

从上述约束条件的引入可知，当引入约束条件时，对应于约束自由度的载荷项均被修改成相应的给定位移值，所以载荷向量 $\boldsymbol{R}$ 中对应约束自由度的约束反力不存在，即不能直接由整体方程(3-8-1)或方程(3-8-3)求出约束自由度上的约束反力。约束反力只有在由引入约束的整体方程求出所有节

点位移分量以后，然后回代到没有引入约束条件的整体方程的相应方程中才能求出。其过程说明如下。

设结构有两个约束条件，$u_1 = c_1$，$u_n = c_n$，所以，在第 1 个和第 N 个自由度上有约束反力存在。由于被约束的节点自由度方向上可能还存在外力，设节点 i 上的约束反力和外力分别为 R_{ir}，R_{ip}，即在第 1 个和第 N 个约束自由度方向的载荷分别为 $R_1 = R_{1r} + R_{1p}$，$R_N = R_{Nr} + R_{Np}$。则包含约束反力的整体方程为

$$\begin{bmatrix} k_{11} & k_{12} & \cdots & k_{1r} & \cdots & k_{1N} \\ k_{21} & k_{22} & \cdots & k_{2r} & \cdots & k_{2N} \\ \vdots & \vdots & & \vdots & & \vdots \\ k_{r1} & k_{r2} & \cdots & k_{rr} & \cdots & k_{rN} \\ \vdots & \vdots & & \vdots & & \vdots \\ k_{N1} & k_{N2} & \cdots & k_{Nr} & \cdots & k_{NN} \end{bmatrix} \begin{bmatrix} u_1 \\ v_1 \\ \vdots \\ u_r \\ \vdots \\ v_n \end{bmatrix} = \begin{bmatrix} R_{1r} + R_{1p} \\ R_{1y} \\ \vdots \\ R_{rx} \\ \vdots \\ R_{Nr} + R_{Np} \end{bmatrix}$$

展开包括约束反力的第 1 和第 N 个方程得

$$\begin{cases} R_{1r} = \sum\limits_{j=1}^{n} k_{1j} u_j + \sum\limits_{j=1}^{n} k_{1j} v_j - R_{1p} \\ R_{Nr} = \sum\limits_{j=1}^{n} k_{Nj} u_j + \sum\limits_{j=1}^{n} k_{Nj} v_j - R_{Np} \end{cases}$$

3.9 计算结果的分析整理

对计算结果进行分析整理，用表格或曲线表示出求得的节点位移和单元应力值，并对结构的强度、刚度、振动等做出评价是很有必要的。通过解题发现，即使是一个简单的平面应力问题，其计算工作量也是很大的。因此，用有限单元法求解弹性力学问题或工程实际问题，一般只能利用事先编好的程序，在计算机上进行计算。其中计算的前后处理工作目前多数是由计算机完成的，因此需要了解有限元程序中是如何处理这些计算数据的。

有限元中计算结果主要包括位移和应力两方面。位移方面可根据计算结果中的节点位移分量画出结构的变形位移图，无须进行太多的整理。而应力计算结果必须进行整理。应力输出结果中一般有单元应力与节点应力，前面算例中给出的就是单元应力结果，而节点应力则需要将围绕该节点的单元应力做进一步的处理才能得到。平面问题中采用线性位移函数的三节点三角形单元，其应力在每一单元中均为常量，它不是某一点的应力值

（通常把它作为三角形单元形心处的应力），且在相邻单元的公共边界上，这些应力一般不能保持连续。显然，这样的计算结果是近似的。为了改善上述计算结果的精度，可根据计算求得的单元应力，通过一些简单的方法来定出结构内某些点的应力，使其能更好地接近实际应力。为此，通常可采用下列三种方法。

（1）形心法。把求出的每一个三角形单元的常量应力视为该三角形单元形心处的应力。这种方法还常以图示表达，即在每个单元的形心处沿主应力方向以一定比例尺寸标出主应力的大小。这样，整个结构中的应力变化规律就可以简略地表示出来。目前程序中多采用彩色云图方式表示应力的分布与变化。

（2）绕节点平均法。绕节点平均法就是围绕节点 i 的所有 m 个单元的应力进行算术平均，即

$$\sigma_i = \frac{1}{m}\sum_{e=1}^{m}\sigma^e$$

考虑到单元尺寸大小对节点应力的影响，可利用反映单元尺寸大小的面积 A 进行加权平均，即

$$\sigma_i = \frac{\sum_{e=1}^{m} A^e \sigma^e}{\sum_{e=1}^{m} A^e}$$

其中，A^e、σ^e 分别为单元 e 的面积和应力。

（3）二单元平均法。把两个相邻单元中的常量应力加以平均，用来作为该相邻单元公共边界线中点处的应力。同样，要使这样平均得来的应力能较好地接近于该点的实际应力，两个相邻单元的面积也不能相差太大。

计算实践证明，用绕节点平均法和二单元平均法推算出来的应力在结构内部的内节点或中点处都能较好地接近于实际应力，但在应力变化比较剧烈的部位，特别是应力集中处，由二单元平均法得来的应力，其精度比绕节点平均法好。而绕节点法的特点在于，如要得出连续体内某一截面上的应力图线，只需在划分单元时，在这一截面上布置若干个节点（至少 5 个）即可，但采用二单元平均法就没有这样方便。边界处的应力不宜用绕节点法，其误差较大。边界点或边界节点处的应力要用插值公式由内节点或内点处的应力推算出来。

采用上述平均法进行计算时，还应注意，如果相邻的单元具有不同的厚度或不同的弹性常数，则应力会产生突变。因此，只允许对厚度及弹性常数

都相同的单元进行平均计算。

由上述对结构的离散及计算结果的整理所做的说明可知，用有限元法求解弹性力学问题，特别是采用常应变单元时，计算之前应合理划分网格，计算之后要精心整理结果。尤其是许多计算结果，如结构内力图、变形曲线、应力变化曲线等，仍需要在程序中通过设置参数才能描绘出来。

3.10 平面矩形单元

(1)位移函数。

图 3-9 所示的矩形单元，其边长为 $2a$，$2b$ 的边界分别平行于 x 轴和 y 轴。单元有 4 个节点，总共 8 个自由度。所以位移函数可取为

$$\begin{cases} u = u(x,y) = \alpha_1 + \alpha_2 x + \alpha_3 y + \alpha_4 xy \\ v = v(x,y) = \alpha_5 + \alpha_6 x + \alpha_7 y + \alpha_8 xy \end{cases} \tag{3-10-1}$$

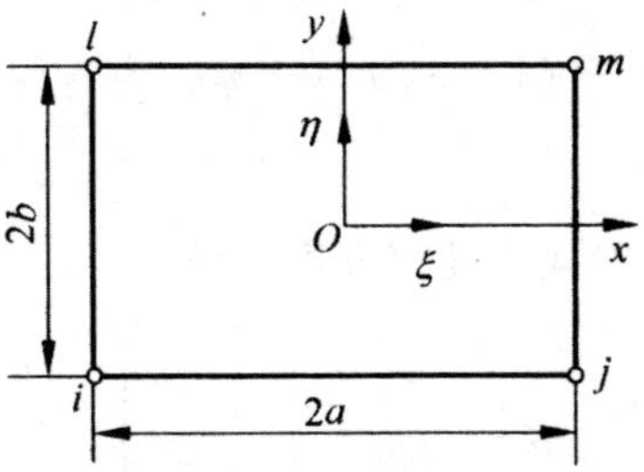

图 3-9 矩形单元

显然式中的常数项和线性项的系数反映了单元的刚体位移和常量应变，满足收敛性的必要条件。在单元边界上，由于 u，v 分别仅为 x 或 y 的线性函数，则这种单元的位移函数是双线性函数。这说明单元边界上的两点能唯一确定变形后的边界，而对于相邻单元的公共边界，它们具有公共节点，则不论按哪个单元确定公共边界上的位移，都能保证公共边界上有相同的位移，即单元边界处的位移具有连续性，所以，位移函数(3-10-1)满足协调性要求。

类似 3 节点三角形单元，将节点位移分量和节点坐标代入式(3-10-1)，待定系数，再回代式(3-10-1)，整理后可得

$$\begin{cases} u(x,y) = N_i u_i + N_j u_j + N_m u_m + N_l u_l \\ v(x,y) = N_i v_i + N_j v_j + N_m v_m + N_l v_l \end{cases} \tag{3-10-2}$$

记为矩阵形式

$$\boldsymbol{f}=\begin{bmatrix}u(x,y)\\v(x,y)\end{bmatrix}=\boldsymbol{N}\boldsymbol{d}^{e}=[\boldsymbol{I}N_i\quad \boldsymbol{I}N_j\quad \boldsymbol{I}N_m\quad \boldsymbol{I}N_l]\boldsymbol{d}^{e}\tag{3-10-3}$$

其中

$$\begin{cases}N_i=\dfrac{1}{4}\left(1-\dfrac{x}{a}\right)\left(1-\dfrac{y}{b}\right)\\N_j=\dfrac{1}{4}\left(1+\dfrac{x}{a}\right)\left(1-\dfrac{y}{b}\right)\\N_m=\dfrac{1}{4}\left(1+\dfrac{x}{a}\right)\left(1+\dfrac{y}{b}\right)\\N_l=\dfrac{1}{4}\left(1-\dfrac{x}{a}\right)\left(1+\dfrac{y}{b}\right)\end{cases}\tag{3-10-4}$$

为了使公式简洁，引入无量纲坐标

$$\xi=\frac{x}{a},\eta=\frac{y}{b}$$

得单元的 4 个节点坐标分别为 $i(-1,-1)$，$j(1,-1)$，$m(1,1)$，$l(-1,1)$，若用无量纲坐标表示形函数(3-10-4)，则可写成

$$N_i=\frac{1}{4}(1+\xi_i\xi)(1+\eta_i\eta),(i,j,m,l)$$

(2)刚度矩阵。

将位移函数(3-10-2)代入几何方程，可得

$$\boldsymbol{\varepsilon}=\begin{bmatrix}\varepsilon_x\\\varepsilon_y\\\gamma_{xy}\end{bmatrix}=\begin{bmatrix}\dfrac{\partial u}{\partial x}\\\dfrac{\partial v}{\partial y}\\\dfrac{\partial u}{\partial y}+\dfrac{\partial v}{\partial x}\end{bmatrix}=\frac{1}{4ab}\begin{bmatrix}b\dfrac{\partial u}{\partial \xi}\\a\dfrac{\partial v}{\partial \eta}\\a\dfrac{\partial u}{\partial \eta}+b\dfrac{\partial v}{\partial \xi}\end{bmatrix}$$

$$=\boldsymbol{B}\boldsymbol{d}^{e}=[\boldsymbol{B}_i\quad \boldsymbol{B}_j\quad \boldsymbol{B}_m\quad \boldsymbol{B}_l]\boldsymbol{d}^{e}$$

式中

$$\boldsymbol{B}_i=\frac{1}{ab}\begin{bmatrix}b\dfrac{\partial N_i}{\partial \xi}&0\\0&a\dfrac{\partial N_i}{\partial \eta}\\a\dfrac{\partial N_i}{\partial \eta}&b\dfrac{\partial N_i}{\partial \xi}\end{bmatrix},(i,j,m,l)$$

单元刚度矩阵可按普遍公式(3-10-2)计算

$$\boldsymbol{k}^{e}=\int_A \boldsymbol{B}^{\mathrm{T}}\boldsymbol{D}\boldsymbol{B}t\,\mathrm{d}x\mathrm{d}y$$

记为分块矩阵形式

$$
\boldsymbol{k}^e = \begin{bmatrix} \boldsymbol{K}_{ii} & \boldsymbol{K}_{ij} & \boldsymbol{K}_{im} & \boldsymbol{K}_{il} \\ & \boldsymbol{K}_{jj} & \boldsymbol{K}_{jm} & \boldsymbol{K}_{jl} \\ \text{对} & & \boldsymbol{K}_{mm} & \boldsymbol{K}_{ml} \\ & \text{称} & & \boldsymbol{K}_{ll} \end{bmatrix}
$$

其中

$$
\boldsymbol{K}_{rs} = \int_A \boldsymbol{B}_r^{\mathrm{T}} \boldsymbol{D} \boldsymbol{B}_s t \,\mathrm{d}x\mathrm{d}y, (r,s = i,j,m,l)
$$

对于平面应力问题，在 $\xi O\eta$ 坐标系下，有

$$
\begin{cases}
\boldsymbol{K}_{rs} = \dfrac{Et}{4(1-\mu^2)ab}\begin{bmatrix} k_1 & k_2 \\ k_3 & k_4 \end{bmatrix} \\
k_1 = b^2 \xi_r \xi_s \left(1 + \dfrac{1}{3}\eta_r \eta_s\right) + \dfrac{1-\mu}{2} a^2 \eta_r \eta_s \left(1 + \dfrac{1}{3}\xi_r \xi_s\right) \\
k_2 = ab\left(\mu \eta_r \xi_s + \dfrac{1-\mu}{2}\xi_r \eta_s\right) \\
k_3 = ab\left(\mu \xi_r \eta_s + \dfrac{1-\mu}{2}\eta_r \xi_s\right) \\
k_4 = a^2 \eta_r \eta_s \left(1 + \dfrac{1}{3}\xi_r \xi_s\right) + \dfrac{1-\mu}{2} b^2 \xi_r \xi_s \left(1 + \dfrac{1}{3}\eta_r \eta_s\right)
\end{cases}
, (r,s = i,j,m,l)
$$

第 4 章　杆系结构的有限元分析研究

杆系结构是由长度比其横截面尺寸大很多的杆件连接而成的体系，结构体系中的杆件截面，在受载后假定仍保持平面。若杆件之间为铰接的称为桁架结构；若杆件之间是刚性固接的称为刚架结构；若仅受轴向拉压或周向扭转力作用而杆件横截面变化可忽略的结构称为直杆结构。若杆件和载荷在同一平面内的，则称为平面结构；否则称为空间结构。

有限元法中一般称桁架和直杆的单元为杆单元，刚架的单元为梁单元。在机械工程领域中，杆件结构应用非常广泛，例如，起重运输机械的动臂、汽车车架、汽车转向梯形臂等，都是由金属杆件组成的。

4.1　拉压直杆的有限元分析

图 4-1 所示为拉压杆单元，横截面积为 A，长度为 l，轴向分布载荷为 $q(x)$。单元有 2 个节点 i、j，单元节点位移向量为

$$\boldsymbol{\delta}^e = [u \quad iu_j]^{\mathrm{T}} \tag{4-1-1}$$

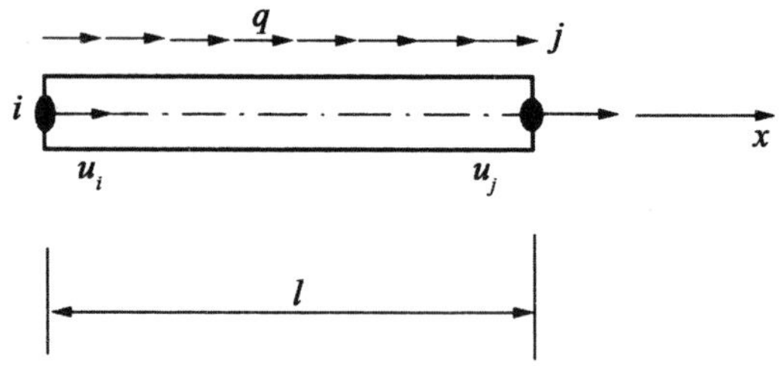

图 4-1　拉压杆单元

节点力向量为

$$\boldsymbol{F}^e = [F_i \quad F_j]^{\mathrm{T}} \tag{4-1-2}$$

单元位移模式可设为

$$u = \alpha_1 + \alpha_2 x \tag{4-1-3}$$

待定常数 α_1、α_2 可由节点位移条件确定，即当 $x = x_i$ 时，$u = u_i$；$x = x_j$ 时，$u = u_j$。相应位移模式为

$$u=\left(u_i-\frac{u_j-u_i}{l}x_i\right)+\frac{u_j-u_i}{l}x \tag{4-1-4}$$

写成标准形函数形式为

$$\boldsymbol{u}=\boldsymbol{N\delta}^e \tag{4-1-5}$$

而形函数为

$$\boldsymbol{N}=[N_i \quad N_j]=\frac{1}{l}[(x_j-x) \quad -(x_i-x)] \tag{4-1-6}$$

拉压直杆单元仅有轴向应变 $\varepsilon=\mathrm{d}u/\mathrm{d}x$，将位移模式式(4-1-5)代入，得

$$\varepsilon=\frac{1}{l}[-1 \quad 1]\boldsymbol{\delta}^e$$

上式用应变矩阵 $\boldsymbol{B}$ 可写为

$$\varepsilon=\boldsymbol{B\delta}^e \tag{4-1-7}$$

由应力应变关系 $\sigma=E\varepsilon$，得

$$\sigma=E\boldsymbol{B\delta}^e=\boldsymbol{S\delta}^e \tag{4-1-8}$$

式中，$\boldsymbol{S}$ 为应力矩阵。而单元刚度矩阵仍可由一般形式推出，即

$$\boldsymbol{k}=\iiint\boldsymbol{B}^{\mathrm{T}}\boldsymbol{DB}\,\mathrm{d}V=A\int\boldsymbol{B}^{\mathrm{T}}E\boldsymbol{B}\,\mathrm{d}x \tag{4-1-9}$$

积分可得

$$\boldsymbol{k}=\frac{AE}{l}\begin{bmatrix}1 & -1\\ -1 & 1\end{bmatrix} \tag{4-1-10}$$

节点力计算公式仍可采用前式，即

$$\boldsymbol{F}^e=\int\boldsymbol{N}^{\mathrm{T}}q(x)\,\mathrm{d}x$$

当分布力集度为常数时，有

$$\boldsymbol{F}^e=\int_{x_i}^{x_j}\frac{1}{l}\begin{bmatrix}(x_j-x)\\ -(x_i-x)\end{bmatrix}q\,\mathrm{d}x=\frac{ql}{2}\begin{bmatrix}1\\1\end{bmatrix} \tag{4-1-11}$$

平面桁架的每个杆件都可看作是局部坐标系下的拉压直杆，可按照前述公式进行单元分析。而桁架结构的各个杆件倾角不同，要在整体坐标系下建立整体平衡方程，就需要建立两种坐标系下的坐标变换关系。根据坐标旋转公式，节点 i 在局部坐标系下的位移分量 u_i、v_i 与整体坐标系下的位移分量 $\bar{u}_i$、$\bar{v}_i$ 有下述关系(图4-2)：

$$\begin{aligned}\bar{u}_i&=u_i\cos\alpha-v_i\sin\alpha\\ \bar{v}_i&=u_i\sin\alpha+v_i\cos\alpha\end{aligned} \tag{4-1-12}$$

即 $\bar{\boldsymbol{\delta}}_i=\boldsymbol{\phi\delta}_i$。

其中，方向余弦矩阵 $\boldsymbol{\phi}$ 为

$$\boldsymbol{\phi}=\begin{bmatrix}\cos\alpha & -\sin\alpha\\ \sin\alpha & \cos\alpha\end{bmatrix} \tag{4-1-13}$$

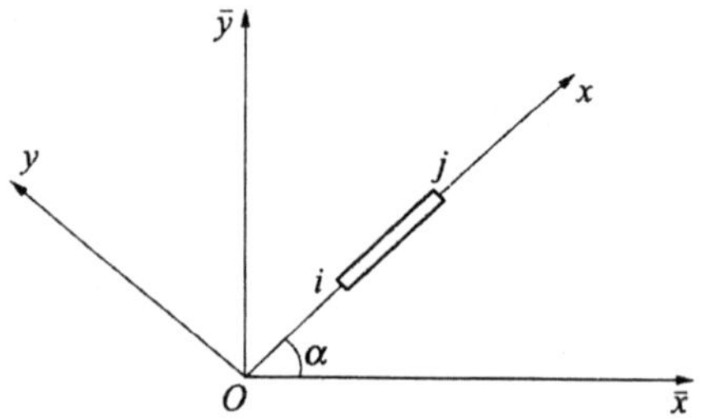

图 4-2　两种坐标系下的坐标变换关系

因此单元节点位移 $\boldsymbol{\delta}^e = [u_i \quad v_i \quad u_j \quad v_j]^{\mathrm{T}}$ 与 $\bar{\boldsymbol{\delta}}^e = [\bar{u}_i \quad \bar{v}_i \quad \bar{u}_j \quad \bar{v}_j]^{\mathrm{T}}$ 之间的关系为

$$\bar{\boldsymbol{\delta}}^e = \boldsymbol{T}\boldsymbol{\delta}^e \tag{4-1-14}$$

变换矩阵为

$$\boldsymbol{T} = \begin{bmatrix} \phi & 0 \\ 0 & \phi \end{bmatrix} = \begin{bmatrix} \cos\alpha & -\sin\alpha & 0 & 0 \\ \sin\alpha & \cos\alpha & 0 & 0 \\ 0 & 0 & \cos\alpha & -\sin\alpha \\ 0 & 0 & \sin\alpha & \cos\alpha \end{bmatrix} \tag{4-1-15}$$

式(4-1-10)对应的位移分量是 $[u \quad u_j]^{\mathrm{T}}$，此时扩充为 $[u_i \quad v_i \quad u_j \quad v_j]^{\mathrm{T}}$，相应单元刚度矩阵为

$$\boldsymbol{k} = \frac{AE}{l}\begin{bmatrix} 1 & 0 & -1 & 0 \\ 0 & 0 & 0 & 0 \\ -1 & 0 & 1 & 0 \\ 0 & 0 & 0 & 0 \end{bmatrix} \tag{4-1-16}$$

在整体坐标系下则有 $\bar{\boldsymbol{k}} = \boldsymbol{T}\boldsymbol{k}\boldsymbol{T}^{\mathrm{T}}$，将式(4-1-15)和式(4-1-16)代入，得

$$\bar{\boldsymbol{k}} = \frac{EA}{l}\begin{bmatrix} \cos^2\alpha & \cos\alpha\sin\alpha & -\cos^2\alpha & -\cos\alpha\sin\alpha \\ \cos\alpha\sin\alpha & \sin^2\alpha & -\cos\alpha\sin\alpha & -\sin^2\alpha \\ -\cos^2\alpha & -\cos\alpha\sin\alpha & \cos^2\alpha & \cos\alpha\sin\alpha \\ -\cos\alpha\sin\alpha & -\sin^2\alpha & \cos\alpha\sin\alpha & \sin^2\alpha \end{bmatrix} \tag{4-1-17}$$

4.2　梁的有限元分析

通常，梁系结构是由长度尺寸远大于截面尺寸的构件组成，与杆系结构不同的是，各构件连接的节点为刚节点，在刚节点上各构件之间的夹角保持不变，可以传递力矩。梁系结构不仅可以承受轴向力产生轴向变形(拉伸或

压缩),还可以承受剪力和弯矩,产生横向位移和弯曲变形。这类结构的受力与变形特点为,作用在梁上的外力与构件的轴线垂直,轴线由原来的直线变为曲线,如图4-3所示。

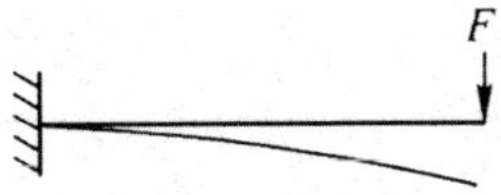

图4-3 梁变形

工程中常见梁的横截面最少具有一个对称轴,如图4-4所示为圆形、矩形、工字形和T字形等截面。这类梁有一个包含轴线在内的纵向对称面。当有外力作用在该对称平面时,称为平面梁结构,变形后其轴线变成该对称平面内的曲线。

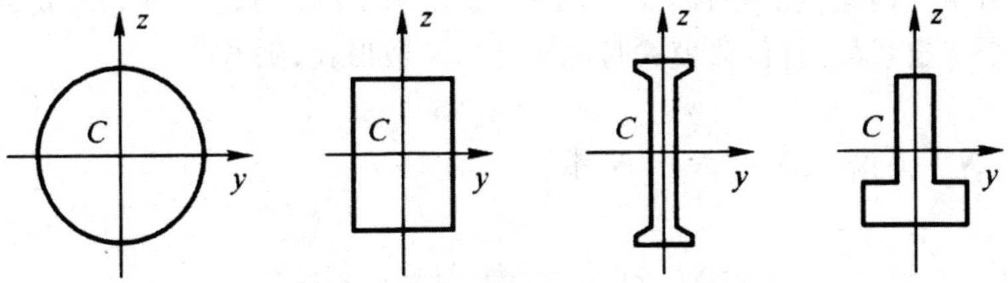

图4-4 梁横截面的不同类型

梁系结构的有限元分析过程与杆系结构相似。首先在局部坐标系中建立单元刚度矩阵,即节点力与节点位移的关系,然后通过坐标变换建立整体坐标系与局部坐标系的节点力关系,再进行结构分析,建立总体刚度矩阵,最后引入边界条件并求解。

按材料力学梁的弯曲公式,梁的转角 θ、弯矩 M、剪力 Q 及挠度 v 之间的关系为

$$\theta = \frac{\mathrm{d}v}{\mathrm{d}x}, M = EI\frac{\mathrm{d}^2 v}{\mathrm{d}x^2}, Q = EI\frac{\mathrm{d}^3 v}{\mathrm{d}x^3} \tag{4-2-1}$$

弯曲应力及应变公式为

$$\varepsilon = -y\frac{\mathrm{d}^2 v}{\mathrm{d}x^2}, \sigma = E\varepsilon = -y\frac{\mathrm{d}^2 v}{\mathrm{d}x^2} \tag{4-2-2}$$

图4-5所示为一等截面2节点梁单元,节点位移为挠度和转角,节点力为弯矩和剪力。单元的位移向量和节点力向量分别为

$$\boldsymbol{\delta}^e = [v_i \quad \theta_i \quad v_j \quad \theta_j]^{\mathrm{T}} \tag{4-2-3}$$

$$\boldsymbol{F}^e = [Q_i \quad M_i \quad Q_j \quad M_j]^{\mathrm{T}} \tag{4-2-4}$$

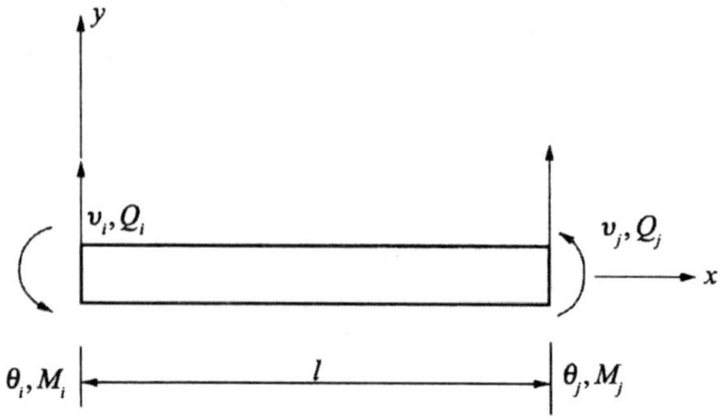

图 4-5 等截面 2 节点梁单元

单元位移模式可设为

$$v(x) = \alpha_1 + \alpha_2 x + \alpha_3 x^2 + \alpha_4 x^3 \tag{4-2-5}$$

由单元两端点的条件：$x = 0, v = v_i, \theta = \theta_i; x = l, v = v_j, \theta = \theta_j$，可解出 4 个待定系数，将位移模式写成标准形函数形式，则有

$$v(x) = \boldsymbol{N}\boldsymbol{\delta}^e \tag{4-2-6}$$

式中，$\boldsymbol{N} = [N_1 \quad N_2 \quad N_3 \quad N_4]$。

其中

$$\begin{aligned} N_1 &= (l^3 - 3lx^2 + 2x^3)/l^3 \\ N_2 &= (l^2 x - 2lx^2 + x^3)/l^2 \\ N_3 &= (3lx^2 - 2x^3)/l^3 \\ N_4 &= -(lx^2 - x^3)/l^2 \end{aligned} \tag{4-2-7}$$

由式(4-2-2)、式(4-2-6)，可得单元弯曲应变和应力，即

$$\varepsilon = \boldsymbol{B}\boldsymbol{\delta}^e, \sigma = E\varepsilon = E\boldsymbol{B}\boldsymbol{\delta}^e = \boldsymbol{S}\boldsymbol{\delta}^e \tag{4-2-8}$$

其中，应变矩阵为

$$\begin{aligned} \boldsymbol{B} &= [B_1 \quad B_2 \quad B_3 \quad B_4] \\ &= -\frac{y}{l^3}[12x - 6l \quad l(6x - 4l) \quad -(12x - 6l) \quad l(6x - 2l)] \end{aligned} \tag{4-2-9}$$

单元刚度矩阵公式为

$$\boldsymbol{k}^e = \iiint \boldsymbol{B}^{\mathrm{T}} \boldsymbol{D} \boldsymbol{B} \mathrm{d}V = E \iint \left(\int_0^l \boldsymbol{B}^{\mathrm{T}} \boldsymbol{B} \mathrm{d}x \right) \mathrm{d}A \tag{4-2-10}$$

积分得

$$\boldsymbol{k} = \frac{EI}{l} \begin{bmatrix} 12 & 6l & -12 & 6l \\ 6l & 4l^2 & -6l & 2l^2 \\ -12 & -6l & 12 & -6l \\ 6l & 2l^2 & -6l & 4l^2 \end{bmatrix} \tag{4-2-11}$$

式中，I 为梁截面对主轴的惯性矩。

目前使用的梁单元除线性梁单元外，还有二次梁单元、曲梁单元和锥梁单元。二次梁单元是由 3 个节点确定的抛物线，曲梁单元是由 2 个节点决定的、具有曲率半径的圆弧，而锥梁单元则是 2 个节点处截面积不等的线性梁。

一般情况下，梁在弯矩和剪力作用下产生的挠度是由两部分组成的：一部分是弯矩引起的挠度，另一部分是由剪力引起的剪切挠度。在大多数的杆系结构中，剪切挠度对杆件的总挠度影响很小，往往不必考虑，上面推得的单元刚度矩阵就是没有考虑剪切挠度的影响；但是对某些结构的纵梁，其腹板高度与杆件跨度之比较大（一般梁的截面高度大于长度的 1/5 时），就必须考虑剪切挠度的影响。因此，在选用梁单元进行有限元分析时，要注意该单元的功能中是否包含这一因素。

4.3　刚架的有限元分析

平面刚架和平面桁架是有区别的，平面桁架取出一个单元，只考虑节点的线位移，而没有角位移，它是受拉压的二力杆；平面刚架取出一个单元是梁，节点不但有两个方向的线位移，还增加了一个角位移，它不但受拉压，而且还产生弯曲变形。

工程上常用到如图 4-6 所示的刚架结构，各杆间是刚性固结的。当刚架结构受外力作用时，杆件内不仅有轴力，还有剪力和弯矩。称这类杆件为

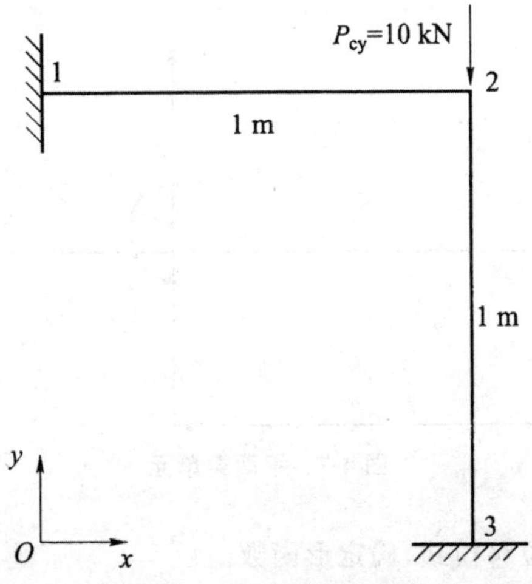

图 4-6　平面刚架结构

梁。当梁所受的载荷处于同一平面，且位于刚架平面内，称该梁为平面梁。平面刚架离散后的单元称为平面梁单元。

4.3.1 平面梁单元分析

1. 局部坐标系中平面梁单元的单刚等效节点力向量

如图 4-7 所示为平面刚架结构，它的有限元分析方法与平面桁架结构相似，其主要区别在于单元属性和载荷条件不同。与平面桁架的杆单元只受轴向线位移相比，平面刚架的单元为梁单元，节点不但有两个方向的线位移，还增加了角位移，它不但受到拉压，而且还产生弯曲变形。

平面梁单元是 2 个节点，且每个节点有 3 个自由度的单元，如图 4-7 所示。设局部坐标系 x 轴与杆件轴线重合，y 轴与杆件轴线垂直，坐标原点在节点 i 上。现设节点轴向位移为 u，横向位移为 v，转角为 θ。局部坐标系 x 方向约定为从整体编号小的节点到大号码节点的方向。任一节点有 3 个自由度：轴向位移、横向位移和绕 z 轴的转角。相应的节点力分量为：轴向力、剪力和弯矩。单元分析步骤如下。

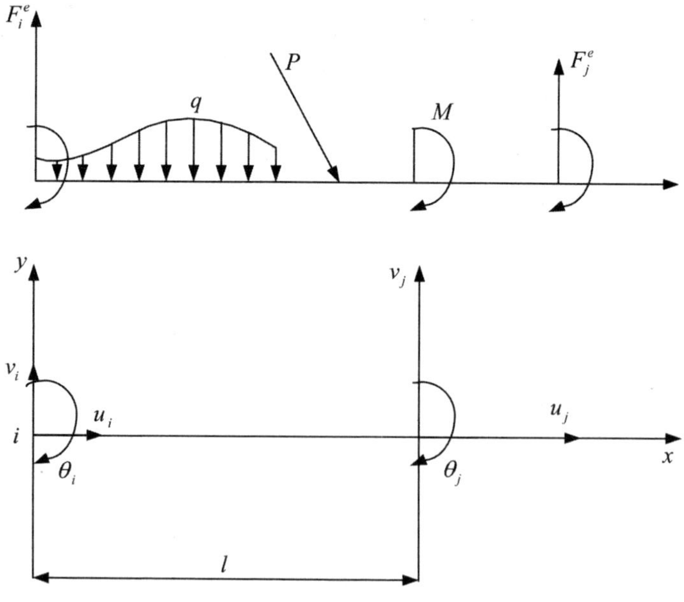

图 4-7 平面梁单元

(1)假设单元位移模式，确定形函数。

根据平面梁单元受力变形特点，假定单元位移模式为

$$u=\alpha_1+\alpha_2 x \tag{4-3-1}$$

$$v=\alpha_3+\alpha_4 x+\alpha_5 x^2+\alpha_6 x^3 \tag{4-3-2}$$

未知系数 α_i 共有 6 个，可以用单元的 6 个节点位移来表示。首先由条件 $(u)_{x=0}=u_i$，$(u)_{x=l}=u_j$ 代入式(4-3-1)得

$$\begin{bmatrix}a_1\\a_2\end{bmatrix}=\begin{bmatrix}1 & 0\\-\frac{1}{l} & \frac{1}{l}\end{bmatrix}\begin{bmatrix}u_i\\u_j\end{bmatrix} \tag{4-3-3}$$

再由条件 $(v)_{x=0}=v_i$，$(\theta)_{x=0}=\theta_i$，$(v)_{x=l}=v_j$，$(\theta)_{x=l}=v_j$，且 $\theta=-\frac{\mathrm{d}v}{\mathrm{d}x}=-\alpha_4-2\alpha_5 x-3\alpha_6 x^2$ 代入式(4-3-2)，从上述条件可以得到

$$\begin{bmatrix}\alpha_3\\\alpha_4\\\alpha_5\\\alpha_6\end{bmatrix}=\begin{bmatrix}1 & 0 & 0 & 0\\0 & -1 & 0 & 0\\-\frac{3}{l^2} & \frac{2}{l} & \frac{3}{l^2} & \frac{1}{l}\\\frac{2}{l^3} & -\frac{1}{l^2} & -\frac{2}{l^3} & -\frac{1}{l^2}\end{bmatrix}\begin{bmatrix}v_i\\\theta_i\\v_j\\\theta_j\end{bmatrix} \tag{4-3-4}$$

将式(4-3-4)和式(4-3-3)分别代入式(4-3-2)和式(4-3-1)，即可得到单元位移通过节点位移来表示的表达式：

$$\boldsymbol{f}=\begin{bmatrix}u\\v\end{bmatrix}=\boldsymbol{N\delta}^e \tag{4-3-5}$$

$$\boldsymbol{N}=\begin{bmatrix}N_i & 0 & 0 & N_4 & 0 & 0\\0 & N_2 & N_3 & 0 & N_5 & N_6\end{bmatrix} \tag{4-3-6}$$

$$\boldsymbol{\delta}^e=[u_i\quad v_i\quad \theta_i\quad u_j\quad v_j\quad \theta_j] \tag{4-3-7}$$

上式中 $\boldsymbol{N}$ 为形函数矩阵，$N_1\sim N_6$ 为形函数，它是局部坐标 x 的函数，其显式为

$$N_1=1-\frac{x}{l}$$

$$N_2=1-\frac{3}{l^2}x^2+\frac{2}{l^3}x^3$$

$$N_3=-x+\frac{2}{l}x^2-\frac{2}{l^2}x^3$$

$$N_4=\frac{x}{l}$$

$$N_5=\frac{3}{l^2}x^2-\frac{2}{l^3}x^3$$

$$N_6=\frac{1}{l}x^2-\frac{1}{l^2}x^3$$

(2)确定单元应变。

对于长细比较大的杆件,可以忽略剪切变形,此时应变只包含轴向变形和弯曲变形两部分:

$$\boldsymbol{\varepsilon}=\begin{bmatrix}\dfrac{\mathrm{d}u}{\mathrm{d}x}\\ \dfrac{\mathrm{d}^2v}{\mathrm{d}x^2}\end{bmatrix}=\begin{bmatrix}\dfrac{\mathrm{d}}{\mathrm{d}x} & 0\\ 0 & \dfrac{\mathrm{d}}{\mathrm{d}x^2}\end{bmatrix}\begin{bmatrix}u\\ v\end{bmatrix}$$

代入式(4-3-5),并记微分算子矩阵为 $\boldsymbol{H}$,有

$$\boldsymbol{\varepsilon}=\boldsymbol{HN\delta}^e=\boldsymbol{B\delta}^e \tag{4-3-8a}$$

其中,$\boldsymbol{B}$ 为应变矩阵,其表达式为

$$\boldsymbol{B}=[\boldsymbol{B}_i\quad \boldsymbol{B}_j]=\begin{bmatrix}a_i & 0 & 0 & a_j & 0 & 0\\ 0 & b_i & c_i & 0 & b_j & c_j\end{bmatrix} \tag{4-3-8b}$$

各元素为

$$a_j=-a_i=\frac{1}{l},b_j=-b_i=\frac{6}{l^2}-\frac{12}{l^3}x$$

$$c_i=\frac{4}{l}-\frac{6}{l^2}x,c_j=\frac{2}{l}-\frac{6}{l^2}x$$

(3)利用虚功方程建立单元平衡方程。

平面梁单元的内力矩阵为

$$\boldsymbol{M}=\begin{bmatrix}N\\ M\end{bmatrix}=\boldsymbol{D\varepsilon}=\boldsymbol{DB\delta}^e \tag{4-3-9}$$

$$\boldsymbol{D}=\begin{bmatrix}EA & 0\\ 0 & EI\end{bmatrix} \tag{4-3-10}$$

式中,N、M 为平面梁单元的轴力与弯矩;A、I 为平面梁单元的截面积与截面惯性矩;E 为平面单元材料的弹性模量;$\boldsymbol{D}$ 为平面梁单元弹性矩阵。

利用虚功方程,即梁单元节点力 F^e 的虚功等于梁的内力 $\boldsymbol{M}$ 的虚功:

$$(\boldsymbol{\delta}^{*e})^{\mathrm{T}}\boldsymbol{F}^e=\int_l \boldsymbol{\delta}^{*\mathrm{T}}\boldsymbol{M}\mathrm{d}x$$

进一步推得

$$\boldsymbol{F}^e=\boldsymbol{K}^e\boldsymbol{\delta}^e \tag{4-3-11}$$

$$\boldsymbol{F}^e=\int_l \boldsymbol{\delta}^{*\mathrm{T}}\boldsymbol{M}\mathrm{d}x \tag{4-3-12}$$

式(4-3-11)是平面梁单元在局部坐标系下的平衡方程,$\boldsymbol{K}^e$ 是单元刚度矩阵,现分析计算如下:

$$\boldsymbol{K}^e=\int_l\begin{bmatrix}\boldsymbol{B}_i^{\mathrm{T}}\\ \boldsymbol{B}_j^{\mathrm{T}}\end{bmatrix}\boldsymbol{D}[\boldsymbol{B}_i\quad \boldsymbol{B}_j]\mathrm{d}x=\begin{bmatrix}\boldsymbol{k}_{ii} & \boldsymbol{k}_{ij}\\ \boldsymbol{k}_{ji} & \boldsymbol{k}_{jj}\end{bmatrix} \tag{4-3-13}$$

其中,任一分块子矩阵的计算公式为

$$
\boldsymbol{k}_{rs}=\int_l \boldsymbol{B}_r^{\mathrm{T}}\boldsymbol{D}\boldsymbol{B}_s\mathrm{d}x=\int_l\begin{bmatrix}a_r & 0\\ 0 & b_r\\ 0 & c_r\end{bmatrix}\begin{bmatrix}EA & 0\\ 0 & EI\end{bmatrix}\begin{bmatrix}a_s & 0 & 0\\ 0 & b_s & c_s\end{bmatrix}\mathrm{d}x
$$

$$
=\int_l\begin{bmatrix}EAa_ra_s & 0 & 0\\ 0 & EIb_rb_s & EIb_rc_s\\ 0 & EIc_rb_s & EIc_rc_s\end{bmatrix}\mathrm{d}x,(r,s=i,j) \tag{4-3-14}
$$

通过积分,可以找到式(4-3-13)单刚中的四块子矩阵。从而,求得平面梁单元在不考虑剪切变形时的单刚 $\boldsymbol{K}^e$ 的显式为

$$
\boldsymbol{K}^e=\begin{bmatrix}\frac{EA}{l} & & & & & \\ 0 & -\frac{12EI}{l^3} & & \text{对} & & \\ 0 & -\frac{6EI}{l^2} & \frac{4EA}{l} & & \text{称} & \\ -\frac{EA}{l} & 0 & 0 & \frac{EA}{l} & & \\ 0 & -\frac{12EI}{l^3} & \frac{6EI}{l^2} & 0 & \frac{12EI}{l^3} & \\ 0 & -\frac{6EI}{l^2} & \frac{2EA}{l} & 0 & \frac{6EI}{l^2} & \frac{4EA}{l}\end{bmatrix} \tag{4-3-15}
$$

(4)单元等效节点力向量 $\boldsymbol{F}^e$ 的计算。

在平面刚架中,所作用的外载荷一般有集中力、均布力、集中力偶、温度等,这些载荷都作用在平面梁内,在单元分析时需转化成等效节点力。这时式(4-3-11)中的单元节点力 $\boldsymbol{F}^e$ 应为

$$
\boldsymbol{F}^e=\boldsymbol{F}_P^e+\boldsymbol{F}_q^e+\boldsymbol{F}_M^e+\boldsymbol{F}_t^e+\boldsymbol{F}_c^e \tag{4-3-16}
$$

式中, $\boldsymbol{F}_P^e$ 为单元内集中力的等效节点力; $\boldsymbol{F}_q^e$ 为单元内分布力的等效节点力; $\boldsymbol{F}_M^e$ 为单元内集中力偶的等效节点力; $\boldsymbol{F}_t^e$ 为单元内温度载荷的等效节点力; $\boldsymbol{F}_c^e$ 为直接作用在单元节点上的载荷。

在平面刚架中,平面梁单元的节点力向量与节点位移向量相对应,是一个 6×1 的向量:

$$
\boldsymbol{F}^e=[\boldsymbol{F}_{ix}\quad \boldsymbol{F}_{iy}\quad M_i\quad \boldsymbol{F}_{jx}\quad \boldsymbol{F}_{jy}\quad M_j]^{\mathrm{T}} \tag{4-3-17}
$$

2. 坐标转换、整体坐标系中的单刚等效节点力向量

有限元法中经常涉及两种坐标系,一是对整个结构而言所建立的坐标系,为整体坐标系,本书多用 $\overline{O}\overline{x}\ \overline{y}\overline{z}$ 来表示;二是对每一个单元而言建立的坐标系,为单元坐标系,或称为局部坐标系,我们用 $Oxyz$ 来表示。在讨论

单元的节点位移、节点力以及单元刚度矩阵时，采用单元坐标系较为方便，但是，由于刚架各单元的局部坐标 x、y 方向都不相同，整体求解时需要建立统一的坐标系，即整体坐标系 $\overline{x}$、$\overline{y}$。为此，各单元在局部坐标系中建立的各个物理量都需要进行坐标转换，得到它们在整体坐标系中的表达形式。

令整体坐标系中平面梁单元的节点位移列阵为

$$\bar{\boldsymbol{\delta}} = [\overline{u_i} \quad \overline{v_i} \quad \overline{\theta_i} \quad \overline{u_j} \quad \overline{v_j} \quad \overline{\theta_j}]^{\mathrm{T}}$$

局部坐标 x 与整体坐标 x 间的夹角为 α。由图 4-8 可见，节点的角位移在两种坐标系是相等的，即有

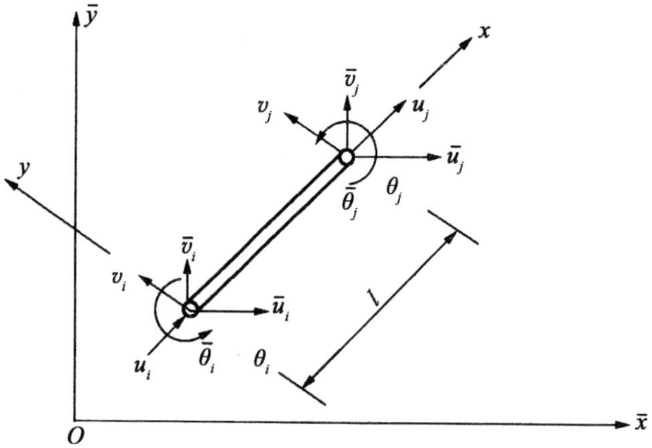

图 4-8 整体坐标系中的梁单元

$$\theta_i = \overline{\theta_i}, (i = i, j) \tag{4-3-18}$$

$$\begin{cases} u_i = \cos\alpha \bar{u}_i + \sin\alpha \bar{v}_i \\ v_i = -\sin\alpha \bar{u}_i + \cos\alpha \bar{v}_i \end{cases}, (i = i, j) \tag{4-3-19}$$

将式(4-3-18)和式(4-3-19)合并，可得节点位移转换关系为

$$\boldsymbol{\delta}^e = \boldsymbol{T}\bar{\boldsymbol{\delta}}^e \tag{4-3-20}$$

平面梁单元的节点位移和节点力中，增加了绕着 z 轴的角位移和力矩元素，但是从局部坐标向整体坐标变换过程中，z 轴和 $\bar{z}$ 轴是一致的，所以平面梁单元的变换矩阵 $\boldsymbol{T}$ 为

$$\boldsymbol{T} = \begin{bmatrix} \cos\alpha & \sin\alpha & 0 & 0 & 0 & 0 \\ -\sin\alpha & \cos\alpha & 0 & 0 & 0 & 0 \\ 0 & 0 & 1 & 0 & 0 & 0 \\ 0 & 0 & 0 & \cos\alpha & \sin\alpha & 0 \\ 0 & 0 & 0 & -\sin\alpha & \cos\alpha & 0 \\ 0 & 0 & 0 & 0 & 0 & 1 \end{bmatrix} \tag{4-3-21}$$

$$\boldsymbol{T}=\begin{bmatrix}\boldsymbol{\phi} & \vdots & 0\\ \cdots & \cdots & \cdots\\ 0 & \vdots & \boldsymbol{\phi}\end{bmatrix}$$

$$=\begin{bmatrix}\cos\alpha & -\sin\alpha & 0 & 0 & 0 & 0\\ \sin\alpha & \cos\alpha & 0 & 0 & 0 & 0\\ 0 & 0 & 1 & 0 & 0 & 0\\ 0 & 0 & 0 & \cos\alpha & -\sin\alpha & 0\\ 0 & 0 & 0 & \sin\alpha & \cos\alpha & 0\\ 0 & 0 & 0 & 0 & 0 & 1\end{bmatrix} \tag{4-3-22}$$

由于坐标转换矩阵满足 $\boldsymbol{T}^{\mathrm{T}}=\boldsymbol{T}^{-1}$，因此由式(4-3-20)很方便地求出整体坐标系下的节点位移列阵：

$$\bar{\boldsymbol{\delta}}^{e}=\boldsymbol{T}^{\mathrm{T}}\boldsymbol{\delta}^{e} \tag{4-3-23}$$

同理，也可以求出等效节点力列阵在两种坐标系中的转换关系：

$$\boldsymbol{F}^{e}=\boldsymbol{T}\bar{\boldsymbol{F}}^{e} \tag{4-3-24}$$

将式(4-3-20)和式(4-3-24)代入单元在局部坐标系中建立的平衡方程式(4-3-11)，可得到单刚在两种坐标系下的关系：

$$\bar{\boldsymbol{K}}^{e}=\boldsymbol{T}^{\mathrm{T}}\boldsymbol{K}^{e}\boldsymbol{T} \tag{4-3-25}$$

$$\bar{\boldsymbol{F}}^{e}=\bar{\boldsymbol{K}}^{e}\bar{\boldsymbol{\delta}}^{e} \tag{4-3-26}$$

式中，$\bar{\boldsymbol{K}}^{e}$ 为整体坐标系中的单刚。式(4-3-26)为整体坐标系中的单元平衡方程。

$$\bar{\boldsymbol{K}}^{e}=\begin{bmatrix}\frac{EA}{l} & 0 & 0 & -\frac{EA}{l} & 0 & 0\\ 0 & \frac{12EI}{(1+\varphi_y)l^3} & \frac{6EI}{(1+\varphi_y)l^2} & 0 & -\frac{12EI}{(1+\varphi_y)l^3} & \frac{6EI}{(1+\varphi_y)l^2}\\ 0 & \frac{6EI}{(1+\varphi_y)l^2} & \frac{(4+\varphi_y)EI}{(1+\varphi_y)l} & 0 & -\frac{6EI}{(1+\varphi_y)l^2} & \frac{(2-\varphi_y)EI}{(1+\varphi_y)l}\\ -\frac{EA}{l} & 0 & 0 & \frac{EA}{l} & 0 & 0\\ 0 & -\frac{12EI}{(1+\varphi_y)l^3} & -\frac{6EI}{(1+\varphi_y)l^2} & 0 & \frac{12EI}{(1+\varphi_y)l^3} & -\frac{6EI}{(1+\varphi_y)l^2}\\ 0 & \frac{6EI}{(1+\varphi_y)l^2} & \frac{(2-\varphi_y)EI}{(1+\varphi_y)l} & 0 & -\frac{6EI}{(1+\varphi_y)l^2} & \frac{(4+\varphi_y)EI}{(1+\varphi_y)l}\end{bmatrix} \tag{4-3-27}$$

式中，$\varphi_y=\dfrac{12EI}{GA_s l^2}$；$G$ 为材料的剪切弹性模量；A_s 为杆件截面沿 y 轴方向的有效抗剪面积。

4.3.2 整体(平面刚架)分析与刚架内力计算

1.整体分析

平面刚架整体分析方法同平面桁架整体分析方法。若刚架有 m 个单元、n 个节点,则整个结构共有 $3n$ 个节点位移分量,整体坐标系中节点位移列阵为

$$\boldsymbol{\delta} = [\bar{u}_1 \quad \bar{v}_1 \quad \bar{\theta}_1 \quad \cdots \quad \bar{u}_n \quad \bar{v}_n \quad \bar{\theta}_n]^{\mathrm{T}} \tag{4-3-28}$$

与之相对应的节点力列阵为

$$\boldsymbol{F} = [F_{1\bar{x}} \quad F_{1\bar{y}} \quad M_1 \quad \cdots \quad F_{n\bar{x}} \quad F_{n\bar{y}} \quad M_n]^{\mathrm{T}} \tag{4-3-29}$$

将式(4-3-25)中的单刚 $\bar{\boldsymbol{K}}^e$ 按照“对号入座”法,即可拼装成 $3n \times 3n$ 的总体刚度矩阵 $\boldsymbol{K}$,从而建立起平面刚架有限元分析的平衡方程式:

$$\boldsymbol{F} = \boldsymbol{K\delta} \tag{4-3-30}$$

式中总刚 $\boldsymbol{K}$ 的特性与平面桁架中的总刚特性相同。边界条件的引入和方程求解也与平面桁架相同。

2.刚架各单元杆端内力及单元内力计算

引入位移边界条件后,对式(4-3-30)求解即可得到平面刚架各个节点的位移 $\boldsymbol{\delta}$。然后回到单元内分析,即可完成单元内力计算,其步骤如下。

(1)按照“对号入座”的方法,从结构位移分量 $\boldsymbol{\delta}$ 中取出单元的节点位移 $\bar{\boldsymbol{\delta}}^e$。

$$\bar{\boldsymbol{\delta}}^e = \boldsymbol{G\delta} \tag{4-3-31}$$

其中,$\boldsymbol{G}$ 是单元节点转换矩阵,按节点的分块形式为

$$\begin{matrix} & 1 & 2 & \cdots & i & \cdots & j & \cdots & n \\ \boldsymbol{G}_{6\times 3n} = & \left[\begin{matrix} 0 \\ 0 \end{matrix}\right. & \begin{matrix} 0 \\ 0 \end{matrix} & \begin{matrix} \cdots \\ \cdots \end{matrix} & \begin{matrix} \boldsymbol{I} \\ 0 \end{matrix} & \begin{matrix} \cdots \\ \cdots \end{matrix} & \begin{matrix} 0 \\ \boldsymbol{I} \end{matrix} & \begin{matrix} \cdots \\ \cdots \end{matrix} & \left.\begin{matrix} 0 \\ 0 \end{matrix}\right] \end{matrix}$$

其中,$\boldsymbol{I}$ 是三阶单位矩阵,i、j 是单元节点的编码。

(2)将整体坐标系中的单元节点位移 $\bar{\boldsymbol{\delta}}^e$ 转化为局部坐标系中的单元节点位移 $\boldsymbol{\delta}^e$,见式(4-3-20)。

(3)求杆端内力。

为求单元内各截面内力,首先需要计算出零元端部内力,为此截取节点为隔离体。如图 4-9 为第 i 节点的平衡,它的平衡条件是梁单元杆端的三个内力 N_i、Q_i、M_i,与节点载荷 F_{ixc}、F_{iyc} 及 M_{ic} 的平衡。对于 j 节点也是同样情况。因此梁单元杆端内力为

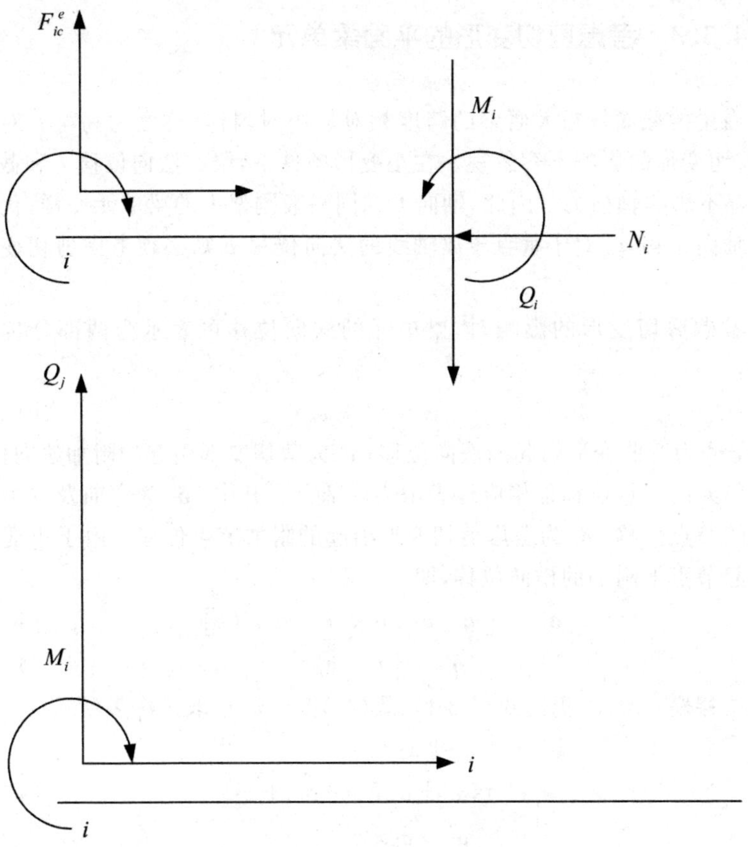

图 4-9 节点 *i* 的平衡

$$\boldsymbol{P}^e = [N_i \quad Q_i \quad M_i \quad N_j \quad Q_j \quad M_j]^{\mathrm{T}}$$

显然 $\boldsymbol{P}^e$ 与直接作用在单元节点上的载荷 F_{ic}^e 相等,即 $\boldsymbol{P}^e = \boldsymbol{F}_{ic}^e$。

由式(4-3-11)和式(4-3-15)知,梁单元杆端内力应为

$$\boldsymbol{P}^e = \boldsymbol{K}^e\boldsymbol{\delta}^e - \boldsymbol{F}_d^e \tag{4-3-32}$$

式中,$\boldsymbol{F}_d^e$ 为单元内部各种载荷的等效节点力列阵。

(4)求梁单元内力。

当梁单元内没有非节点载荷作用,即 $\boldsymbol{F}_d^e$ 为零时,梁单元内任一截面处的内力都为杆端内力。若梁单元内有非节点载荷作用,即 $\boldsymbol{F}_d^e$ 不为零时,梁单元内任一截面处的内力应由杆端内力 $\boldsymbol{P}^e$ 与非节点载荷产生的内力 $\boldsymbol{F}_d^e$ 叠加而成。其中,$\boldsymbol{F}_d^e$ 是把梁单元看作简支梁,各种非节点载荷作用时产生的内力,可由材料力学求得。

4.3.3 考虑剪切变形的平面梁单元

当梁的截面较粗大而梁的跨度相对较小时，将其称之为高梁。对于高梁，剪切变形的影响不容忽视。在小变形条件下，梁的法向位移 v 和截面转角 θ 都不影响轴向力。因此，轴向力如同一般刚架中的梁单元一样，仍只取决于轴向位移 u。对于垂直于梁轴线的法向位移 v 则必须考虑剪切变形的影响。

考虑剪切变形的影响时，梁单元的法向位移可表示为两部分位移的叠加：

$$v = v^b + v^s \tag{4-3-33}$$

式中，v^b 为弯曲变形引起的法向位移；v^s 为剪切变形引起的附加法向位移。

单元的节点位移也相应地表示为两部分。其中，$\boldsymbol{\delta}_b^e$ 为弯曲及轴力变形引起的节点位移，$\boldsymbol{\delta}_s^e$ 为考虑剪切变形引起的附加节点位移。由于小变形 v^s 只引起节点上附加的横向位移，即

$$\boldsymbol{\delta}_b^e = \begin{bmatrix} u_i & v_i^b & \theta_i & u_j & v_j^b & \theta_j \end{bmatrix}^{\mathrm{T}} \tag{4-3-34}$$

$$\boldsymbol{\delta}_s^e = \begin{bmatrix} v_i^s & v_j^s \end{bmatrix}^{\mathrm{T}} \tag{4-3-35}$$

单元位移模式 u、v^b 仍同式(4-3-1)、式(4-3-2)，v^s 也取一次多项式：

$$\begin{cases} u = \alpha_1 + \alpha_2 x \\ v^b = \alpha_3 + \alpha_4 x + \alpha_5 x^2 + \alpha_6 x^3 \\ v^s = \alpha_1 + \alpha_8 x \end{cases} \tag{4-3-36}$$

利用单元节点位移值来确定未知系数 $\alpha_1 \sim \alpha_8$，则可得

$$\begin{cases} u = N_1 u_i + N_4 u_j \\ v^b = N_2 v_i^b + N_3 \theta_i + N_5 v_j^b + N_6 \theta_j \\ v^s = N_1 v_i^s + N_4 v_j^s \end{cases}$$

插值函数 $N_1 \sim N_6$ 见式(4-3-6)。

单元的应变也分为两部分：

$$\begin{aligned} \boldsymbol{\varepsilon}^b &= \boldsymbol{B}^b \boldsymbol{\delta}_b^e \\ \boldsymbol{\varepsilon}^s &= \boldsymbol{B}^s \boldsymbol{\delta}_s^e \end{aligned} \tag{4-3-37}$$

式中，$\boldsymbol{B}^b$ 为未考虑剪切变形影响的应变矩阵，见式(4-3-8a)；$\boldsymbol{B}^s$ 是考虑剪切变形影响后附加的应变矩阵，$\boldsymbol{B}^s = [a_i \quad a_j]$，其中 a_i 和 a_j 见式(4-3-8b)。

单元的内力矩阵也分为两部分：

$$\begin{cases} \boldsymbol{M} = \begin{bmatrix} N \\ M \end{bmatrix} = \boldsymbol{D}^b \boldsymbol{\varepsilon}^b \\ \boldsymbol{Q} = \boldsymbol{D}^s \boldsymbol{\varepsilon}^s \end{cases} \tag{4-3-38}$$

式中，$\boldsymbol{D}^b$ 为弹性矩阵，见式(4-3-10)；而弹性矩阵 $\boldsymbol{D}^s = \dfrac{GA}{k}$，其中 G 为剪切模量，A 为横截面积，k 为考虑剪应力沿梁截面分布不均匀的修正系数，对于圆形截面 $k = 10/9$，对于矩形截面 $k = 1.2$。

考虑剪切变形影响后，由虚功方程得

$$(\boldsymbol{\delta}_b^{*e})^{\mathrm{T}}\boldsymbol{F}^e + (\boldsymbol{\delta}_s^{*e})^{\mathrm{T}}\begin{bmatrix}\boldsymbol{F}_{iy}\\ \boldsymbol{F}_{jy}\end{bmatrix} = \int_l (\boldsymbol{\varepsilon}^{*b})^{\mathrm{T}}\boldsymbol{M}\mathrm{d}x + \int_l (\boldsymbol{\varepsilon}^{*s})\boldsymbol{Q}\mathrm{d}x$$

由于虚位移的任意性，经化简得

$$\boldsymbol{F}^e = \boldsymbol{K}_b^e\boldsymbol{\delta}_b^e \tag{4-3-39}$$

$$\begin{bmatrix}F_{iy}\\ F_{jy}\end{bmatrix} = \boldsymbol{K}_s^e\boldsymbol{\delta}_s^e \tag{4-3-40}$$

式(4-3-39)与式(4-3-11)相同，式(4-3-40)为考虑剪切变形影响的单元平衡方程，K_s^e 为

$$K_s^e = \int_l (\boldsymbol{B}^s)^{\mathrm{T}}\boldsymbol{D}^s\boldsymbol{B}^s\mathrm{d}x = \frac{GA}{kl}\begin{bmatrix}1 & -1\\ -1 & 1\end{bmatrix} \tag{4-3-41}$$

由式(4-3-39)中的第 2 式及第 5 式可得

$$F_{iy} = -F_{jy} = \frac{EA}{l^3}\begin{bmatrix}12 & -6l\end{bmatrix}\begin{bmatrix}v_i^b - v_j^b\\ \theta_i + \theta_j\end{bmatrix} \tag{4-3-42}$$

由式(4-3-40)可得

$$F_{iy} = -F_{jy} = \frac{GA}{kl}(v_i^s - v_j^s) \tag{4-3-43}$$

由式(4-3-42)和式(4-3-43)得到

$$v_i^s - v_j^s = b\left[(v_i^b - v_j^b) - \frac{l}{2}(\theta_i + \theta_j)\right] \tag{4-3-44}$$

$$b = \frac{12EIk}{GAl^2} = \frac{12kE}{G}\left(\frac{r}{l}\right)^2 \tag{4-3-45}$$

式中，r 为梁单元横截面的回转半径；b 反映剪切变形的影响。当 $r \ll l$，b 值很小时，剪切变形相对于弯曲变形可以忽略。

考虑到式(4-3-33)，在节点处有

$$v_i^s = v_i - v_i^b,\ (i = i, j) \tag{4-3-46}$$

将式(4-3-46)代入式(4-3-44)，则可得到

$$v_i^b - v_j^b = \frac{1}{1+b}(v_i - v_j) + \frac{lb}{2(1+b)}(\theta_i + \theta_j) \tag{4-3-47}$$

用式(4-3-47)修改式(4-3-39)中的第 2 式和第 5 式，把 $\boldsymbol{\delta}_b^e$ 中的 v_i^b、v_j^b 用 v_i 和 v_j 置换，则可得到考虑剪切变形影响的单元平衡方程

$$\boldsymbol{F}^e = \boldsymbol{K}^e\boldsymbol{\delta}^e \tag{4-3-48}$$

式中，$\boldsymbol{\delta}^e=[u_i\quad v_i\quad \theta_i\quad u_j\quad v_j\quad \theta_j]^{\mathrm{T}}$，$\boldsymbol{K}^e$ 为考虑剪切变形的梁单元在局部坐标系中的单元刚度矩阵，其显式为

$$\boldsymbol{K}^e=\begin{bmatrix} \frac{EA}{l} & & & & & \\ 0 & \frac{12EI}{(1+b)l^3} & & \text{对} & & \\ 0 & \frac{-6EI}{(1+b)l^2} & \frac{(4+b)EI}{(1+b)l} & & \text{称} & \\ -\frac{EA}{l} & 0 & 0 & \frac{EA}{l} & & \\ 0 & \frac{-12EI}{(1+b)l^3} & \frac{6EI}{(1+b)l^2} & 0 & \frac{12EI}{(1+b)l^3} & \\ 0 & \frac{-6EI}{(1+b)l} & \frac{(2-b)EI}{(1+b)l} & 0 & \frac{6EI}{(1+b)l^2} & \frac{(4+b)EI}{(1+b)l} \end{bmatrix} \tag{4-3-49}$$

有了单元刚度矩阵后，坐标转换、引入位移边界条件等都与不考虑剪切变形的梁单元相同。对照式(4-3-15)和式(4-3-49)可以看到，当 $b\leqslant 1$，即剪切变形影响较弯曲变形要小得多时，b 可以忽略不计。此时式(4-3-49)就退化为通常不考虑剪切变形的平面梁单元刚度矩阵式(4-3-15)。

最后就薄壁杆件约束扭转再作点简单介绍。汽车结构中有许多薄壁型钢焊接或铆接而成的构件，尤其是开口薄壁杆件，由于载荷常常不通过这些薄壁截面的形心，其杆件不但要发生弯曲变形，还要发生扭转变形。而薄壁杆件的抗扭能力较差，在分析计算约束扭转变形的工况时，必须考虑其影响。

一般而言，非圆截面扭转时其截面要发生翘曲，而不再处于一个平面之内，当受扭杆件受限时，横截面上不仅有剪应力而且有正应力。截面上产生弯曲扭转双力矩 B(简称为弯扭双力矩或双力矩)和弯曲扭转力矩 M_ω(简称为弯扭矩)，其对应的扇性正应力和扇性剪应力分别为

$$\sigma_\omega=\frac{B\omega}{I_\omega},\tau_\omega=\frac{M_\omega S_\omega}{I_\omega\delta} \tag{4-3-50}$$

式中，$M_\omega=\frac{\mathrm{d}B}{\mathrm{d}z}$；$\omega$ 为扇性面积；I_ω 为扇性惯性矩；S_ω 为扇性静矩；δ 为薄壁杆的壁厚。

在开口薄壁杆件发生约束扭转时，其单元分析要引入反映截面翘曲程度的翘曲角，这样空间薄壁杆系的每个节点就有 7 个自由度，单元力列阵中也增加了双力矩项，单元刚度矩阵等也可如同前述类似推导。

例 4.1 如图 4-6 所示为平面刚架结构，$E=2\times10^{11}\ \mathrm{N/m^2}$，自由端受

到竖直向下的载荷 $P_{cy}=10$ kN，试按照图示坐标系和单元编号，计算梁单元的节点位移。

解：单元长度 $L=1$ m，单元截面积 $A=0.1\times0.3=0.03\ \text{m}^2$，

$$\text{抗弯惯性矩 } I=\frac{bh^3}{12}=\frac{0.3\times0.1^3}{12}=\frac{1}{4}\times10^{-4}\ \text{m}^4,$$

$$\frac{EA}{L}=6\times10^9,\frac{2EI}{L}=1\times10^7,\frac{4EI}{L}=2\times10^7,$$

$$\frac{6EI}{L^2}=3\times10^7,\frac{12EI}{L^3}=6\times10^7$$

单元 1：$(i,j)\rightarrow(1,2)$，单元 2：$(i,j)\rightarrow(3,2)$。

(1)局部坐标系下的单元刚度矩阵。

$$\bar{\boldsymbol{k}}^1=\bar{\boldsymbol{k}}^2=10^7\begin{bmatrix}600 & 0 & 0 & -600 & 0 & 0\\ 0 & 6 & 3 & 0 & -6 & 3\\ 0 & 3 & 2 & 0 & -3 & 1\\ -600 & 0 & 0 & 600 & 0 & 0\\ 0 & -6 & -3 & 0 & 6 & -3\\ 0 & 3 & 1 & 0 & -3 & 2\end{bmatrix}$$

(2)坐标变换矩阵。

单元 1：$\alpha=0°$，$\cos\alpha=1,\sin\alpha=0$，则

$$\boldsymbol{T}^1=\begin{bmatrix}1 & 0 & 0 & 0 & 0 & 0\\ 0 & 1 & 0 & 0 & 0 & 0\\ 0 & 0 & 1 & 0 & 0 & 0\\ 0 & 0 & 0 & 1 & 0 & 0\\ 0 & 0 & 0 & 0 & 1 & 0\\ 0 & 0 & 0 & 0 & 0 & 1\end{bmatrix}$$

单元 2：$\alpha=0°$，$\cos\alpha=0,\sin\alpha=1$，则

$$\boldsymbol{T}^2=\begin{bmatrix}0 & -1 & 0 & 0 & 0 & 0\\ 1 & 0 & 0 & 0 & 0 & 0\\ 0 & 0 & 1 & 0 & 0 & 0\\ 0 & 0 & 0 & 0 & -1 & 0\\ 0 & 0 & 0 & 1 & 0 & 0\\ 0 & 0 & 0 & 0 & 0 & 1\end{bmatrix}$$

(3)整体坐标系下的单元刚度矩阵。

$$
\boldsymbol{k}^1 = \boldsymbol{T}^{1\mathrm{T}}\bar{\boldsymbol{k}}^1\boldsymbol{T}^1 = \begin{bmatrix} 600 & 0 & 0 & -600 & 0 & 0 \\ 0 & 6 & 3 & 0 & -6 & 3 \\ 0 & 3 & 2 & 0 & -3 & 1 \\ -600 & 0 & 0 & 600 & 0 & 0 \\ 0 & -6 & -3 & 0 & 6 & -3 \\ 0 & 3 & 1 & 0 & -3 & 2 \\ 1x & 1y & 1\theta & 2x & 2y & 2\theta \end{bmatrix}
$$

$$
\boldsymbol{k}^2 = \boldsymbol{T}^{2\mathrm{T}}\bar{\boldsymbol{k}}^2\boldsymbol{T}^2 = \begin{bmatrix} 6 & 0 & 3 & -6 & 0 & 3 \\ 6 & 600 & 0 & 0 & -600 & 0 \\ 3 & 0 & 2 & -3 & 0 & 1 \\ -6 & 0 & -3 & 6 & 0 & -3 \\ 0 & -600 & 0 & 0 & 600 & 0 \\ 3 & 0 & 1 & -3 & 0 & 2 \\ 3x & 3y & 3\theta & 2x & 2y & 2\theta \end{bmatrix}
$$

$$
\boldsymbol{K} = 10^7 \begin{bmatrix} 600 & 0 & 0 & -600 & 0 & 0 & 0 & 0 & 0 \\ 0 & 6 & 3 & 0 & -6 & 3 & 0 & 0 & 0 \\ 0 & 3 & 2 & 0 & -3 & 1 & 0 & 0 & 0 \\ -600 & 0 & 0 & 606 & 0 & -3 & -6 & 0 & 3 \\ 0 & -6 & -3 & 0 & 606 & -3 & 0 & -600 & 0 \\ 0 & 3 & 1 & -3 & -3 & 4 & -3 & 0 & 1 \\ 0 & 0 & 0 & -6 & 0 & -3 & 6 & 0 & 3 \\ 0 & 0 & 0 & 0 & -600 & 0 & 0 & 600 & 0 \\ 0 & 0 & 0 & 3 & 0 & 1 & 3 & 0 & 2 \\ 1x & 1y & 1\theta & 2x & 2y & 2\theta & 3x & 3y & 3\theta \end{bmatrix}
$$

(4)节点位移。

节点载荷

$$
\boldsymbol{F} = [0 \quad -10000 \quad 0 \quad 0 \quad 0 \quad 0 \quad F_{3x} \quad F_{3y} \quad M_{3z}]^{\mathrm{T}}
$$

节点位移

$$
\boldsymbol{\delta} = [u_1 \quad v_1 \quad \theta_1 \quad u_2 \quad v_2 \quad \theta_2 \quad 0 \quad 0 \quad 0]^{\mathrm{T}}
$$

求得节点位移为

$$
\boldsymbol{\delta} = 10^{-3}[1 \quad -2.668 \quad 3 \quad 1 \quad -0.002 \quad 2 \quad 0 \quad 0 \quad 0]^{\mathrm{T}}
$$

第5章　其他常见问题的有限元分析研究

在工程实际中，由于结构的几何形状和受载特点，此类问题有必要采用轴对称问题、空间结构问题、薄板弯曲问题等方法简化求解。与弹性力学平面一样，在用有限元法研究这些弹性力学问题时，也是把一个连续的弹性体离散成有限个单元，可根据对象的几何特点，选择二维、三维实体单元、板壳结构单元等。本章从等参单元应用入手，主要介绍轴对称问题、板壳问题、动力学问题和非线性问题的单元刚度矩阵的有限元分析。

5.1　等参元在有限元分析中的应用

单元位移模式选定以后，就可按照确定的公式来推导单元的刚度矩阵、总刚度矩阵及载荷移置等。同时，在单元数目一定的情况下，有限元法所得到的数值解的精度也就确定下来。因此，要改善解的精度，就要从设计新的单元和新的位移模式着手，在有限元法中等参数单元得到广泛应用。

5.1.1　等参数单元的概念

平面问题中，三角形单元的位移模式用形函数表示为

$$u = N_i u_i + N_j u_j + N_m u_m$$
$$v = N_i v_i + N_j v_j + N_m v_m$$

而面积坐标与直角坐标具有如下关系：

$$x = x_i L_i + x_j L_j + x_m L_m$$
$$y = y_i L_i + y_j L_j + y_m L_m$$

根据面积坐标的定义和形函数性质，面积坐标为形函数。上式可变换为

$$x = N_i x_i + N_j x_j + N_m x_m$$
$$y = N_i y_i + N_j y_j + N_m y_m$$

平面问题中的矩形单元也存在类似关系，其用形函数表示的单元位移模式为

$$u = N_1 u_1 + N_2 u_2 + N_3 u_3 + N_4 u_4 = \sum_{i=1}^{4} N_i u_i$$

$$v = N_1 v_1 + N_2 v_2 + N_3 v_3 + N_4 v_4 = \sum_{i=1}^{4} N_i v_i$$

而其坐标变换式为

$$x = N_1 x_1 + N_2 x_2 + N_3 x_3 + N_4 x_4 = \sum_{i=1}^{4} N_i x_i$$

$$y = N_1 y_1 + N_2 y_2 + N_3 y_3 + N_4 y_4 = \sum_{i=1}^{4} N_i y_i$$

由上述公式可见，三角形单元和矩形单元的位移模式和坐标变换式都采用了相同的形函数，该式实际是一种坐标变换式，而面积坐标是一种局部坐标，它表明了局部坐标与整体坐标的一一对应关系，对于单元节点也是如此。正是由于位移模式和坐标变换式采用了相同的形函数，并且用以规定单元形状的节点数等于用以规定单元位移的节点数，把这种单元称为等参数单元。

应用等参数的概念，主要是为了建立高次单元，如任意四边形单元(包含曲边的四边形单元)，可以是 8 节点的、12 节点的甚至更多节点的。这样单元的形状越复杂，位移插值函数的次数越高，它的适应能力就越强，计算精度也越高。同时，所需单元的个数减少，方程组个数减少，解题所费时间也减少。对于某一工程实际问题，存在着某种最适宜的单元，它既能使计算精度提高又能使花费机时较少。

5.1.2 平面等参数单元有限元分析

4 节点矩形单元能够比三角形单元更好地反映实际应力变化，但它不能适应曲线边界和非直角的直线边界，也不便随意改变大小。所以上述两种单元都有其不足之处。如果有任意四边形单元，就可以适应不规则的边界，从而提高计算精度。由于任意四边形只有 4 个节点，所以仍应采用只具有 4 个待定系数的位移模式。

1. 坐标变换与等参数单元

对于一般形状的平面区域，可以划分成任意四边形单元，图 5-1(a)所示的任意四边形单元，以 4 个角点为节点，节点编号如图 5-1(a)。在单元内建立一个局部坐标系列，使单元边界上的 ξ，η 坐标具有特定的值。

如在图 5-1(a)中，3—4 边上使 $\eta=1$，1—2 边上使 $\eta=-1$，2—3 边上使

$\xi=1$，1—4 边上使 $\xi=-1$。每个单元内，坐标 ξ,η 的值皆在 -1 与 $+1$ 之间，各单元都是一样的区间。此坐标系可称为单元的自然坐标系，其坐标区域是一个 2×2 的正方形，如图 5-1(b)所示。正方形的 4 个边对应于实际单元的边界，4 个顶点也一一对应于 4 个节点；正方形内任一点 $P(\xi,\eta)$ 都对应于实际单元内的一个点 $P(x,y)$。把图 5-1(a)称为实单元，图 5-1(b)称为母单元。实单元与母单元的一一对应关系可写为

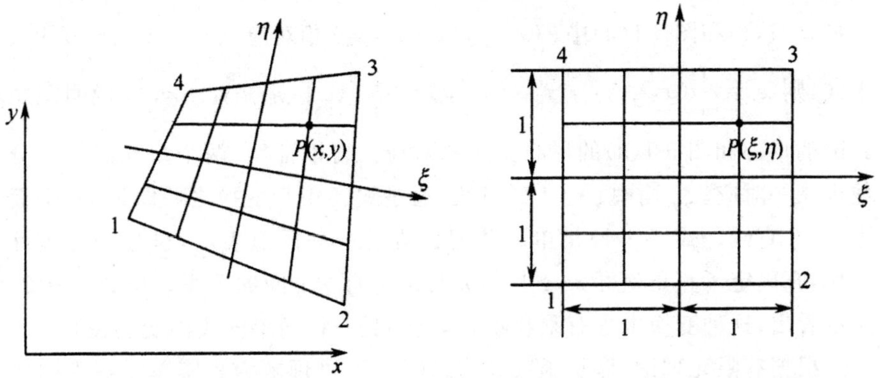

(a) 节点任意四边形单元　　(b) 4节点正方形单元

图 5-1　等参变换

$$\begin{bmatrix} x \\ y \end{bmatrix} = \begin{bmatrix} N_1 & 0 & N_2 & 0 & N_3 & 0 & N_4 & 0 \\ 0 & N_1 & 0 & N_2 & 0 & N_3 & 0 & N_4 \end{bmatrix} \begin{bmatrix} x_1 \\ y_1 \\ x_2 \\ y_2 \\ x_3 \\ y_3 \\ x_4 \\ y_4 \end{bmatrix} \tag{5-1-1}$$

其中

$$N_1(\xi,\eta) = \frac{1}{4}(1-\xi)(1-\eta)$$

$$N_2(\xi,\eta) = \frac{1}{4}(1+\xi)(1-\eta)$$

$$N_3(\xi,\eta) = \frac{1}{4}(1+\xi)(1+\eta)$$

$$N_4(\xi,\eta) = \frac{1}{4}(1-\xi)(1+\eta) \tag{5-1-2}$$

由式(5-1-1)可见，这也是用节点的坐标值 $x_1, y_1, x_2, y_2, x_3, y_3, x_4, y_4$ 插值表示出单元内的坐标 x, y，与单元分析中常用的节点位移插值一样，N_1, N_2, N_3, N_4 也可称为形状函数，只不过这里的形状函数都表示为自然坐标 ξ, η 的显函数，如式(5-1-2)，$N_i(\xi, \eta)$ 称为几何形状函数。

事实上，只需说明变换式(5-1-1)将 $\xi\eta$ 平面上的相应点、线变成图 5-1(b)中相应的点、线就可以了。比如把 $(\xi = 1, \eta = -1)$ 和$(\xi = 1, \eta = 1)$ 代入上式，则得$(x = x_2, y = y_2)$ 和$(x = x_3, y = y_3)$，所以图 5-1(b)中的 2(1，−1)，3(1，1)和图 5-1(a)中 $2(x_2, y_2)$，$3(x_3, y_3)$ 相对应。若 $\xi = 0, \eta = 0$ 代入上式，则 $x = \frac{1}{4}(x_1 + x_2 + x_3 + x_4)$，$y = \frac{1}{4}(y_1 + y_2 + y_3 + y_4)$，说明图 5-1(b)的形心和图 5-1(a)的形心完全相对应。可以证明：两个单元的等百分线也一一对应。$\xi\eta$ 面中 $\xi = 1$ 的直线，通过式(5-1-1)变换之后即是 xy 平面上 2—3 直线。式(5-1-1)是单元几何位置的一种插值表示，也是一种坐标变换，它确定了直角坐标 x, y 与单元自然坐标 ξ, η 间的关系。由式(5-1-2)可以看出，这种变换中含有乘积项 $\xi\eta$，这不是一种简单的线性变换关系。

根据有限元理论，形状函数表达式(5-1-2)可理解为真实单元在无因次斜坐标系中的插值函数。于是单元的位移函数为

$$\begin{bmatrix} u \\ v \end{bmatrix} = \begin{bmatrix} N_1 & 0 & N_2 & 0 & N_3 & 0 & N_4 & 0 \\ 0 & N_1 & 0 & N_2 & 0 & N_3 & 0 & N_4 \end{bmatrix} \begin{bmatrix} u_1 \\ v_1 \\ u_2 \\ v_2 \\ u_3 \\ v_3 \\ u_4 \\ v_4 \end{bmatrix} = \boldsymbol{N\delta}^e \tag{5-1-3}$$

这就是我们习惯的位移插值表达式，$\boldsymbol{N}$ 为形状函数矩阵，这里采用了同样的形状函数(5-1-2)，用同样的节点插值表示出单元的几何坐标 x, y 与位移 u, v，这种单元称为等参数单元。也可以用不同的节点，不同的形状函数分别插值单元几何坐标 x, y 和位移 u, v，有所谓超参数单元和亚参数单元，但应用较少。

2. 单元刚度矩阵的计算

要计算等参单元的刚度矩阵，首先要给出单元应变表达式，根据平面问

题的几何方程，可得单元应变为

$$\begin{bmatrix}\varepsilon_x\\ \varepsilon_y\\ \gamma_{xy}\end{bmatrix}=\begin{bmatrix}\frac{\partial}{\partial x} & 0\\ 0 & \frac{\partial}{\partial y}\\ \frac{\partial}{\partial y} & \frac{\partial}{\partial x}\end{bmatrix}\begin{bmatrix}u\\ v\end{bmatrix}=\boldsymbol{LN\delta}^e=\boldsymbol{B\delta}^e \tag{5-1-4}$$

由于参数单元给出的形状函数 N_i 都是自然坐标 ξ,η 的函数，如式(5-1-2)，因而，计算形状函数 N_i 对 x,y 的导数时需要做必要的变换。

按坐标变换关系式(5-1-1)，x,y 与 ξ,η 间是有一定函数关系的，按复合函数的求导规则，有

$$\frac{\partial N_i}{\partial \xi}=\frac{\partial N_i}{\partial x}\frac{\partial x}{\partial \xi}+\frac{\partial N_i}{y}\frac{\partial y}{\partial \xi}$$

$$\frac{\partial N_i}{\partial \eta}=\frac{\partial N_i}{\partial x}\frac{\partial x}{\partial \eta}+\frac{\partial N_i}{y}\frac{\partial y}{\partial \eta}$$

或

$$\begin{bmatrix}\frac{\partial N_i}{\partial \xi}\\ \frac{\partial N_i}{\partial \eta}\end{bmatrix}=\begin{bmatrix}\frac{\partial x}{\partial \xi} & \frac{\partial y}{\partial \xi}\\ \frac{\partial x}{\partial \eta} & \frac{\partial y}{\partial \eta}\end{bmatrix}\begin{bmatrix}\frac{\partial N_i}{\partial x}\\ \frac{\partial N_i}{y}\end{bmatrix}=\boldsymbol{J}\begin{bmatrix}\frac{\partial N_i}{\partial x}\\ \frac{\partial N_i}{y}\end{bmatrix}$$

解得

$$\begin{bmatrix}\frac{\partial N_i}{\partial x}\\ \frac{\partial N_i}{y}\end{bmatrix}=\boldsymbol{J}^{-1}\begin{bmatrix}\frac{\partial N_i}{\partial \xi}\\ \frac{\partial N_i}{\partial \eta}\end{bmatrix} \tag{5-1-5}$$

其中

$$\boldsymbol{J}=\begin{bmatrix}\frac{\partial x}{\partial \xi} & \frac{\partial y}{\partial \xi}\\ \frac{\partial x}{\partial \eta} & \frac{\partial y}{\partial \eta}\end{bmatrix}$$

$\boldsymbol{J}$ 为坐标变换的雅可比矩阵，其中各元素可由式(5-1-1)求出，即

$$\frac{\partial x}{\partial \xi}=\sum_{i=1}^{4}\frac{\partial N_i}{\partial \xi}x_i,\frac{\partial y}{\partial \xi}=\sum_{i=1}^{4}\frac{\partial N_i}{\partial \xi}y_i$$

$$\frac{\partial x}{\partial \eta}=\sum_{i=1}^{4}\frac{\partial N_i}{\partial \eta}x_i,\frac{\partial y}{\partial \eta}=\sum_{i=1}^{4}\frac{\partial N_i}{\partial \eta}y_i$$

将式(5-1-4)中的应变矩阵 $\boldsymbol{B}$ 按节点分块表示为 $\boldsymbol{B}=[\boldsymbol{B}_1\quad \boldsymbol{B}_2\quad \boldsymbol{B}_3\quad \boldsymbol{B}_4]$，其中

$$\boldsymbol{B}_i = \begin{bmatrix} \dfrac{\partial N_i}{\partial x} & 0 \\ 0 & \dfrac{\partial N_i}{\partial y} \\ \dfrac{\partial N_i}{\partial y} & \dfrac{\partial N_i}{\partial x} \end{bmatrix}, (i = 1,2,3,4)$$

将式(5-1-5)决定的 $\dfrac{\partial N_i}{\partial x}, \dfrac{\partial N_i}{\partial y}$ 代入上式，即可根据虚位移原理得出此单元的应变矩阵 $\boldsymbol{B}$，而单元的刚度矩阵同样可由下式决定：

$$\boldsymbol{K}^e = \iiint_{V^e} \boldsymbol{B}^{\mathrm{T}} \boldsymbol{D} \boldsymbol{B} \, \mathrm{d}V = \iint \boldsymbol{B}^{\mathrm{T}} \boldsymbol{D} \boldsymbol{B} t \, \mathrm{d}s$$

一般情况下，N_i 以及 $\dfrac{\partial N_i}{\partial \xi}, \dfrac{\partial N_i}{\partial \eta}$ 等皆为 ξ, η 的函数，因而 $\boldsymbol{B}, \boldsymbol{J}$ 等皆为 ξ，η 的函数，上述积分应在自然坐标系内进行，其面积元素 $\mathrm{d}s$ 也应以 $\mathrm{d}\xi, \mathrm{d}\eta$ 表示。

$$\mathrm{d}s = \mathrm{d}x\mathrm{d}y = |\boldsymbol{J}| \mathrm{d}\xi \mathrm{d}\eta \tag{5-1-6}$$

式中，$|\boldsymbol{J}|$ 为雅可比矩阵 $\boldsymbol{J}$ 的行列式。

有了应变矩阵 $\boldsymbol{B}$ 及面积元素的表达式(5-1-6)，就可以求积计算单元的刚度矩阵：

$$\boldsymbol{K}^e = \int_{-1}^{1} \int_{-1}^{1} \boldsymbol{B}^{\mathrm{T}} \boldsymbol{D} \boldsymbol{B} t \, |\boldsymbol{J}| \, \mathrm{d}\xi \mathrm{d}\eta \tag{5-1-7}$$

上式对应于自然坐标 ξ, η 的积分上、下限是很简单的，但是，式中 $\boldsymbol{B}, \boldsymbol{J}$ 皆为函数矩阵，中间还要求函数矩阵 $\boldsymbol{J}$ 的逆，很难求出积的解析表达式。

以上介绍的是 4 节点平面等参数单元，通过在单元上布置不同数量的节点，还可以得到具有不同节点数的二维平面等参数单元。一般来说，二维等参数单元的节点数可以取 4～8 个，由于同属于二维等参数单元，所以，单元分析过程及单元刚度矩阵形式都是相同的。

5.1.3　三维等参数单元有限元分析

前面已详细介绍了平面等参数单元，等参数单元有很好的特性，在空间问题也是如此。用简单的四面体单元分析三维应力，虽然刚度矩阵、载荷分配等计算简单，但精度较低。为得到一定准确度的计算结果，往往需将结构划分成非常多的单元，增加了整个问题求解的自由度，总的计算效益是不理想的。对空间问题，一般多采用复杂一些的、精度高一些的等参数单元，其综合效益会更好。等参数单元既能适应复杂结构的曲面边界，又便于构造高阶单元。空间等参数单元主要有 8 节点六面体等参数单元和 20 节点六面体等参数单元等。

1.8 节点三维等参数单元

(1)形函数。

图 5-2(a)为 8 节点六面体单元,与二维问题类似,建立一个与此单元对应的边长为 2 的正方体,并建立局部坐标系 $O\xi\eta\zeta$,坐标原点在正方体的形心,见图 5-2(a)。令实际的六面体单元与正方体单元的 6 个面 8 个角点一一对应,这样相当于把实际的六面体单元映射为正方体单元,其坐标变换关系可以写为

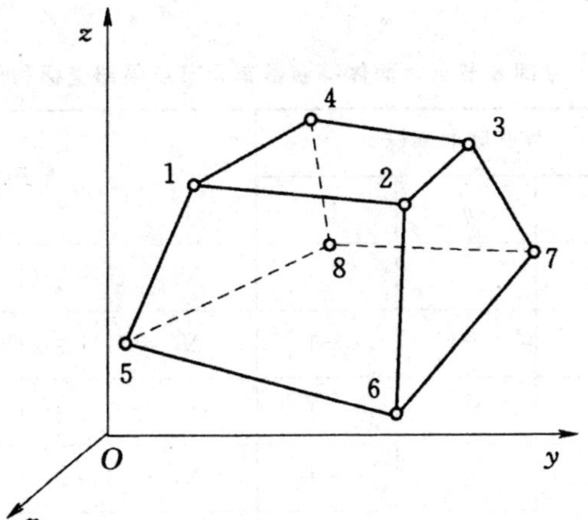

(a) 实际单元

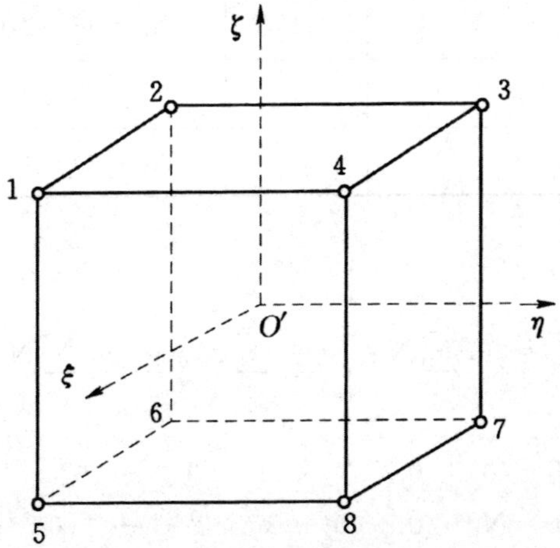

(b) 基本单元

图 5-2　空间 8 节点六面体等参数单元

$$x = \sum_{i=1}^{8} N_i x_i, y = \sum_{i=1}^{8} N_i y_i, z = \sum_{i=1}^{8} N_i z_i \tag{5-1-8}$$

若任意六面体单元的位移模式也采用式(5-1-8)中的形函数：

$$u = \sum_{i=1}^{8} N_i u_i, v = \sum_{i=1}^{8} N_i v_i, w = \sum_{i=1}^{8} N_i w_i \tag{5-1-9}$$

这也就是等参数单元，其中的形函数为

$$N_i = \frac{1}{8}(1+\xi\xi_i)(1+\eta\eta_i)(1+\zeta\zeta_i), (i=1,2,\cdots,8) \tag{5-1-10}$$

节点的局部坐标和形函数如表 5-1 所示。可见，在自身节点处，即当 $\xi=\xi_i$ 或 $\eta=\eta_i$ 或 $\zeta=\zeta_i$ 时，$N_i=1$；而在其他节点处，当 $\xi=\xi_j$ 或 $\eta=\eta_j$ 或 $\zeta=\zeta_j(j\neq i)$ 时，$N_i=0$。

表 5-1　空间 8 节点六面体等参数单元节点局部坐标和形函数

节点 i	节点局部坐标			形函数
	ξ_i	η_i	ζ_i	
1	−1	−1	−1	$N_1=(1-\xi)(1-\eta)(1-\zeta)/8$
2	1	−1	−1	$N_2=(1+\xi)(1-\eta)(1-\zeta)/8$
3	1	1	−1	$N_3=(1+\xi)(1+\eta)(1-\zeta)/8$
4	−1	1	−1	$N_4=(1-\xi)(1+\eta)(1-\zeta)/8$
5	−1	−1	1	$N_5=(1-\xi)(1-\eta)(1+\zeta)/8$
6	1	−1	1	$N_6=(1+\xi)(1-\eta)(1+\zeta)/8$
7	1	1	1	$N_7=(1+\xi)(1+\eta)(1+\zeta)/8$
8	−1	1	1	$N_8=(1-\xi)(1+\eta)(1+\zeta)/8$

另可证明

$$\sum_{i=1}^{8} N_i = 1, \sum_{i=1}^{8} N_i\xi_i = \xi, \sum_{i=1}^{8} N_i\eta_i = \eta, \sum_{i=1}^{8} N_i\zeta_i = \zeta \tag{5-1-11}$$

形函数矩阵为

$$\mathbf{N} = \begin{bmatrix} N_1 & 0 & 0 & N_2 & 0 & 0 & \cdots & N_8 & 0 & 0 \\ 0 & N_1 & 0 & 0 & N_2 & 0 & \cdots & 0 & N_8 & 0 \\ 0 & 0 & N_1 & 0 & 0 & N_2 & \cdots & 0 & 0 & N_8 \end{bmatrix} \tag{5-1-12}$$

(2)单元刚度矩阵。

三维变形状态下，一点的应变与位移的几何关系为

$$\begin{bmatrix} \varepsilon_x \\ \varepsilon_y \\ \varepsilon_z \\ \gamma_{xy} \\ \gamma_{yz} \\ \gamma_{zx} \end{bmatrix} = \begin{bmatrix} \frac{\partial}{\partial x} & 0 & 0 \\ 0 & \frac{\partial}{\partial y} & 0 \\ 0 & 0 & \frac{\partial}{\partial z} \\ \frac{\partial}{\partial y} & \frac{\partial}{\partial x} & 0 \\ 0 & \frac{\partial}{\partial z} & \frac{\partial}{\partial y} \\ \frac{\partial}{\partial z} & 0 & \frac{\partial}{\partial x} \end{bmatrix} \begin{bmatrix} u \\ v \\ w \end{bmatrix} \tag{5-1-13}$$

将式(5-1-9)代入式(5-1-13)，整理之后，写成矩阵形式，有

$$\boldsymbol{\varepsilon} = \boldsymbol{B}\boldsymbol{\Delta}^e$$

这里 $\boldsymbol{\Delta}^e = [u_1 \quad v_1 \quad w_1 \quad u_2 \quad v_2 \quad w_2 \quad \cdots \quad u_8 \quad v_8 \quad w_8]^{\mathrm{T}}$ 为单元节点位移列阵，而单元应变矩阵 $\boldsymbol{B}$ 可按节点表示为

$$\boldsymbol{B} = [\boldsymbol{B}_1 \quad \boldsymbol{B}_2 \quad \boldsymbol{B}_3 \quad \boldsymbol{B}_4 \quad \boldsymbol{B}_5 \quad \boldsymbol{B}_6 \quad \boldsymbol{B}_7 \quad \boldsymbol{B}_8] \tag{5-1-14}$$

其中第 i 个子矩阵 $\boldsymbol{B}_i$ 为

$$\boldsymbol{B}_i = \begin{bmatrix} \frac{\partial N_i}{\partial x} & 0 & 0 \\ 0 & \frac{\partial N_i}{\partial y} & 0 \\ 0 & 0 & \frac{\partial N_i}{\partial z} \\ \frac{\partial N_i}{\partial y} & \frac{\partial N_i}{\partial x} & 0 \\ 0 & \frac{\partial N_i}{\partial z} & \frac{\partial N_i}{\partial y} \\ \frac{\partial N_i}{\partial z} & 0 & \frac{\partial N_i}{\partial x} \end{bmatrix}, (i = 1, 2, \cdots, 8) \tag{5-1-15}$$

根据复合函数求导规则：

$$\begin{bmatrix} \frac{\partial N_i}{\partial \xi} \\ \frac{\partial N_i}{\partial \eta} \\ \frac{\partial N_i}{\partial \zeta} \end{bmatrix} = \begin{bmatrix} \frac{\partial x}{\partial \xi} & \frac{\partial y}{\partial \xi} & \frac{\partial z}{\partial \xi} \\ \frac{\partial x}{\partial \eta} & \frac{\partial y}{\partial \eta} & \frac{\partial z}{\partial \eta} \\ \frac{\partial x}{\partial \zeta} & \frac{\partial y}{\partial \zeta} & \frac{\partial z}{\partial \zeta} \end{bmatrix} \begin{bmatrix} \frac{\partial N_i}{\partial x} \\ \frac{\partial N_i}{\partial y} \\ \frac{\partial N_i}{\partial z} \end{bmatrix} = \boldsymbol{J} \begin{bmatrix} \frac{\partial N_i}{\partial x} \\ \frac{\partial N_i}{\partial y} \\ \frac{\partial N_i}{\partial z} \end{bmatrix}$$

其中

$$\frac{\partial x}{\partial \xi}=\sum_{i=1}^{8}\frac{\partial N_i}{\partial \xi}x_i,\cdots,\frac{\partial z}{\partial \xi}=\sum_{i=1}^{8}\frac{\partial N_i}{\partial \zeta}z_i$$

而 $\frac{\partial N_i}{\partial \xi},\frac{\partial N_i}{\partial \eta},\frac{\partial N_i}{\partial \zeta}$ 可通过对形函数求导得出，所以

$$\begin{bmatrix}\frac{\partial N_i}{\partial x}\\ \frac{\partial N_i}{y}\\ \frac{\partial N_i}{z}\end{bmatrix}=\boldsymbol{J}\begin{bmatrix}\frac{\partial N_i}{\partial \xi}\\ \frac{\partial N_i}{\partial \eta}\\ \frac{\partial N_i}{\partial \zeta}\end{bmatrix}$$

单元刚度矩阵：

$$\boldsymbol{K}^e=\iiint_{V^e}\boldsymbol{B}^{\mathrm{T}}\boldsymbol{C}\mathrm{d}x\mathrm{d}y\mathrm{d}z=\int_{-1}^{1}\int_{-1}^{1}\int_{-1}^{1}\boldsymbol{B}^{\mathrm{T}}\boldsymbol{C}\,|\boldsymbol{J}|\,\mathrm{d}\xi\mathrm{d}\eta\mathrm{d}\zeta \tag{5-1-16}$$

是由 64 块 2×2 阶子矩阵组成的 24×24 阶矩阵：

$$\boldsymbol{K}^e=\begin{bmatrix}\boldsymbol{k}_{1,1} & \boldsymbol{k}_{1,2} & \cdots & \boldsymbol{k}_{1,8}\\ \boldsymbol{k}_{2,1} & \boldsymbol{k}_{2,2} & \cdots & \boldsymbol{k}_{2,8}\\ \vdots & \vdots & \vdots & \vdots\\ \boldsymbol{k}_{8,1} & \boldsymbol{k}_{8,2} & \cdots & \boldsymbol{k}_{8,8}\end{bmatrix}_{24\times 24} \tag{5-1-17}$$

其中，每个子矩阵的计算公式为

$$\boldsymbol{k}_{i,j}=\int_{-1}^{1}\int_{-1}^{1}\int_{-1}^{1}\boldsymbol{B}_i^{\mathrm{T}}\boldsymbol{C}_j\,|\boldsymbol{J}|\,\mathrm{d}\xi\mathrm{d}\eta\mathrm{d}\zeta,(i,j=1,2,\cdots,8) \tag{5-1-18}$$

在计算单元刚度矩阵时，需要计算积分，一般采用高斯(Gauss)数值积分方法进行。

2.20 节点三维等参数单元

(1)形函数。

为适应三维结构的曲面边界，可以采用曲面六面体单元，如图 5-3(a)所示。在单元内建立曲线自然坐标系 $\xi\eta\zeta$，使之在单元的边界面上对应的 ξ(或 η,ζ) 取+1 或−1 值。这相当于一个曲面六面体实单元映射为一个边长皆为 2 的正方体母单元，如图 5-3(b)。实单元边界线中间的节点 9，10，…，20 等，都映射为正方体棱边的中点，见图 5-3。这种一一对应的映射关系，即坐标变换可表示为

$$x=\sum_{i=1}^{20}N_i x_i,y=\sum_{i=1}^{20}N_i y_i,z=\sum_{i=1}^{20}N_i z_i \tag{5-1-19}$$

式中，x_i、y_i、z_i 为节点的坐标；N_i 为对应 i 节点的形函数。

$$N_1 = (1-\xi)(1-\eta)(1-\zeta)(-\xi-\eta-\zeta-2)/8$$

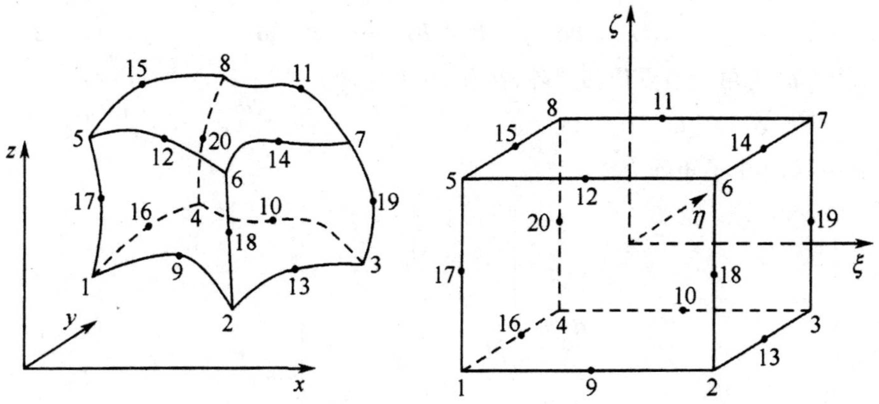

（a）曲面六面体单元　　（b）正方体母单元

图 5-3　20 节点等参数单元

形函数的统一表达式为

$$N_i = \frac{1}{8}(1+\xi_0)(1+\eta_0)(1+\zeta_0)(\xi_0+\eta_0+\zeta_0-2),(i=1,2,\cdots,8) \tag{5-1-20}$$

对于 $\xi_i = 0$ 的边点($i = 9,10,11,12$)：

$$N_i = \frac{1}{4}(1-\xi^2)(1+\eta_0)(1+\zeta_0) \tag{5-1-21}$$

对于 $\eta_i = 0$ 的边点($i = 13,14,15,16$)：

$$N_i = \frac{1}{4}(1-\eta^2)(1+\xi_0)(1+\zeta_0) \tag{5-1-22}$$

对于 $\zeta_i = 0$ 的边点($i = 17,18,19,20$)：

$$N_i = \frac{1}{4}(1-\zeta^2)(1+\xi_0)(1+\eta_0) \tag{5-1-23}$$

式中，$\xi_0 = \xi_i\xi$，$\eta_0 = \eta_i\eta$，$\zeta_0 = \zeta_i\zeta$，而 ξ_i，η_i 及 ζ_i 是节点 i 在 $\xi\eta\zeta$ 坐标系中的坐标，如 1(−1，−1，−1)，9(0，−1，−1)等。

对于等参数单元，采用同样的节点、同样的形函数式(5-1-2)，以节点位移插值出单元内部位移，即位移函数为

$$u = \sum_{i=1}^{20} N_i u_i, v = \sum_{i=1}^{20} N_i v_i, w = \sum_{i=1}^{20} N_i w_i \tag{5-1-24}$$

由式(5-1-23)可见，形状函数 N_i 沿 ξ，η 或 ζ 方向最高阶为相应坐标的

二次式。

(2)单元刚度矩阵。

将式(5-1-24)代入几何关系式,得应变表达式为

$$\boldsymbol{\varepsilon} = \boldsymbol{B\delta}^e = [\boldsymbol{B}_1 \quad \boldsymbol{B}_2 \quad \cdots \quad \boldsymbol{B}_{20}]\boldsymbol{\delta}^e \tag{5-1-25}$$

式中,$\boldsymbol{\delta}^e$ 为单元节点位移列阵,共有 60 个分量。

$$\boldsymbol{\delta}^e = [u_1 \quad v_1 \quad w_1 \quad u_2 \quad v_2 \quad w_2 \quad \cdots \quad u_{20} \quad v_{20} \quad w_{20}]^{\mathrm{T}} \tag{5-1-26}$$

其中,第 i 个子矩阵为

$$\boldsymbol{B}_i = \begin{bmatrix} N_{i,x} & 0 & 0 \\ 0 & N_{i,y} & 0 \\ 0 & 0 & N_{i,z} \\ N_{i,y} & N_{i,x} & 0 \\ 0 & N_{i,z} & N_{i,y} \\ N_{i,z} & 0 & N_{i,x} \end{bmatrix} \tag{5-1-27}$$

式中,$N_{i,x}$、$N_{i,y}$、$N_{i,z}$ 分别为 N_i 对 x、y、z 的偏导数$\frac{\partial N_i}{\partial x}$、$\frac{\partial N_i}{\partial y}$、$\frac{\partial N_i}{\partial z}$。

同样,单元内的应力可以表示为

$$\boldsymbol{\sigma} = \boldsymbol{D\varepsilon} = \boldsymbol{DB\delta}^e = \boldsymbol{S\delta}^e \tag{5-1-28}$$

而应力矩阵可按节点分块表示为

$$\boldsymbol{S} = [\boldsymbol{S}_1 \quad \boldsymbol{S}_2 \quad \cdots \quad \boldsymbol{S}_{20}] \tag{5-1-29}$$

$$\boldsymbol{S}_i = \boldsymbol{DB}_i = A_3 \begin{bmatrix} N_{i,x} & A_1 N_{i,y} & A_1 N_{i,z} \\ A_1 N_{i,x} & N_{i,y} & A_1 N_{i,z} \\ A_1 N_{i,x} & A_1 N_{i,y} & N_{i,z} \\ A_2 N_{i,y} & A_2 N_{i,x} & 0 \\ 0 & A_2 N_{i,z} & A_2 N_{i,y} \\ A_2 N_{i,z} & 0 & A_2 N_{i,x} \end{bmatrix}, (i = 1,2,\cdots,20) \tag{5-1-30}$$

式中:

$$A_1 = \frac{\mu}{1-\mu}$$

$$A_2 = \frac{1-2\mu}{2(1-\mu)}$$

$$A_3 = \frac{E(1-\mu)}{(1+\mu)(1-2\mu)} \tag{5-1-31}$$

类似于 8 节点三维等参数单元,单元刚度矩阵为

$$
\boldsymbol{K}^e=\begin{bmatrix} \boldsymbol{k}_{1,1} & \boldsymbol{k}_{1,2} & \cdots & \boldsymbol{k}_{1,20} \\ \vdots & \vdots & & \vdots \\ \boldsymbol{k}_{20,1} & \boldsymbol{k}_{20,2} & \cdots & \boldsymbol{k}_{20,20} \end{bmatrix}
$$

其中,每个子矩阵的计算公式为

$$
\begin{aligned}
[\boldsymbol{k}_{i,j}] &= \iiint \boldsymbol{B}_i^{\mathrm{T}}\boldsymbol{D}\boldsymbol{B}_j\,\mathrm{d}x\mathrm{d}y\mathrm{d}z \\
&= \int_{-1}^{1}\int_{-1}^{1}\int_{-1}^{1}\boldsymbol{B}_i^{\mathrm{T}}\boldsymbol{D}\boldsymbol{B}_j\,|\boldsymbol{J}|\,\mathrm{d}\xi\mathrm{d}\eta\mathrm{d}\zeta \qquad (5\text{-}1\text{-}32)
\end{aligned}
$$

5.2　空间轴对称问题的有限元分析

如果物体的几何形状、约束情况及所受的外力都对称于空间的某一根轴(如 z 轴),则通过该轴的任何平面都是物体的对称面,物体内的所有应力、应变和位移都关于该轴对称,如图 5-4(a)所示,这类问题称为轴对称问题。在实际工程中存在大量的轴对称问题,如飞轮、回转类的压力容器、发动机汽缸套、烟囱及受内压的球壳等,无限大、半无限大的弹性体受集中载荷作用时也可以处理为轴对称问题。如图 5-4(b)显示的是受均布内压作用的长圆筒。

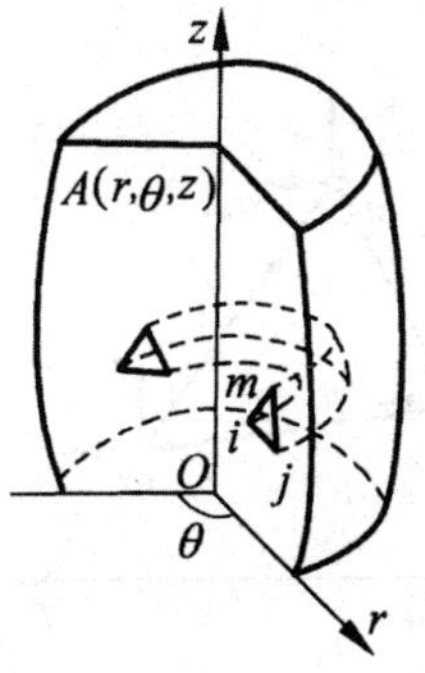

(a) 轴对称结构

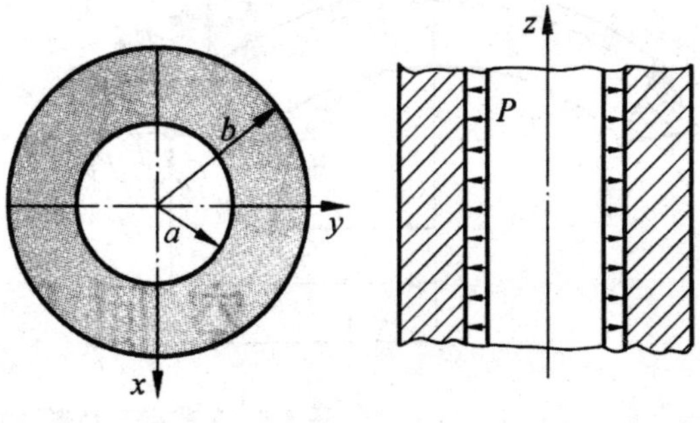

(b) 受均布内压作用的长圆筒

图 5-4　轴对称问题

在轴对称问题中,通常采用圆柱坐标 (r,θ,z),以 z 轴为对称轴,所有应力、应变和位移都与 θ 方向无关,只是 r 和 z 的函数。任一点的位移只有两个方向的分量,即沿 r 方向的径位移 u 和沿 z 方向的轴向位移 ω。由于轴对称,θ 方向的位移 v 等于零。

在轴对称问题中，通常采用的是截面为三角形或四边形的圆环状单元，它是由 rOz 子午面上的三角形或四边形环绕对称轴 z 回转一周得到的。在相邻单元之间通过圆环形的铰链连接。单元的棱边是圆，称为节圆，节圆与子午面的交点称为节点。

5.2.1　3 节点三角形环状单元

1. 单元位移模式

在子午面 rOz 上任取一个三角形单元，节点编号为 ijm，如图 5-5 所示，每个节点有两个位移分量，则单元的节点位移列阵为

$$\boldsymbol{\delta}^e = [u_i \quad w_i \quad u_j \quad w_j \quad u_m \quad w_m]^{\mathrm{T}} \tag{5-2-1}$$

与平面问题三角形单元类似，设单元的位移函数为线性函数：

$$\begin{cases} u = \alpha_1 + \alpha_2 r + \alpha_3 z \\ w = \alpha_4 + \alpha_5 r + \alpha_6 z \end{cases} \tag{5-2-2}$$

式中，$\alpha_1, \alpha_2, \cdots, \alpha_6$ 为待定系数。与平面问题三角形单元推导类似，也可将式(5-2-2)记为插值函数表达形式。

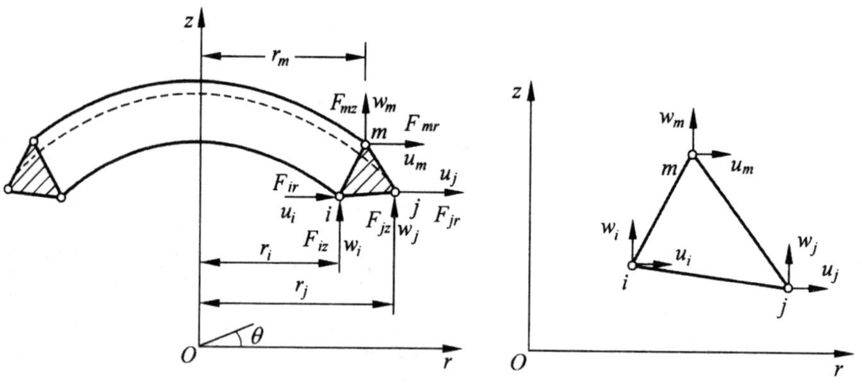

图 5-5　3 节点三角形环状单元

与平面问题处理相类似，可以用 6 个节点位移表达上式的 6 个待定系数 $\alpha_1 \sim \alpha_6$。于是可以得到以形函数表示的单元位移模式。即

$$\begin{cases} u = N_i\mu_i + N_j\mu_j + N_m\mu_m \\ w = N_i w_i + N_j w_j + N_m w_m \end{cases} \tag{5-2-3}$$

其中，形函数为

$$N_i = \frac{1}{2A}(a_i + b_i r + c_i z),(i,j,m) \tag{5-2-4}$$

$$\begin{cases} a_i = r_j z_m - z_j r_m \\ b_i = z_j - z_m \\ c_i = -r_j + r_m \end{cases} \tag{5-2-5}$$

A 为环状三角形单元的截面积，即

$$A = \frac{1}{2}\begin{vmatrix} 1 & r_i & z_i \\ 1 & r_j & z_j \\ 1 & r_m & z_m \end{vmatrix}$$

为使上式求得单元面积 A 为正值，单元 ijm 的节点编号次序方向应为逆时针方向。式(5-2-3)的矩阵表达式为

$$\boldsymbol{f} = \begin{bmatrix} u \\ w \end{bmatrix} = \begin{bmatrix} N_i & 0 & N_j & 0 & N_m & 0 \\ 0 & N_i & 0 & N_j & 0 & N_m \end{bmatrix}\boldsymbol{\delta}^e = \boldsymbol{N}\boldsymbol{\delta}^e \tag{5-2-6}$$

2. 单元应变和应力

将位移模式(5-2-6)代入轴对称问题的几何方程，则得单元应变：

$$\boldsymbol{\varepsilon} = \begin{bmatrix} \varepsilon_r \\ \varepsilon_z \\ \varepsilon_{rz} \\ \varepsilon_\theta \end{bmatrix} = \begin{bmatrix} \dfrac{\partial u}{\partial r} \\ \dfrac{\partial w}{\partial z} \\ \dfrac{\partial u}{\partial z} + \dfrac{\partial w}{\partial r} \\ \dfrac{u}{r} \end{bmatrix} = [\boldsymbol{B}_i \quad \boldsymbol{B}_j \quad \boldsymbol{B}_m]\boldsymbol{\delta}^e = \boldsymbol{B}\boldsymbol{\delta}^e \tag{5-2-7}$$

其中，应交矩阵 $\boldsymbol{B}$ 的子矩阵为

$$\boldsymbol{B}_i = \frac{1}{2A}\begin{bmatrix} b_i & 0 \\ 0 & c_i \\ c_i & b_i \\ g_i & 0 \end{bmatrix},(i,j,m) \tag{5-2-8}$$

其中

$$g_i = \frac{a_i}{r} + b_i + \frac{c_i z}{r},(i,j,m) \tag{5-2-9}$$

由上式可见，由于 g_i 是坐标 r,z 的函数，应变分量 ε_θ 在单元中不为常量，其他 3 个应变分量在单元中为常量，所以，轴对称问题的三角形截面单元不同于平面三角形单元的常应变特性。

将式(5-2-7)代入轴对称问题的物理方程，得单元的应力为

$$\boldsymbol{\sigma}=\begin{bmatrix}\sigma_r\\ \sigma_z\\ \sigma_{rz}\\ \sigma_\theta\end{bmatrix}=\boldsymbol{D\varepsilon}=[\boldsymbol{S}_i\quad \boldsymbol{S}_j\quad \boldsymbol{S}_m]\boldsymbol{\delta}^e=\boldsymbol{S\delta}^e \tag{5-2-10}$$

其中，应力矩阵 $\boldsymbol{S}$ 的子矩阵为

$$\boldsymbol{S}_i=\frac{E(1-\mu)}{2A(1+\mu)(1-2\mu)}\begin{bmatrix}b_i+A_1g_i & A_1c_i\\ A_1(b_i+g_i) & c_i\\ A_2c_i & A_2b_i\\ A_1b_i+g_i & A_1c_i\end{bmatrix} \tag{5-2-11}$$

其中

$$A_1=\frac{\mu}{1-\mu}$$

$$A_2=\frac{1-2\mu}{2(1-\mu)}$$

3. 单元刚度矩阵

在建立平面问题的刚度矩阵时，利用虚位移原理的矩阵形式推导得出。在这里，单元刚度矩阵直接由刚度矩阵的普遍公式 $\boldsymbol{K}^e=\iiint\limits_V \boldsymbol{B}^{\mathrm{T}}\boldsymbol{DB}\mathrm{d}V$ 给出。将上述建立的轴对称问题的应力应变矩阵、节点位移向量和节点力向量代入该式，并注意轴对称单元的体积积分是沿单元的整个圆环求体积积分，可得

$$\boldsymbol{K}^e=\iiint \boldsymbol{B}^{\mathrm{T}}\boldsymbol{DB}r\,\mathrm{d}\theta\mathrm{d}r\mathrm{d}z=2\pi\iint \boldsymbol{B}^{\mathrm{T}}\boldsymbol{DB}r\,\mathrm{d}r\mathrm{d}z \tag{5-2-12}$$

其单元刚度矩阵的分块矩阵为

$$\boldsymbol{K}_{rs}=2\pi\iint \boldsymbol{B}_r^{\mathrm{T}}\boldsymbol{DB}_s r\,\mathrm{d}r\mathrm{d}z$$

由于矩阵 $\boldsymbol{B}$ 不是常量矩阵，它包含了坐标 r 和 z，因此上述积分不能简单求出。为简化计算，并且消除对称轴上节点(即 $r=0$)所引起的奇异性，可以用三角形单元形心位置的坐标 $\bar{r}$，$\bar{z}$ 代替 $\boldsymbol{B}$ 矩阵中的变量 r，z：

$$\begin{cases}r\approx\bar{r}=\dfrac{1}{3}(r_i+r_j+r_m)\\[2ex] z\approx\bar{z}=\dfrac{1}{3}(z_i+z_j+z_m)\end{cases} \tag{5-2-13}$$

这样式(5-2-9)中的 g_i 近似为

$$g_i\approx\bar{g}_i=\frac{a_i}{\bar{r}_i}+b_i+\frac{c_i\bar{z}}{\bar{r}_i} \tag{5-2-14}$$

作了这样的近似后，应变矩阵 $\boldsymbol{B}$ 和应力矩阵 $\boldsymbol{S}$ 均变为常量阵。根据式(5-2-

11)很方便地积分出单元刚度矩阵的显式

$$\boldsymbol{K}^{e}=2\pi\bar{r}\boldsymbol{B}^{\mathrm{T}}\boldsymbol{DB}A=\begin{bmatrix}\boldsymbol{k}_{ii} & \boldsymbol{k}_{ij} & \boldsymbol{k}_{im}\\ \boldsymbol{k}_{ji} & \boldsymbol{k}_{jj} & \boldsymbol{k}_{jm}\\ \boldsymbol{k}_{mi} & \boldsymbol{k}_{mj} & \boldsymbol{k}_{mm}\end{bmatrix} \tag{5-2-15}$$

其中,每一子矩阵为

$$\boldsymbol{k}_{rs}=2\pi\bar{r}\boldsymbol{B}_{r}^{\mathrm{T}}\boldsymbol{DB}A=\frac{\pi E(1-\mu)\bar{r}}{2A(1+\mu)(1-2\mu)}\begin{bmatrix}k_1 & k_3\\ k_2 & k_4\end{bmatrix},(r,s=i,j,m) \tag{5-2-16}$$

式中

$$k_1=b_rb_s+g_rg_s+A_1(b_rg_s+g_rb_s)+A_2c_rc_s$$
$$k_2=A_1c_r(b_s+g_s)+A_2b_rc_s$$
$$k_3=A_1c_s(b_r+g_r)+A_2b_rc_s$$
$$k_4=c_rc_s+A_2b_rc_s$$

其中,A_1 和 A_2 仍与式(5-2-11)中计算公式相同。

5.2.2　四边形环状等参数单元

1. 单元位移模式和坐标变换式

同平面等参数单元,轴对称问题的单元位移分量在局部坐标 ξ、η 下可表示为

$$\begin{cases}u=\sum_{i=1}^{n}N_iu_i\\ w=\sum_{i=1}^{n}N_iw_i\end{cases} \tag{5-2-17}$$

写成矩阵形式为

$$\boldsymbol{f}=\begin{bmatrix}u\\ w\end{bmatrix}=\boldsymbol{N\delta}^{e} \tag{5-2-18}$$

四边形环状等参数单元的坐标变换式为

$$\begin{cases}r=\sum_{i=1}^{n}N_ir_i\\ z=\sum_{i=1}^{n}N_iz_i\end{cases} \tag{5-2-19}$$

式中,n 为单元节点数,$n=4$ 为 4 节点单元,$n=8$ 为 8 节点单元。

4 节点矩形单元的形函数为

$$N_i=\frac{1}{4}(1+\xi_i\xi)(1+\eta_i\eta),(i=1,2,3,4) \tag{5-2-20}$$

8 节点矩形单元的形函数为

$$\begin{cases} N_i = \dfrac{1}{4}(1+\xi_i\xi)(1+\eta_i\eta)(\xi_i\xi+\eta_i\eta-1),(i=1,2,3,4) \\[2mm] N_i = \dfrac{1}{2}(1-\xi^2)(1+\eta_i\eta),(i=5,7) \\[2mm] N_i = \dfrac{1}{2}(1-\eta^2)(1+\xi_i\xi),(i=6,8) \end{cases}$$

$$(5\text{-}2\text{-}21)$$

4 节点和 8 节点正方形母单元经式(5-2-19)坐标变换后的实际等参数单元如图 5-6 所示。

2. 单元应变和应力

将位移模式(5-2-18)代入轴对称问题的几何方程,可得单元应变为

$$\boldsymbol{\varepsilon} = \begin{bmatrix} \varepsilon_r & \varepsilon_z & \varepsilon_{rz} & \varepsilon_\theta \end{bmatrix}^{\mathrm{T}} = \boldsymbol{B}\boldsymbol{\delta}^e \qquad (5\text{-}2\text{-}22)$$

式中,$\boldsymbol{\delta}^e$ 为节点位移列阵。即

$$\boldsymbol{\delta}^e = \begin{bmatrix} u_1 & w_1 & u_2 & w_2 & \cdots & u_n & w_n \end{bmatrix}^{\mathrm{T}} \qquad (5\text{-}2\text{-}23)$$

（a）母单元 （b）映射单元

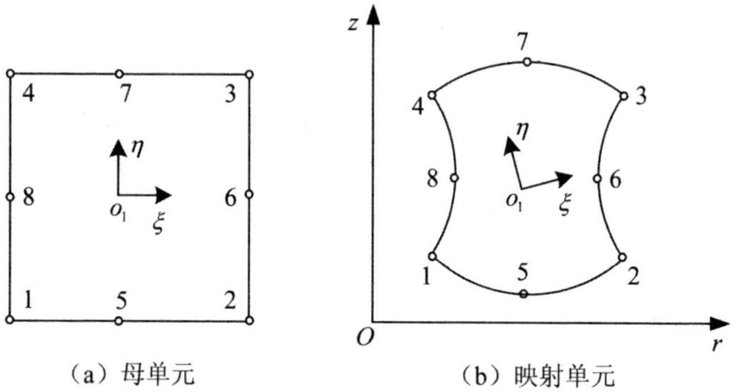

图 5-6 四边形环状等参数单元映射关系图

单元应变矩阵的子矩阵为

$$\boldsymbol{B}_i = \begin{bmatrix} \dfrac{\partial N_i}{\partial r} & 0 \\[3mm] 0 & \dfrac{\partial N_i}{\partial z} \\[3mm] \dfrac{\partial N_i}{\partial z} & \dfrac{\partial N_i}{\partial r} \\[3mm] \dfrac{N_i}{r} & 0 \end{bmatrix},(i=1,2,\cdots,n) \qquad (5\text{-}2\text{-}24)$$

利用复合函数求导得

$$\begin{bmatrix}\dfrac{\partial N_i}{\partial \xi}\\\dfrac{\partial N_i}{\partial \eta}\end{bmatrix}=\begin{bmatrix}\dfrac{\partial r}{\partial \xi} & \dfrac{\partial z}{\partial \xi}\\\dfrac{\partial r}{\partial \eta} & \dfrac{\partial z}{\partial \eta}\end{bmatrix}\begin{bmatrix}\dfrac{\partial N_i}{\partial r}\\\dfrac{\partial N_i}{\partial z}\end{bmatrix},(i=1,2,\cdots,n) \tag{5-2-25}$$

记

$$\boldsymbol{J}=\begin{bmatrix}\dfrac{\partial r}{\partial \xi} & \dfrac{\partial z}{\partial \xi}\\\dfrac{\partial r}{\partial \eta} & \dfrac{\partial z}{\partial \eta}\end{bmatrix} \tag{5-2-26}$$

$\boldsymbol{J}$ 为雅可比变换矩阵，则

$$\begin{bmatrix}\dfrac{\partial N_i}{\partial r}\\\dfrac{\partial N_i}{\partial z}\end{bmatrix}=\boldsymbol{J}^{-1}\begin{bmatrix}\dfrac{\partial N_i}{\partial \xi}\\\dfrac{\partial N_i}{\partial \eta}\end{bmatrix},(i=1,2,\cdots,n) \tag{5-2-27}$$

将式(5-2-27)代入式(5-2-24)就可以计算应变矩阵中的各子矩阵 $\boldsymbol{B}_i$，于是即可得到局部坐标 ξ、η 所表示的应变矩阵 $\boldsymbol{B}$。

将式(5-2-22)代入轴对称问题的物理方程，可得单元应力

$$\boldsymbol{\sigma}=\boldsymbol{D\varepsilon}=\boldsymbol{DB\delta}^e=\boldsymbol{S\delta}^e \tag{5-2-28}$$

其中，应力矩阵 $\boldsymbol{S}=[\boldsymbol{S}_1\quad \boldsymbol{S}_2\quad \cdots\quad \boldsymbol{S}_n]$ 中的子矩阵为

$$\boldsymbol{S}_i=\boldsymbol{DB}_i \tag{5-2-29}$$

3. 单元刚度矩阵

由 $\boldsymbol{K}^e=\iiint\limits_V \boldsymbol{B}^{\mathrm{T}}\boldsymbol{DB}\,\mathrm{d}V$ 单元刚度矩阵的普遍公式可以得到轴对称环形单元的刚度矩阵为

$$\boldsymbol{K}^e=2\pi\iint\limits_A \boldsymbol{B}^{\mathrm{T}}\boldsymbol{DB}r\,\mathrm{d}r\mathrm{d}z \tag{5-2-30}$$

因为应变矩阵 $\boldsymbol{B}$ 为局部坐标 ξ、η 的函数，为了进行积分运算，积分变量被转化为

$$\boldsymbol{K}^e=2\pi\int_{-1}^{1}\int_{-1}^{1}\boldsymbol{B}^{\mathrm{T}}\boldsymbol{DB}r\,|\boldsymbol{J}|\,\mathrm{d}\xi\mathrm{d}\eta \tag{5-2-31}$$

式中，$|\boldsymbol{J}|$ 为雅可比行列式。

同平面等参数单元一样，被积函数 $\boldsymbol{B}^{\mathrm{T}}\boldsymbol{DB}r\,|\boldsymbol{J}|$ 是一个相当复杂的 ξ、η 函数，通常采用数值积分法来计算单刚 $\boldsymbol{K}^e$。

5.2.3 轴对称问题分析实例

例 5.1 厚壁圆球受外压，圆球外壁半径 $R_0=104$ mm，内壁半径 $R_1=91$ mm，外压 $p=15$ N/mm^2。由于对称性取 1/4 球体进行计算，网格划分及对称面条件表示如图 5-7(a)所示。沿球壁厚度划分 8 个三角形单元，共 160 个单元。计算结果如图 5-7(b)所示，取相邻单元的平均值则达到相当满意的计算精度，对于主要应力 σ_θ 最大相对误差小于 2%。

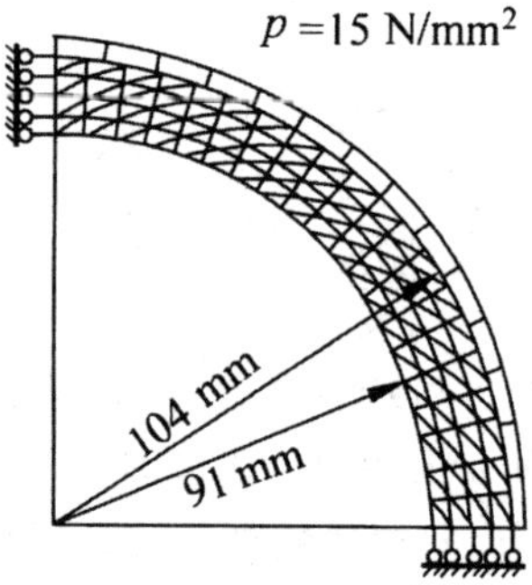

(a) 轴对称计算模型

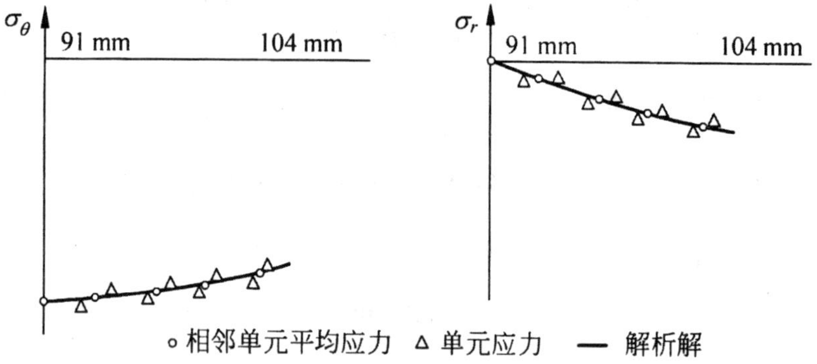

(b) 应力计算结果

图 5-7 厚壁圆球受外压

例 5.2 计算螺栓与螺母之间螺牙上的受力分布。若忽略牙型升角的影响，螺栓与螺母的啮合可认为是轴对称问题。如图 5-8(a)所示，将螺栓和螺母子午面划分为三角形轴对称单元，螺牙处采用较密的网格。其边界条件为：给螺栓一个轴向位移 δ 作为外载荷，并假定相接触的螺牙沿斜面方向可以相对滑动，而垂直于斜面方向有相等的位移。图 5-8(b)所示为求得的轴向各螺牙受力分布，虚线为理论解。

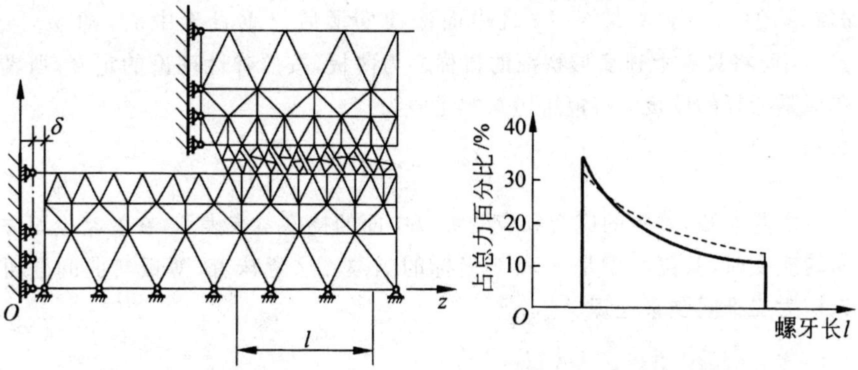

（a）轴对称计算模型　　（b）轴向各螺牙受力分布

图 5-8　螺栓螺牙受力分布计算

5.3　板壳问题的有限元分析

汽车车身与车架等部件多是由薄钢板冲压而成，经过组焊形成复杂的空间曲面。它的几何特点是其厚度远小于其他两个方向的尺寸，通常用板壳单元能够很好地描述其变形特性。如果采用体单元，势必会大幅增加所需单元数目，并且体单元不像板壳单元那样能够较好地处理弯曲变形效应。用有限元法解决这类结构的强度问题，有重要的实用意义。

板的几何特征也是三个坐标方向的几何尺度相差较大，与杆件几何特征不同的是，其一个坐标方向的几何尺寸远远小于另外两个方向的几何尺寸，我们称其为板厚，定义为 z 坐标；而另外两个方向构成板壳面，定义为 x 和 y 坐标，如图 5-9 所示。

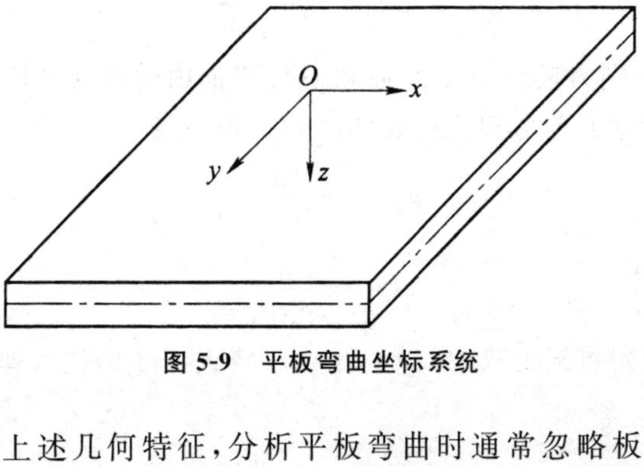

图 5-9　平板弯曲坐标系统

由于板的上述几何特征，分析平板弯曲时通常忽略板厚的变化，即 $\sigma_z=0$，同时假定板的中面（$x-y$ 坐标面）不发生面内的位移，即

$u(x,y,0)=v(x,y,0)=0$；且中面法线变形后仍垂直于中面，即 $\gamma_{xz}=\gamma_{yz}=0$，将具有上述变形特征的板称之为薄板，按照弹性理论的定义，所谓薄板是指板的厚度 t 与板短边 b 的比值为

$$\left(\frac{1}{80}\sim\frac{1}{100}\right)<\frac{t}{b}<\left(\frac{1}{5}\sim\frac{1}{8}\right)$$

由此可知，薄板的应力和应变可以中面的挠度 ω 来表示，在忽略板厚方向的应变时，其挠度仅是 x 和 y 坐标的函数。这意味着，薄板弯曲问题可以作为二维问题来处理。

5.3.1 薄板弯曲问题

当薄板受一般载荷时，总可以把每一个载荷分成两个分载荷，一个是作用在薄板中面内的载荷，称为纵向载荷；另一个是垂直于中面的载荷，称为横向载荷。对于纵向载荷，可以认为沿薄板厚度均匀分布，可以按平面应力问题计算。当薄板受到横向载荷作用时，发生弯曲和扭转变形，平板变成了曲板，中面变成了曲面，而中面在 z 轴方向的位移称为挠度。薄板的这种问题称为薄板的弯扭问题，简称薄板弯曲问题。

1. 几何方程

图 5-10 是以平行于 xOz 平面和 yOz 平面的两对平面从板中截取的一微元板 $\mathrm{d}x\times\mathrm{d}y$ 的 xOz 平面示意图，根据直法线假设，微元板在 xOz 平面或 yOz 平面的弯曲变形与梁的弯曲变形具有相同的形式：

$$\varepsilon_x=\frac{z}{\rho_x}=-z\frac{\partial^2\omega}{\partial x^2}$$

$$\varepsilon_y=\frac{z}{\rho_y}=-z\frac{\partial^2\omega}{\partial y^2} \tag{5-3-1}$$

式中，ρ_x、ρ_y 分别为板在 xOz 平面和 yOz 平面内的曲率半径。

将弹性力学几何方程代入式(5-3-1)并积分得

$$u=-z\frac{\partial\omega}{\partial x}+c_1$$

$$v=-z\frac{\partial\omega}{\partial y}+c_2 \tag{5-3-2}$$

由薄板假定可知上式中 $c_1=c_2=0$，将式(5-3-2)代入弹性力学几何方程得

$$\gamma_{xy}=-2z\frac{\partial^2\omega}{\partial x\partial y} \tag{5-3-3}$$

式(5-3-1)和式(5-3-3)就是薄板弯曲的几何方程。

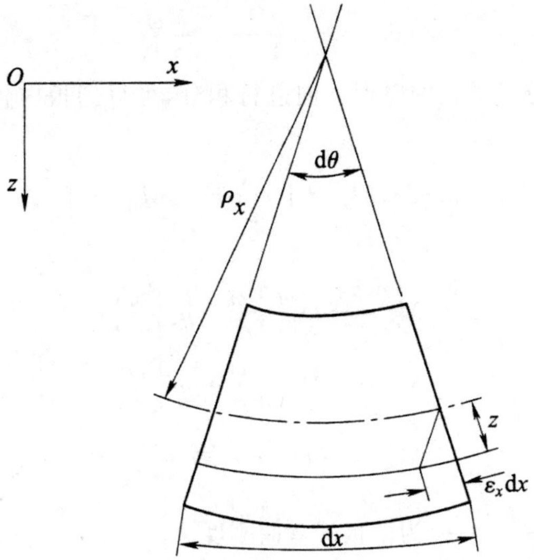

图 5-10　平板弯曲几何关系示意图

用矩阵的形式表示，几何方程为

$$\begin{bmatrix}\varepsilon_x\\ \varepsilon_y\\ \gamma_{xy}\end{bmatrix}=-z\begin{bmatrix}\dfrac{\partial^2\omega}{\partial x^2}\\ \dfrac{\partial^2\omega}{\partial y^2}\\ 2\dfrac{\partial^2\omega}{\partial x\partial y}\end{bmatrix}\text{或}\boldsymbol{\varepsilon}=-z\begin{bmatrix}\chi_x\\ \chi_y\\ \chi_{xy}\end{bmatrix} \tag{5-3-4}$$

其中

$$\boldsymbol{\chi}=\begin{bmatrix}\chi_x\\ \chi_y\\ \chi_{xy}\end{bmatrix}=\begin{bmatrix}\dfrac{\partial^2\omega}{\partial x^2}\\ \dfrac{\partial^2\omega}{\partial y^2}\\ 2\dfrac{\partial^2\omega}{\partial x\partial y}\end{bmatrix} \tag{5-3-5}$$

称为弹性曲面沿坐标轴方向的曲率和扭曲率。

2. 物理方程

薄板挠度弯曲问题为平面应力问题，板内各点的应力分量为

$$\sigma_x=-z\frac{E}{1-\mu^2}\left(\frac{\partial^2\omega}{\partial x^2}+\mu\frac{\partial^2\omega}{\partial y^2}\right)$$

$$\sigma_y = -z\frac{E}{1-\mu^2}\left(\frac{\partial^2\omega}{\partial y^2}+\mu\frac{\partial^2\omega}{\partial x^2}\right) \tag{5-3-6}$$

$$\tau_{xy} = -z\frac{E}{1-\mu^2}\frac{\partial^2\omega}{\partial x\partial y}$$

将各应力分量沿板的厚度方向进行积分,可得到板内各截面上的内力表达式。

$$M_x=\int_{-t/2}^{t/2}\sigma_x z\,\mathrm{d}z, M_y=\int_{-t/2}^{t/2}\sigma_y z\,\mathrm{d}z, M_{xy}=\int_{-t/2}^{t/2}\sigma_{xy} z\,\mathrm{d}z \tag{5-3-7}$$

得

$$M_x = -D_0\left(\frac{\partial^2\omega}{\partial x^2}+\mu\frac{\partial^2\omega}{\partial y^2}\right)$$

$$M_y = -D_0\left(\frac{\partial^2\omega}{\partial y^2}+\mu\frac{\partial^2\omega}{\partial x^2}\right)$$

$$M_{xy} = -D_0(1-\mu)\frac{\partial^2\omega}{\partial x\partial y} \tag{5-3-8}$$

式中,$D_0=\dfrac{Et^3}{12(1-\mu^2)}$为薄板的弯曲刚度。

上式可用矩阵的形式表示为

$$\begin{bmatrix} M_x \\ M_y \\ M_{xy} \end{bmatrix} = \frac{Et^3}{12(1-\mu^2)}\begin{bmatrix} 1 & \mu & 0 \\ \mu & 1 & 0 \\ 0 & 0 & (1-\mu)/2 \end{bmatrix}\begin{bmatrix} -\dfrac{\partial^2\omega}{\partial x^2} \\ -\dfrac{\partial^2\omega}{\partial y^2} \\ -2\dfrac{\partial^2\omega}{\partial x\partial y} \end{bmatrix} \tag{5-3-9}$$

记$\boldsymbol{D}=\dfrac{Et^3}{12(1-\mu^2)}\begin{bmatrix} 1 & \mu & 0 \\ \mu & 1 & 0 \\ 0 & 0 & (1-\mu)/2 \end{bmatrix}$,称为薄板弯曲的弹性矩阵。

3. 平衡方程

为了考察平板的平衡条件,在平板的中面上截取微元体,它可以用中面的微面积 $\mathrm{d}x\mathrm{d}y$ 表示,而该微元体的各侧边上作用着板的弯曲内力——剪力和弯矩。该微元体的受力状态如图 5-11 所示。

依据该薄板微元体的平衡条件,可得到用内力表示的平衡方程

$$\begin{cases} \dfrac{\partial M_{xy}}{\partial x}-\dfrac{\partial M_y}{\partial y}+Q_y=0 \\ \dfrac{\partial M_{xy}}{\partial y}-\dfrac{\partial M_x}{\partial x}+Q_x=0 \\ \dfrac{\partial Q_x}{\partial x}+\dfrac{\partial Q_y}{\partial y}+q=0 \end{cases} \tag{5-3-10}$$

由式(5-3-10)的前两个式子得到剪力 Q_x 和 Q_y 的表达式，把它们代入第三个式子，得到用弯矩和扭矩表示的平衡方程，再考虑到内力的表达式(5-3-9)，则可得到用薄板的挠度 $\omega(x,y)$ 表示的板的弯曲微分方程

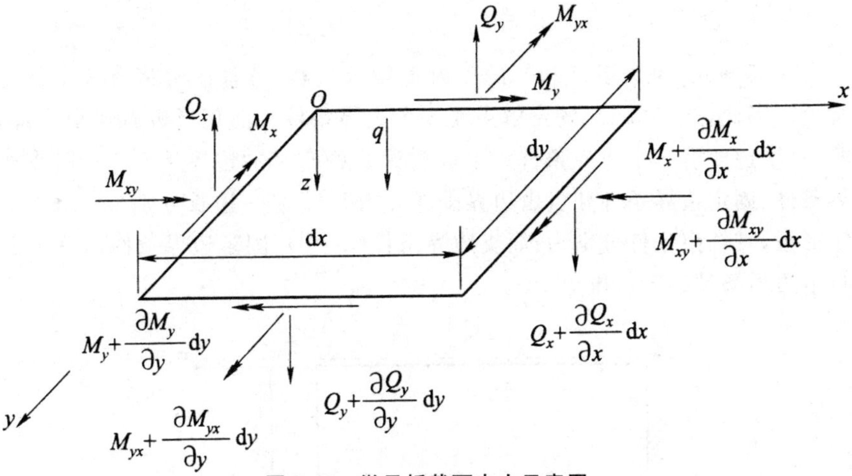

图 5-11　微元板截面内力示意图

$$\frac{\partial M_x}{\partial x}+\frac{\partial M_{xy}}{\partial y}=Q_x \tag{5-3-11}$$

同理，由 x 轴的力矩平衡条件可得

$$\frac{\partial M_{xy}}{\partial x}+\frac{\partial M_y}{\partial y}=Q_y \tag{5-3-12}$$

由 z 轴的力平衡条件可得

$$\frac{\partial Q_x}{\partial x}+\frac{\partial Q_y}{\partial y}=-q \tag{5-3-13}$$

将式(5-3-11)和式(5-3-12)代入式(5-3-13)得

$$\frac{\partial^2 M_x}{\partial x^2}+2\frac{\partial^2 M_{xy}}{\partial x\partial y}+\frac{\partial^2 M_y}{\partial y^2}=-q \tag{5-3-14}$$

将式(5-3-8)代入式(5-3-14)得

$$D_0\left(\frac{\partial^4\omega}{\partial x^2}+2\frac{\partial^4\omega}{\partial x^2\partial y^2}+\frac{\partial^4\omega}{\partial y^2}\right)=q \tag{5-3-15}$$

将式(5-3-8)分别代入式(5-3-11)和式(5-3-12)得

$$Q_x=-D_0\left(\frac{\partial^3\omega}{\partial x^3}+\frac{\partial^3\omega}{\partial x\partial y^2}\right)$$

$$Q_x=-D_0\left(\frac{\partial^3\omega}{\partial y^3}+\frac{\partial^3\omega}{\partial y\partial x^2}\right) \tag{5-3-16}$$

式(5-3-15)就是薄板弯曲的微分方程，可用 Laplace 算子表示为

$$D_0\nabla^2\nabla^2\omega=q \tag{5-3-17}$$

利用式(5-3-6)和式(5-3-8)可将薄板弯曲的应力表示为

$$\sigma_x = \frac{12z}{t^3}M_x, \sigma_y = \frac{12z}{t^3}M_y, \tau_{xy} = \frac{12z}{t^3}M_{xy} \tag{5-3-18}$$

4.边界条件

式(5-3-15)是关于 x 和 y 的 4 阶偏微分方程,方程的解将有 8 个任意常数。因此,式(5-3-15)的定解需要 8 个边界条件。而矩形板有 4 个边,因此,每个边应有 2 个边界条件。下面讨论几种常见的边界条件——简支边界条件、固定边界条件和自由边界条件。图 5-12 是一边长分别为 a 和 b 的矩形板,其约束条件分别为:简支边界条件($y=0$)、固定边界条件($x=0$)和自由边界条件($x=a$ 和 $y=b$)。

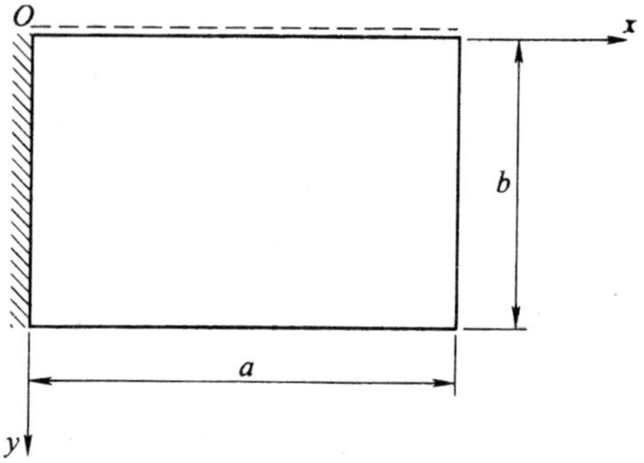

图 5-12 板边约束条件示意图

(1)简支边界条件。

由梁的弯曲理论可知,简支边界的约束条件为

$$\omega(x,0) = 0, M_x = -D_0\left(\frac{\partial^2\omega}{\partial x^2} + \mu\frac{\partial^2\omega}{\partial y^2}\right) = 0$$

由条件 $\omega(x,0) = 0$ 可知 $\frac{\partial^2\omega}{\partial x^2} = 0$,因此,上式可表示为

$$\omega(x,0) = 0, \frac{\partial^2\omega}{\partial y^2}\Big|_{y=0} = 0 \tag{5-3-19}$$

(2)固定边界条件。

由梁的弯曲理论可知,固定边界的约束条件为

$$\omega(0,y) = 0, \frac{\partial\omega}{\partial x}\Big|_{x=0} = 0 \tag{5-3-20}$$

(3)自由边界条件。

当自由边不受外力作用时,其边界条件为

$$(M_x)_{x=a} = 0, (M_{xy})_{x=a} = 0, (Q_x)_{x=a} = 0$$

$$(M_y)_{y=b} = 0, (M_{xy})_{y=b} = 0, (Q_y)_{y=b} = 0 \qquad (5\text{-}3\text{-}21)$$

分析上式可知，自由边出现了 3 个边界条件。而解的唯一性要求的边界条件为 2 个，因此，需将上述 3 个边界条件合并为 2 个。在板的截面上，弯矩是面外荷载，即弯曲应力为正应力，与截面的法线平行。而剪力和扭矩同为面内荷载，即剪力和扭矩引起的应力同为剪应力。为此，可以将剪力和扭矩等于零的条件变换为一个等效边界条件。

5.3.2　矩形薄板单元分析

对于外形规则的板壳结构可用矩形板单元进行离散化处理，它列式简单，精度也好，与平面问题的 4 节点矩形单元组合，还可用于柱形壳体的有限元分析。

4 节点 12 个自由度的矩形单元是薄板弯曲单元中比较简单的一种，如图 5-13 所示。矩形单元的四条边分别与 x 轴和 y 轴平行，每个角节点有 3 个位移分量，即挠度 ω、绕 x 轴和 y 轴的转角。

（a）薄板单元节点位移示意图

（b）薄板单元节点力示意图

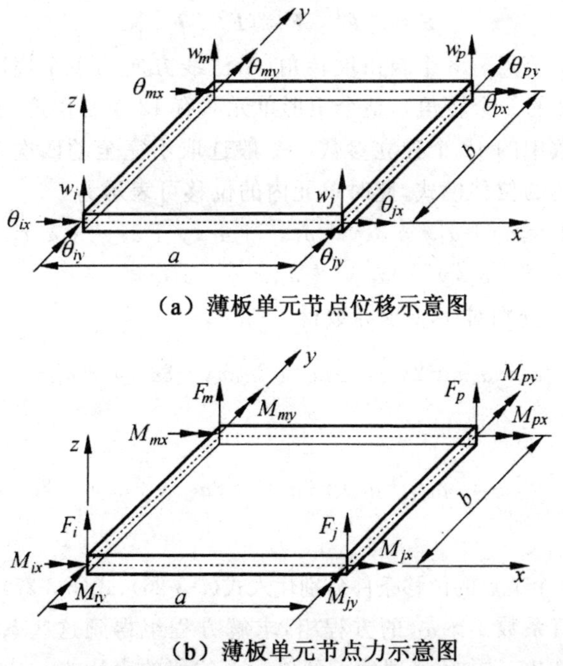

图 5-13　矩形薄板单元节点位移和节点力

1.单元位移插值函数

图 5-13(a)所示为一个矩形单元，取 4 个角点 i、j、m、p 为 4 个节点，每个节点有 3 个位移分量，即挠度 ω 及绕 x、y 轴的转角 θ_x、θ_y。

记单元的广义节点位移为

$$\boldsymbol{d}_i=\begin{bmatrix}\omega_i\\ \theta_{xi}\\ \theta_{yi}\end{bmatrix}=\begin{bmatrix}\omega_i\\ \left(\dfrac{\partial\omega}{\partial y}\right)_i\\ -\left(\dfrac{\partial\omega}{\partial x}\right)_i\end{bmatrix},(i,j,l,m) \tag{5-3-22}$$

整个单元的位移由 4 个节点的位移来确定，也就是

$$\boldsymbol{d}^e=\begin{bmatrix}\boldsymbol{d}_i^{\mathrm{T}} & \boldsymbol{d}_j^{\mathrm{T}} & \boldsymbol{d}_l^{\mathrm{T}} & \boldsymbol{d}_m^{\mathrm{T}}\end{bmatrix}^{\mathrm{T}} \tag{5-3-23}$$

相应的广义节点力及单元的广义节点力列阵分别为

$$\boldsymbol{F}_i=\begin{bmatrix}F_{Qi}\\ M_{ix}\\ M_{iy}\end{bmatrix},(i,j,l,m) \tag{5-3-24}$$

和

$$\boldsymbol{F}=\begin{bmatrix}\boldsymbol{F}_i^{\mathrm{T}} & \boldsymbol{F}_j^{\mathrm{T}} & \boldsymbol{F}_l^{\mathrm{T}} & \boldsymbol{F}_m^{\mathrm{T}}\end{bmatrix}^{\mathrm{T}} \tag{5-3-25}$$

因为每个节点有 3 个自由度转角(沿法线方向的 1 个挠度以及分别绕 x 和 y 坐标轴的 2 个转角)，整个矩形单元共有 12 个自由度，它们可唯一地确定插值函数中的 12 个独立参数。一般选取不完全的四次多项式插值函数作为该单元的位移模式，此时单元内的位移可表示为

$$\omega(x,y)=\alpha_1+\alpha_2x+\alpha_3y+\alpha_4x^2+\alpha_5xy+\alpha_6y^2+\alpha_7x^3+\alpha_8x^2y+\alpha_9xy^2+\alpha_{10}y^3+\alpha_{11}x^3y+\alpha_{12}xy^3 \tag{5-3-26}$$

由式(5-3-26)，分别对 x，y 求导数得

$$\theta_x=\frac{\partial\omega}{\partial y}=\alpha_3+\alpha_5x+2\alpha_6y+\alpha_8x^2+2\alpha_9xy+3\alpha_{10}y^2+\alpha_{11}x^3+3\alpha_{12}xy^2 \tag{5-3-27}$$

$$\theta_y=-\frac{\partial\omega}{\partial x}=-(\alpha_2+2\alpha_4x+\alpha_5y+3\alpha_7x^2+2\alpha_8xy+\alpha_9y^2+3\alpha_{11}x^2y+\alpha_{12}y^3) \tag{5-3-28}$$

把单元 4 个节点的位移条件分别代入式(5-3-26)、式(5-3-27)和式(5-3-28)，得到关于插值系数 $\alpha_1\sim\alpha_{12}$ 的方程组，求解方程组得到这些系数，将所得系数代回式(5-3-26)，并经整理后得到单元上位移的表达式：

$$\omega(x,y)=\boldsymbol{N}\boldsymbol{d}^e \tag{5-3-29}$$

式中，$\boldsymbol{N}$ 为 x，y 的函数，称为矩形单元的插值函数，表示为

$$\boldsymbol{N}=[N_1\quad N_2\quad N_3\quad N_4\quad N_5\quad N_6\quad N_7\quad N_8\quad N_9\quad N_{10}\quad N_{11}\quad N_{12}] \tag{5-3-30}$$

其中

$$N_1=1-\frac{3y^2}{b^2}+\frac{2x^3}{a^3}+\frac{3x^2y}{a^2b}+\frac{3xy^2}{ab^2}+\frac{2y^3}{b^3}-\frac{3x^2}{a^2}-\frac{2x^3y}{a^3b}-\frac{xy}{ab}-\frac{2xy^3}{ab^3}$$

$$N_2=y-\frac{xy}{a}-\frac{2y^2}{b}-\frac{xy^3}{ab^2}+\frac{2xy^2}{ab}+\frac{y^3}{b^2}$$

$$N_3=-x+\frac{2x^2}{a}+\frac{x^3y}{a^2b}-\frac{2x^2y}{ab}+\frac{xy}{b}-\frac{x^3}{a^2}$$

$$N_4=-\frac{2x^3}{a^3}-\frac{3x^2y}{a^2b}-\frac{3xy^2}{ab^2}+\frac{3x^2}{a^2}-\frac{2x^3y}{a^3b}+\frac{xy}{ab}+\frac{2xy^3}{ab^3}$$

$$N_5=\frac{xy}{a}+\frac{xy^3}{ab^2}-\frac{2xy^2}{ab}$$

$$N_6=\frac{x^2}{a}+\frac{x^3y}{a^2b}-\frac{x^2y}{ab}-\frac{x^3}{a^2}$$

$$N_7=\frac{3x^2y}{a^2b}+\frac{3xy^2}{ab^2}-\frac{2x^3y}{a^3b}-\frac{xy}{ab}-\frac{2xy^3}{ab^3}$$

$$N_8=\frac{xy^3}{ab^2}-\frac{xy^2}{ab}$$

$$N_9=-\frac{x^3y}{a^2b}+\frac{x^2y}{ab}$$

$$N_{10}=\frac{3y^2}{b^2}-\frac{3x^2y}{a^2b}-\frac{3xy^2}{ab^2}-\frac{2y^3}{b^3}+\frac{2x^3y}{a^3b}+\frac{xy}{ab}+\frac{2xy^3}{ab^3}$$

$$N_{11}=-\frac{y^2}{b}-\frac{xy^3}{ab^2}-\frac{xy^2}{ab}+\frac{y^3}{b^2}$$

$$N_{12}=-\frac{x^3y}{a^2b}+\frac{2x^2y}{ab}-\frac{xy}{b}$$

这样,就得到了板弯曲问题的四边形单元的插值函数。

2.单元刚度矩阵

将单元挠度计算式(5-3-26)代入式(5-3-5),可得薄板的曲率为

$$\boldsymbol{\chi}=\boldsymbol{B}\boldsymbol{d}^e \tag{5-3-31}$$

式中,$\boldsymbol{B}$ 为几何矩阵,其形式为

$$\boldsymbol{B}=-\begin{bmatrix}\frac{\partial^2N_i}{\partial x^2} & \frac{\partial^2N_{xi}}{\partial x^2} & \frac{\partial^2N_{yi}}{\partial x^2} & \cdots & \frac{\partial^2N_{pi}}{\partial x^2}\\ \frac{\partial^2N_i}{\partial y^2} & \frac{\partial^2N_{xi}}{\partial y^2} & \frac{\partial^2N_{yi}}{\partial y^2} & \cdots & \frac{\partial^2N_{pi}}{\partial y^2}\\ 2\frac{\partial^2N_i}{\partial x\partial y} & 2\frac{\partial^2N_{xi}}{\partial x\partial y} & 2\frac{\partial^2N_{yi}}{\partial x\partial y} & \cdots & 2\frac{\partial^2N_{pi}}{\partial x\partial y}\end{bmatrix} \tag{5-3-32}$$

将式(5-3-31)代入式(5-3-9),得到板单元的内力

$$\boldsymbol{M}=\boldsymbol{S}\boldsymbol{d}^{e} \tag{5-3-33}$$

式中,矩阵 $\boldsymbol{S}$ 称为内力矩阵或广义应力矩阵,其形式为

$$\boldsymbol{S}=\boldsymbol{D}\boldsymbol{B}=[\boldsymbol{S}_i \quad \boldsymbol{S}_j \quad \boldsymbol{S}_l \quad \boldsymbol{S}_m] \tag{5-3-34}$$

由式(5-3-32)求得矩阵 $\boldsymbol{B}$,再代入式(5-3-33)求得矩阵 $\boldsymbol{S}$。此时,各节点处应力矩阵的表达式为

$$\boldsymbol{S}_i=\frac{Et^3}{12ab(1-\mu^2)}\times\begin{bmatrix} -\left(6\frac{b}{a}+\mu\frac{a}{b}\right) & -4\mu a & 4b & 6\frac{b}{a} & 0 & 2b & 6\mu\frac{a}{b} & -2\mu a & 0 & 0 & 0 & 0 \\ -6\left(\frac{a}{b}+\mu\frac{b}{a}\right) & 4a & 4\mu b & 6\mu\frac{b}{a} & 0 & 2\mu b & 6\frac{b}{a} & -2a & 0 & 0 & 0 & 0 \\ -(1-\mu) & -(1-\mu)b & (1-\mu)a & 1-\mu & (1-\mu)b & 0 & 1-\mu & 0 & -(1-\mu)a & -(1-\mu) & 0 & 0 \end{bmatrix}$$

$$\boldsymbol{S}_j=\frac{Et^3}{12ab(1-\mu^2)}\times\begin{bmatrix} 6\frac{b}{a} & 0 & -2b & -6\left(\frac{b}{a}+\mu\frac{a}{b}\right) & -4\mu a & -4b & 0 & 0 & 0 & 6\mu\frac{a}{b} & -2\mu a & 0 \\ 6\mu\frac{b}{a} & 0 & -2\mu b & -6\left(\frac{a}{b}+\mu\frac{b}{a}\right) & -4a & -4\mu b & 0 & 0 & 0 & 6\frac{a}{b} & -2a & 0 \\ -(1-\mu) & -(1-\mu)b & 0 & 1-\mu & (1-\mu)b & (1-\mu)a & 1-\mu & 0 & 0 & -(1-\mu) & 0 & -(1-\mu)a \end{bmatrix}$$

$$\boldsymbol{S}_l=\frac{Et^3}{12ab(1-\mu^2)}\times\left[\begin{matrix} 6\mu\frac{a}{b} & 2\mu a & 0 & 0 & 0 & 0 & -6\left(\frac{b}{a}+\mu\frac{a}{b}\right) \\ 6\frac{a}{b} & 2a & 0 & 0 & 0 & 0 & -6\left(\frac{a}{b}+\mu\frac{b}{a}\right) \\ -(1-\mu) & 0 & (1-\mu)a & 1-\mu & 0 & 0 & 1-\mu \end{matrix}\right.$$

$$
\left.\begin{matrix}
4\mu a & 4b & 6\,\dfrac{b}{a} & 0 & 2b \\
4a & 4\mu b & 6\mu\,\dfrac{b}{a} & 0 & 2\mu b \\
-(1-\mu)b & (1-\mu)b & -(1-\mu) & (1-\mu)b & 0
\end{matrix}\right]
$$

$$
\boldsymbol{S}_m=\frac{Et^3}{12ab(1-\mu^2)}
$$

$$
\times\left[\begin{matrix}
0 & 0 & 0 & 6\mu\,\dfrac{a}{b} & 2\mu a & 0 & 6\,\dfrac{b}{a} & 0 & -2b \\
0 & 0 & 0 & 6\mu\,\dfrac{a}{b} & 2a & 0 & 6\mu\,\dfrac{b}{a} & 0 & -2\mu b \\
-(1-\mu) & 0 & 0 & 1-\mu & 0 & (1-\mu)a & 1-\mu & -(1-\mu)b & 0
\end{matrix}\right.
$$

$$
\left.\begin{matrix}
-6\left(\dfrac{b}{a}+\mu\,\dfrac{a}{b}\right) & 4\mu a & -4b \\
-6\left(\dfrac{b}{a}+\mu\,\dfrac{a}{b}\right) & 4a & -4\mu b \\
-(1-\mu) & (1-\mu)b & -(1-\mu)b
\end{matrix}\right]
$$

板单元刚度矩阵，可以从虚功原理导出。使单元节点上产生任意虚位移 $\boldsymbol{d}^{*e}$，则外力在该虚位移上所做的虚功等于广义应力 $\boldsymbol{M}$ 对相应虚应数 $\boldsymbol{\chi}^*$ 的虚应变能，即

$$
(\boldsymbol{d}^{*e})^{\mathrm{T}}\boldsymbol{F}^e=\iint\boldsymbol{\chi}^{*\,\mathrm{T}}\boldsymbol{M}\mathrm{d}x\mathrm{d}y \tag{5-3-35}
$$

将式(5-3-31)和式(5-3-33)代入上式，由于 $\boldsymbol{d}^{*e}$ 的任意性，得到

$$
\boldsymbol{F}^e=\boldsymbol{K}^e\boldsymbol{d}^e \tag{5-3-36}
$$

其中

$$
\boldsymbol{K}^e=\int_A\boldsymbol{B}^{\mathrm{T}}\boldsymbol{D}\boldsymbol{B}\,\mathrm{d}x\mathrm{d}y \tag{5-3-37}
$$

称为单元刚度矩阵，积分后得到单元刚度矩阵的具体表达式为

$$
\boldsymbol{K}^e=\frac{Et^3}{(1-\mu^2)ab}\begin{bmatrix}
\boldsymbol{K}_{ii} & \boldsymbol{K}_{ij} & \boldsymbol{K}_{il} & \boldsymbol{K}_{im} \\
\boldsymbol{K}_{ji} & \boldsymbol{K}_{jj} & \boldsymbol{K}_{jl} & \boldsymbol{K}_{jm} \\
\boldsymbol{K}_{li} & \boldsymbol{K}_{lj} & \boldsymbol{K}_{ll} & \boldsymbol{K}_{lm} \\
\boldsymbol{K}_{mi} & \boldsymbol{K}_{mj} & \boldsymbol{K}_{ml} & \boldsymbol{K}_{mm}
\end{bmatrix} \tag{5-3-38}
$$

其中，各子块矩阵分别为

$$
\boldsymbol{K}_{ii}=\begin{bmatrix}
4\left(\dfrac{a^2}{b^2}+\dfrac{b^2}{a^2}\right)+\dfrac{1}{5}(14-4\mu) & \dfrac{2a^2}{b}+\dfrac{b}{5}(1+4\mu) & -\dfrac{2b^2}{a}+\dfrac{a}{5}(1+4\mu) \\
\dfrac{2a^2}{b}+\dfrac{b}{5}(1+4\mu) & \dfrac{3}{4}a^2+\dfrac{4}{15}b^2(1-\mu) & -\mu ab \\
-\dfrac{2b^2}{a}+\dfrac{a}{5}(1+4\mu) & -\mu ab & \dfrac{4}{3}ab^2+\dfrac{4}{15}a^2(1-\mu)
\end{bmatrix}
$$

$$
\boldsymbol{K}_{ij}=\begin{bmatrix} \left(\frac{2a^2}{b^2}-\frac{4b^2}{a^2}\right)-\frac{1}{5}(14-4\mu) & \frac{a^2}{b}-\frac{b}{5}(1+4\mu) & -\frac{2b^2}{a}-\frac{a}{5}(1-\mu) \\ \frac{a^2}{b}-\frac{b}{5}(1+4\mu) & \frac{2}{3}a^2-\frac{4}{14}b^2(1-\mu) & 0 \\ -\frac{2b^2}{a}-\frac{a}{5}(1-\mu) & 0 & \frac{2}{3}b^2-\frac{1}{15}a^2(1-\mu) \end{bmatrix}
$$

$$
\boldsymbol{K}_{il}=\begin{bmatrix} -2\left(\frac{a^2}{b^2}+\frac{b^2}{a^2}\right)+\frac{1}{5}(14-4\mu) & \frac{a^2}{b}-\frac{b}{5}(1-\mu) & -\frac{b^2}{a}+\frac{a}{5}(1-\mu) \\ -\frac{a^2}{b}+\frac{b}{5}(1-\mu) & -\frac{1}{3}a^2+\frac{1}{15}b^2(1-\mu) & 0 \\ \frac{b^2}{a}+\frac{a}{5}(1-\mu) & 0 & \frac{1}{3}b^2+\frac{1}{15}a^2(1-\mu) \end{bmatrix}
$$

$$
\boldsymbol{K}_{im}=\begin{bmatrix} \left(\frac{2a^2}{b^2}-\frac{4b^2}{a^2}\right)-\frac{1}{5}(14-4\mu) & \frac{2a^2}{b}+\frac{b}{5}(1-\mu) & -\frac{b^2}{a}+\frac{a}{5}(1+4\mu) \\ -\frac{2a^2}{b}-\frac{b}{5}(1-\mu) & \frac{2}{3}a^2-\frac{1}{15}b^2(1-\mu) & 0 \\ \frac{b^2}{a}-\frac{a}{5}(1+4\mu) & 0 & \frac{2}{3}b^2-\frac{4}{15}a^2(1-\mu) \end{bmatrix}
$$

$$
\boldsymbol{K}_{jj}=\begin{bmatrix} 4\left(\frac{a^2}{b^2}+\frac{b^2}{a^2}\right)+\frac{1}{5}(14-4\mu) & \frac{2a^2}{b}+\frac{b}{5}(1+4\mu) & \frac{2b^2}{a}-\frac{a}{5}(1+4\mu) \\ \frac{2a^2}{b}+\frac{b}{5}(1+4\mu) & \frac{3}{4}a^2+\frac{4}{15}b^2(1-\mu) & \mu ab \\ \frac{2b^2}{a}-\frac{a}{5}(1+4\mu) & \mu ab & \frac{4}{3}ab^2+\frac{4}{15}a^2(1-\mu) \end{bmatrix}
$$

$$
\boldsymbol{K}_{jl}=\begin{bmatrix} \left(\frac{2a^2}{b^2}-\frac{4b^2}{a^2}\right)-\frac{1}{5}(14-4\mu) & \frac{2a^2}{b}+\frac{b}{5}(1-\mu) & \frac{b^2}{a}-\frac{a}{5}(1+4\mu) \\ \frac{2a^2}{b}+\frac{b}{5}(1-\mu) & \frac{2}{3}a^2-\frac{1}{15}b^2(1-\mu) & 0 \\ \frac{b^2}{a}-\frac{a}{5}(1+4\mu) & 0 & \frac{2}{3}b^2-\frac{4}{15}a^2(1-\mu) \end{bmatrix}
$$

$$
\boldsymbol{K}_{jm}=\begin{bmatrix} -2\left(\frac{a^2}{b^2}+\frac{b^2}{a^2}\right)+\frac{1}{5}(14-4\mu) & \frac{a^2}{b}-\frac{b}{5}(1-\mu) & \frac{b^2}{a}-\frac{a}{5}(1-\mu) \\ -\frac{a^2}{b}+\frac{b}{5}(1-\mu) & \frac{1}{3}a^2+\frac{1}{15}b^2(1-\mu) & 0 \\ -\frac{b^2}{a}-\frac{a}{5}(1-\mu) & 0 & \frac{1}{3}b^2+\frac{1}{15}a^2(1-\mu) \end{bmatrix}
$$

$$\boldsymbol{K}_{ll}=\begin{bmatrix}4\left(\dfrac{a^2}{b^2}+\dfrac{b^2}{a^2}\right)+\dfrac{1}{5}(14-4\mu) & -\dfrac{2a^2}{b}-\dfrac{b}{5}(1+4\mu) & -\dfrac{2b^2}{a}+\dfrac{a}{5}(1+4\mu)\\ -\dfrac{2a^2}{b}-\dfrac{b}{5}(1+4\mu) & \dfrac{3}{4}a^2+\dfrac{4}{15}b^2(1-\mu) & \mu ab\\ -\dfrac{2b^2}{a}+\dfrac{a}{5}(1+4\mu) & \mu ab & \dfrac{4}{3}ab^2+\dfrac{4}{15}a^2(1-\mu)\end{bmatrix}$$

$$\boldsymbol{K}_{lm}=\begin{bmatrix}\left(\dfrac{2a^2}{b^2}-\dfrac{4b^2}{a^2}\right)-\dfrac{1}{5}(14-4\mu) & -\dfrac{a^2}{b}+\dfrac{b}{5}(1+4\mu) & -\dfrac{2b^2}{a}-\dfrac{a}{5}(1-\mu)\\ -\dfrac{a^2}{b}+\dfrac{b}{5}(1+4\mu) & \dfrac{2}{3}a^2-\dfrac{4}{15}b^2(1-\mu) & 0\\ \dfrac{2b^2}{a}+\dfrac{a}{5}(1-\mu) & 0 & \dfrac{2}{3}b^2-\dfrac{1}{15}a^2(1-\mu)\end{bmatrix}$$

$$\boldsymbol{K}_{mm}=\begin{bmatrix}4\left(\dfrac{a^2}{b^2}+\dfrac{b^2}{a^2}\right)+\dfrac{1}{5}(14-4\mu) & -\dfrac{2a^2}{b}-\dfrac{b}{5}(1+4\mu) & \dfrac{2b^2}{a}-\dfrac{a}{5}(1+4\mu)\\ -\dfrac{2a^2}{b}-\dfrac{b}{5}(1+4\mu) & \dfrac{3}{4}a^2+\dfrac{4}{15}b^2(1-\mu) & -\mu ab\\ \dfrac{2b^2}{a}-\dfrac{a}{5}(1+4\mu) & -\mu ab & \dfrac{4}{3}ab^2+\dfrac{4}{15}a^2(1-\mu)\end{bmatrix}$$

3. 等效节点载荷

当板上受到分布载荷和节点载荷作用时，必须将它们以等效载荷的形式移置单元节点上去。

(1)分布载荷的移置。

应用虚功原理把作用在板面上的分布载荷 $q(x,y)$ 等效为相应单元上的节点载荷。设单元节点的任意虚位移为 $\boldsymbol{d}^{*e}$，等效节点载荷为 $\boldsymbol{R}^e$，则等效节点载荷 $\boldsymbol{R}^e$ 在 $\boldsymbol{d}^{*e}$ 上所做的虚功应等于分布载荷 $q(x,y)$ 在相应的虚位移 $\boldsymbol{w}^*$ 上所做的虚功，即

$$(\boldsymbol{d}^{*e})^{\mathrm{T}}\boldsymbol{R}^e=\int_A(\boldsymbol{w}^*)^{\mathrm{T}}q(x,y)\mathrm{d}x\mathrm{d}y \tag{5-3-39}$$

由于虚位移的任意性，故得等效节点载荷为

$$\boldsymbol{R}^e=\int_A\boldsymbol{N}^{\mathrm{T}}q(x,y)\mathrm{d}x\mathrm{d}y \tag{5-3-40}$$

其中，等效节点载荷向量 $\boldsymbol{R}^e$ 为

$$\boldsymbol{R}^e=[R_i\quad R_{xi}\quad R_{yi}\quad R_j\quad R_{xj}\quad R_{yj}\quad R_m\quad R_{xm}\quad R_{ym}\quad R_p\quad R_{xp}\quad R_{yp}]^{\mathrm{T}} \tag{5-3-41}$$

式中，R_i,R_{xi} 和 R_{yi} 分别为节点 i 处的等效法向载荷和绕 x，y 轴的等效力

矩载荷。

当板受到均布法向载荷 q_0 作用时，则单元节点载荷由式(5-3-41)可得

$$\begin{aligned}\boldsymbol{R}^e &= q_0\int_{-a}^{a}\int_{-b}^{b}\boldsymbol{N}^{\mathrm{T}}\mathrm{d}x\mathrm{d}y \\ &=4q_0ab\begin{bmatrix}\frac{1}{4} & \frac{b}{12} & -\frac{a}{12} & \frac{1}{4} & \frac{b}{12} & \frac{a}{12} & \frac{1}{4} & -\frac{b}{12} & \frac{a}{12} & \frac{1}{4} & -\frac{b}{12} & -\frac{a}{12}\end{bmatrix}^{\mathrm{T}}\end{aligned} \tag{5-3-42}$$

(2)单元内集中载荷的移置。

如果没有取 i 点作为节点，而设作用点 i 在元素内的坐标为 (x_0, y_0)，则等效节点载荷不难得到，为

$$\boldsymbol{R}^e = \boldsymbol{N}^{\mathrm{T}}\Big|_{\substack{x=x_0\\y=y_0}}P \tag{5-3-43}$$

若力 P 作用在元素的中心时，则得

$$\boldsymbol{R}^e = P\begin{bmatrix}\frac{1}{4} & \frac{b}{8} & -\frac{a}{8} & \frac{1}{4} & \frac{b}{8} & \frac{a}{8} & \frac{1}{4} & -\frac{b}{8} & \frac{a}{8} & \frac{1}{4} & -\frac{b}{8} & -\frac{a}{8}\end{bmatrix}^{\mathrm{T}} \tag{5-3-44}$$

5.3.3 三角形薄板单元分析

当薄板具有任意几何形状的边界时，采用三角形单元能较真实地模拟边界形状。三角形单元可以拼合成任意形状的薄板，而且其有限元网格还可以按需要在某局部区域进行网格加密，保证了计算精度和要求。

三角形薄板单元，可以较好地模拟边界形状较复杂的板，在实际分析中有广泛的应用。比矩形板单元具有更大的适应性和灵活性。适当的小三角板元还可用来拼合成任意形状的壳体，可以方便地用于壳体结构的有限元分析。三角形板单元与矩形板单元的分析步骤基本一样。

通常普遍采用的三角形薄板单元，就是具有 3 个节点的简单三角形单元。如图 5-14 所示的是典型三角形单元 ijm，它的 3 个顶点(也就是节点)的位移和力已在图中标出。

该单元的节点位移分量、节点力分量分别为

$$\boldsymbol{d}^e = \begin{bmatrix}\boldsymbol{d}_i^{\mathrm{T}} & \boldsymbol{d}_j^{\mathrm{T}} & \boldsymbol{d}_m^{\mathrm{T}}\end{bmatrix}^{\mathrm{T}} = \begin{bmatrix}\omega_i & \theta_{ix} & \theta_{iy} & \omega_j & \theta_{jx} & \theta_{jy} & \omega_m & \theta_{mx} & \theta_{my}\end{bmatrix}^{\mathrm{T}} \tag{5-3-45}$$

和

$$\begin{aligned}\boldsymbol{F}^e &= \begin{bmatrix}\boldsymbol{F}_i^{\mathrm{T}} & \boldsymbol{F}_j^{\mathrm{T}} & \boldsymbol{F}_m^{\mathrm{T}}\end{bmatrix}^{\mathrm{T}} \\ &= \begin{bmatrix}F_{Qi} & M_{ix} & M_{iy} & F_{Qj} & M_{jx} & M_{jy} & F_{Qm} & M_{mx} & M_{my}\end{bmatrix}^{\mathrm{T}}\end{aligned} \tag{5-3-46}$$

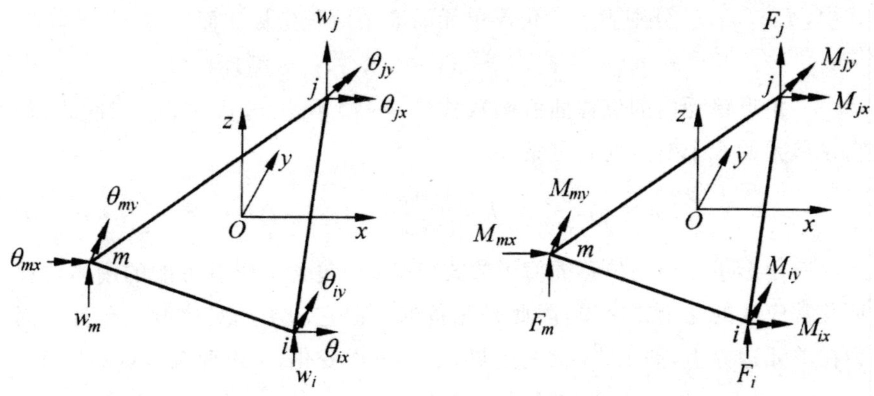

（a）三角形单元节点位移　　　　　　（b）三角形单元节点力

图 5-14　三角形单元节点位移和节点力

1. 单元位移函数

在薄板小变形问题中，三角形单元的任一节点的节点位移可以用其挠度和两个转角表示，即每个节点有 3 个自由度。这样，常用的 3 节点三角形单元共有 9 个自由度。此三角形薄板单元发生弯曲变形时，和梁单元一样，其挠曲面也可选为多项式。根据完备性准则，在三角形单元位移插值函数的选取上，最好应选取完全三次多项式。但如果将插值函数取为完全三次多项式，则挠度函数应包括 10 个待定参数。由 9 个单元节点位移无法唯一确定多项式挠度函数中的 10 个待定参数，为此，人们采取了许多措施来解决此问题。

由于 3 节点三角形薄板单元具有 9 个自由度，则其位移函数应设成含有 9 个待定系数的多项式形式。

为了避免插值函数形式上关于坐标轴的不对称性，对于三角形单元来说，通常人们采用面积坐标来构造插值函数，此时，单元内的位移可表示成

$$\omega(x,y) = \boldsymbol{N}\boldsymbol{d}^e \tag{5-3-47}$$

式中，$\boldsymbol{N}$ 为插值函数矩阵，可写为

$$\boldsymbol{N} = [N_i \quad N_{xi} \quad N_{yi} \quad N_j \quad N_{xj} \quad N_{yj} \quad N_m \quad N_{xm} \quad N_{ym}] \tag{5-3-48}$$

且有

$$\begin{cases} N_i = L_i + L_i^2 L_j + L_i^2 L_m - L_i L_i^2 - L_i L_m^2 \\ N_{xi} = b_j\left(L_m L_i^2 + \dfrac{1}{2}L_i L_j L_m\right) - b_m\left(L_i^2 L_j + \dfrac{1}{2}L_i L_j L_m\right), (i,j,m) \\ N_{yi} = c_j\left(L_m L_i^2 + \dfrac{1}{2}L_i L_j L_m\right) - c_m\left(L_i^2 L_j + \dfrac{1}{2}L_i L_j L_m\right) \end{cases} \tag{5-3-49}$$

式中，L_i, L_j, L_m 分别表示三角形单元的 3 个面积坐标。而

$$b_i = y_j - y_m, c_i = x_m - x_j, (i, j, m \text{ 循环})$$

三角形单元内的位移插值函数式(5-3-47)不是 x, y 的完全三次式，但它在单元的 3 个节点处满足条件：

$$\omega = \omega_i, \frac{\partial \omega}{\partial y} = \theta_{ix}, -\frac{\partial \omega}{\partial x} = \theta_{iy}, (i, j, m) \tag{5-3-50}$$

三角形单元内的位移插值函数式(5-3-47)包含了所有可能的刚体位移项及常应变的完全二次项，因此是完备的。但它却不满足协调性条件。因为在单元边界上，如 $L_m = 0$ 的边界，ω 是三次变化，可由两端节点的挠度 ω 和公共边界上的法向导数 $\frac{\partial \omega}{\partial n}$ 的值唯一地确定，所以 ω 是协调的。但是由于单元边界上法向导数 $\frac{\partial \omega}{\partial n}$ 是二次变化，不能由两端节点的两个 $\frac{\partial \omega}{\partial n}$ 的值唯一地确定，所以在相邻单元边界上转角是不协调的。因此，上述采用面积坐标构造插值函数的三角形板单元是非协调单元。

2. 单元刚度矩阵

采用前面的三角形单元内位移的插值公式，将单元内的位移表达式(5-3-47)代入挠曲面的曲率计算公式，可得三角形薄板单元的曲率与单元节点位移之间的关系式：

$$\boldsymbol{\chi} = \begin{bmatrix} \chi_x \\ \chi_y \\ \chi_{xy} \end{bmatrix} = \begin{bmatrix} \dfrac{\partial^2 \omega(x,y)}{\partial x^2} \\ \dfrac{\partial^2 \omega(x,y)}{\partial y^2} \\ 2\dfrac{\partial^2 \omega(x,y)}{\partial x \partial y} \end{bmatrix} = \boldsymbol{B}\boldsymbol{d}^e \tag{5-3-51}$$

式中，$\boldsymbol{B}$ 称为几何矩阵，其表达式为

$$\boldsymbol{B} = -\begin{bmatrix} \dfrac{\partial^2 N_i}{\partial x^2} & \dfrac{\partial^2 N_{xi}}{\partial x^2} & \dfrac{\partial^2 N_{yi}}{\partial x^2} & \cdots & \dfrac{\partial^2 N_{ym}}{\partial x^2} \\ \dfrac{\partial^2 N_i}{\partial y^2} & \dfrac{\partial^2 N_{xj}}{\partial y^2} & \dfrac{\partial^2 N_{yj}}{\partial y^2} & \cdots & \dfrac{\partial^2 N_{ym}}{\partial y^2} \\ 2\dfrac{\partial^2 N_i}{\partial x \partial y} & 2\dfrac{\partial^2 N_{xi}}{\partial x \partial y} & 2\dfrac{\partial^2 N_{yi}}{\partial x \partial y} & \cdots & 2\dfrac{\partial^2 N_{ym}}{\partial x \partial y} \end{bmatrix}_{3\times 9} \tag{5-3-52}$$

而单元的应力与单元节点位移之间的关系式为

$$\boldsymbol{M} = [\boldsymbol{M}_x \quad \boldsymbol{M}_y \quad \boldsymbol{M}_{xy}]^{\mathrm{T}} = \boldsymbol{S}\boldsymbol{d}^e \tag{5-3-53}$$

式中，$\boldsymbol{S}$ 为内力矩阵，且

$$S = \frac{1}{8\triangle^3} DACT \tag{5-3-54}$$

式中，$\triangle$为三角形单元的面积，D 为三角形单元的弯曲弹性矩阵。其余矩阵的显式为

$$A_{3\times7} = \begin{bmatrix} 2 & 0 & 0 & 6x & 2y & 0 & 0 \\ 0 & 0 & 2 & 0 & 0 & 2x & 6y \\ 0 & 2 & 0 & 0 & 4x & 4y & 0 \end{bmatrix} \tag{5-3-55}$$

$$T_{6\times9} = \begin{bmatrix} -\frac{c_i}{2\triangle} & 1 & 0 & -\frac{c_j}{2\triangle} & 0 & 0 & -\frac{c_m}{2\triangle} & 0 & 0 \\ \frac{b_i}{2\triangle} & 0 & 1 & \frac{b_j}{2\triangle} & 0 & 0 & \frac{b_m}{2\triangle} & 0 & 0 \\ -\frac{c_i}{2\triangle} & 0 & 0 & -\frac{c_j}{2\triangle} & 1 & 0 & -\frac{c_m}{2\triangle} & 0 & 0 \\ \frac{b_i}{2\triangle} & 0 & 0 & \frac{b_j}{2\triangle} & 0 & 1 & \frac{b_m}{2\triangle} & 0 & 0 \\ -\frac{c_i}{2\triangle} & 0 & 0 & -\frac{c_j}{2\triangle} & 0 & 0 & -\frac{c_m}{2\triangle} & 1 & 0 \\ \frac{b_i}{2\triangle} & 0 & 0 & -\frac{b_j}{2\triangle} & 0 & 0 & \frac{b_m}{2\triangle} & 0 & 1 \end{bmatrix} \tag{5-3-56}$$

$$C_{7\times6} = \begin{bmatrix} c_1^i & c_2^i & c_1^j & c_2^j & c_1^m & c_2^m \end{bmatrix} \tag{5-3-57}$$

式中

$$\begin{cases} c_1^i = \begin{bmatrix} c_{11}^i & c_{12}^i & c_{13}^i & c_{14}^i & c_{15}^i & c_{16}^i & c_{17}^i \end{bmatrix}^{\mathrm{T}} \\ c_2^i = \begin{bmatrix} c_{21}^i & c_{22}^i & c_{23}^i & c_{24}^i & c_{25}^i & c_{26}^i & c_{27}^i \end{bmatrix}^{\mathrm{T}} \end{cases}, (i,j,m\ \text{循环})$$

$$\begin{cases} c_{1l}^i = U_l^i b_m - V_l^i b_i + E_l F^i \\ c_{2l}^i = U_l^i c_m - V_l^i c_i + E_l G^i \end{cases}, (i,j,m\ \text{循环})(l = 1,2,\cdots,7)$$

其中

$$U_1^i = \frac{2}{3}\triangle(b_i^2 + 2b_ib_j) \qquad V_1^i = \frac{2}{3}\triangle(b_i^2 + 2b_ib_m)$$

$$U_2^i = \frac{4}{3}\triangle(b_ic_i + b_jc_j + b_ic_j) \qquad V_2^i = \frac{4}{3}\triangle(b_ic_i + 2b_mc_i + b_ic_m)$$

$$U_3^i = \frac{2}{3}\triangle(c_i^2 + 2c_ic_j) \qquad V_3^i = \frac{2}{3}\triangle(c_i^2 + 2c_ic_m)$$

$$U_4^i = b_i^2b_j \qquad V_4^i = b_i^2b_m$$

$$U_5^i = 2b_ic_ib_j + b_i^2c_j \qquad V_5^i = 2b_ic_ib_m + b_i^2c_m$$

$$U_6^i = c_i^2b_j + 2b_ic_ib_j \qquad V_6^i = c_i^2b_m + 2b_ic_ib_m$$

$$U_7^i = c_i^2c_j \qquad V_7^i = c_i^2c_m$$

$$E_1 = \frac{2}{3}\triangle(b_ib_j + b_jb_m + b_mb_i) \qquad E_4 = b_ib_jb_m$$

$$E_2 = \frac{2}{3}\triangle(c_ib_j + b_ic_j + c_jb_m + b_jc_m + c_mb_i + b_mc_i) \qquad E_7 = c_ic_jc_m$$

$$E_3 = \frac{2}{3}\triangle(c_ib_j + c_jc_m + c_mc_i) \qquad F^i = (b_m - b_i)/2$$

$$G^i = (c_m - c_j)/2$$

这样，可得单元刚度矩阵为

$$\boldsymbol{K}^e = \int_A \boldsymbol{B}^{\mathrm{T}}\boldsymbol{DB}\,\mathrm{d}x\mathrm{d}y = \frac{1}{64\triangle^5}\boldsymbol{T}^{\mathrm{T}}\boldsymbol{C}^{\mathrm{T}}\boldsymbol{ICT} \tag{5-3-58}$$

其中，矩阵 $\boldsymbol{T}$ 和 $\boldsymbol{C}$ 的显式已列出，而矩阵 $\boldsymbol{I}$ 的显式为

$$\boldsymbol{I}=\frac{Et^3}{3(1-\mu^2)}\times\begin{bmatrix} 1 & 0 & \mu & 0 & 0 & 0 & 0 \\ 0 & \frac{1-\mu}{2} & 0 & 0 & 0 & 0 & 0 \\ \mu & 0 & 1 & 0 & 0 & 0 & 0 \\ 0 & 0 & 0 & 9I_1 & 3I_3 & 3\mu I_1 & 9\mu I_3 \\ 0 & 0 & 0 & 3I_3 & I_2+2(1-\mu)I_1 & (2-\mu)I_3 & 3\mu I_3 \\ 0 & 0 & 0 & 3\mu I_1 & (2-\mu)I_3 & I_1+2(1-\mu)I_3 & 3I_3 \\ 0 & 0 & 0 & 9\mu I_3 & 3\mu I_3 & 3I_3 & 9I_3 \end{bmatrix} \tag{5-3-59}$$

式中

$$I_1 = \frac{1}{12}(x_i^2 + x_j^2 + x_m^2)$$

$$I_2 = \frac{1}{12}(y_i^2 + y_j^2 + y_m^2)$$

$$I_3 = \frac{1}{12}(x_iy_i + x_jy_j + x_my_m)$$

3.等效节点载荷

三角形薄板单元的等效节点载荷可分为法向集中载荷及法向均布载荷两种情况。

当单元上受法向均布载荷 q_0 作用时，设坐标原点在三角形形心处，则有

$$\begin{aligned} \boldsymbol{R}^e &= q_0\int_A N^{\mathrm{T}}\mathrm{d}x\mathrm{d}y \\ &= q_0\int_A [N_i \quad N_{xi} \quad N_{yi} \quad N_j \quad N_{xj} \quad N_{yj} \quad N_m \quad N_{xm} \quad N_{ym}]^{\mathrm{T}}\mathrm{d}x\mathrm{d}y \\ &= q_0\cdot\triangle\left[\frac{1}{3} \quad -\frac{1}{8}y_i \quad \frac{1}{8}x_i \quad \frac{1}{3} \quad -\frac{1}{8}y_j \quad \frac{1}{8}x_j \quad \frac{1}{3} \quad -\frac{1}{8}y_m \quad \frac{1}{8}x_m\right]^{\mathrm{T}} \end{aligned} \tag{5-3-60}$$

当法向集中载荷作用在单元内任一点（x_0，y_0）时，等效节点载荷为

$$\boldsymbol{R}^e = \boldsymbol{N}^{\mathrm{T}}\Big|_{\substack{x=x_0\\y=y_0}}\boldsymbol{P} \tag{5-3-61}$$

其中，$\boldsymbol{P}$ 是 1×1 阶的列阵。

5.4　动力学问题的有限元分析

5.4.1　动力有限元基本方程

在动力有限元分析中，引入时间坐标，但采用空间离散方式，假设插值函数形式为

$$u_i(x,y,z,t) = \sum_{k=1}^{m} N_k u_{ik}(t) \tag{5-4-1}$$

式中，m 为单元节点数，其他符号的意义与静力分析情况相同，只是节点位移参数 $u_{ik}(t)$ 是时间的函数。

动力有限元方程的推导过程与静态分析过程基本相同，只不过多出惯性力和阻尼力项。首先将结构离散，使结构成为一个多自由度的单元组合体。在计算中必须考虑和时间有关的动载荷作用下的应力、应变和位移。根据达朗贝尔原理，把惯性力和阻尼力看作体力，就可以将结构动力问题转化为相应的瞬时静力问题来求解。

对于动力问题，结构除了承受随时间变化的载荷外，还要考虑惯性力和阻尼力。按达朗贝尔原理，若材料的密度为 ρ，那么结构的单位体积的惯性力为 $-\rho\ddot{\boldsymbol{d}}\,\mathrm{d}V$。另外，运动的质点还会受到阻尼力，假设阻尼力与速度成正比，令阻尼系数为 c，那么单位体积的阻尼力为 $-c\dot{\boldsymbol{d}}\,\mathrm{d}V$。

根据假定的单元位移模式，用单元节点位移来表示单元内的位移，即

$$\boldsymbol{f} = \boldsymbol{N}\boldsymbol{\delta}^e \tag{5-4-2}$$

式中，单元形函数矩阵 $\boldsymbol{N}$ 与静力问题相同，它的各元素只是点的坐标的函数，与时间无关；而单元内各点的位移，既是点的坐标的函数，又是时间的函数。单元内的速度、加速度为

$$\begin{gathered}\dot{\boldsymbol{f}} = \boldsymbol{N}\dot{\boldsymbol{\delta}}^e\\ \ddot{\boldsymbol{f}} = \boldsymbol{N}\ddot{\boldsymbol{\delta}}^e\end{gathered} \tag{5-4-3}$$

利用将体积力等效为节点载荷的方法，将与单元的惯性力等效的节点载荷记为 $\boldsymbol{F}_\rho^e$，与阻尼力等效的节点载荷记为 $\boldsymbol{F}_\mu^e$，则有

$$\boldsymbol{F}_{\rho}^{e} = -\iiint \boldsymbol{N}^{\mathrm{T}} \rho \ddot{\boldsymbol{f}} \, \mathrm{d}V$$

$$\boldsymbol{F}_{\mu}^{e} = -\iiint \boldsymbol{N}^{\mathrm{T}} \mu \dot{\boldsymbol{f}} \, \mathrm{d}V \tag{5-4-4}$$

式中，ρ 为材料的密度；μ 为材料的阻尼系数。

将式(5-4-3)代入式(5-4-4)，有

$$\boldsymbol{F}_{\rho}^{e} = -\iiint \boldsymbol{N}^{\mathrm{T}} \rho \boldsymbol{N} \ddot{\boldsymbol{\delta}}^{e} \, \mathrm{d}V = -\boldsymbol{m}^{e} \ddot{\boldsymbol{\delta}}^{e}$$

$$\boldsymbol{F}_{\mu}^{e} = -\iiint \boldsymbol{N}^{\mathrm{T}} \mu \boldsymbol{N} \dot{\boldsymbol{\delta}}^{e} \, \mathrm{d}V = -\boldsymbol{c}^{e} \dot{\boldsymbol{\delta}}^{e} \tag{5-4-5}$$

式中

$$\boldsymbol{m}^{e} = \iiint \boldsymbol{N}^{\mathrm{T}} \rho \boldsymbol{N} \, \mathrm{d}V \tag{5-4-6}$$

称为单元质量矩阵，而

$$\boldsymbol{c}^{e} = \iiint \boldsymbol{N}^{\mathrm{T}} \mu \boldsymbol{N} \, \mathrm{d}V \tag{5-4-7}$$

称为单元阻尼矩阵。单元质量矩阵与单元阻尼矩阵都是对称矩阵。将惯性力、阻力作为载荷处理，则得到用节点位移表示的单元平衡方程：

$$\boldsymbol{k}\boldsymbol{\delta}^{e} = \boldsymbol{F}^{e} - \boldsymbol{m}\ddot{\boldsymbol{\delta}}^{e} - \boldsymbol{c}\dot{\boldsymbol{\delta}}^{e}$$

或

$$\boldsymbol{m}\ddot{\boldsymbol{\delta}}^{e} + \boldsymbol{c}\dot{\boldsymbol{\delta}}^{e} + \boldsymbol{k}\boldsymbol{\delta}^{e} = \boldsymbol{F}^{e} \tag{5-4-8}$$

按有限元法中组集总刚度矩阵的方法，最终建立按有限元法的系统动力学问题的基本方程：

$$\boldsymbol{M}\ddot{\boldsymbol{\delta}} + \boldsymbol{C}\dot{\boldsymbol{\delta}} + \boldsymbol{K}\boldsymbol{\delta} = \boldsymbol{F}(t) \tag{5-4-9}$$

式中，刚度矩阵 $\boldsymbol{K}$ 和静力分析一样，可由单元刚度矩阵集成得到，而整体质量矩阵 $\boldsymbol{M} = \sum \boldsymbol{m}^{e}$ 和阻尼矩阵 $\boldsymbol{C} = \sum \boldsymbol{c}^{e}$，同样由相应单元矩阵集合而成，而且叠加合成的 $\boldsymbol{M}$、$\boldsymbol{C}$ 也是对称的。所以下面主要讨论如何建立结构的质量矩阵 $\boldsymbol{M}$ 和阻尼矩阵 $\boldsymbol{C}$。

5.4.2 质量矩阵及阻尼矩阵

1.质量矩阵

式(5-4-6)中的形函数矩阵与推导单元刚度矩阵时的形函数矩阵完全一致，故把按式(5-4-6)计算的 $\boldsymbol{m}^{e}$ 称为一致质量矩阵。

(1)平面三角形常应变单元的一致质量矩阵。

设平面 3 节点三角形单元，面积为 A，厚度为 t，密度为 ρ，其一致质量

矩阵为

$$\boldsymbol{N}=\begin{bmatrix} N_i & 0 & N_j & 0 & N_m & 0 \\ 0 & N_i & 0 & N_j & 0 & N_m \end{bmatrix} \tag{5-4-10}$$

设在单元内 ρ 和 t 是常数，则有

$$\boldsymbol{m}^e=\rho t\int_A [N]^{\mathrm{T}}[N]\mathrm{d}x\mathrm{d}y \tag{5-4-11}$$

将式(5-4-10)代入上式，得到

$$\boldsymbol{m}^e=\rho t\int_A \begin{bmatrix} N_i^2 & 0 & N_iN_j & 0 & N_iN_l & 0 \\ 0 & N_i^2 & 0 & N_iN_j & 0 & N_iN_l \\ N_jN_i & 0 & N_j^2 & 0 & N_jN_j & 0 \\ 0 & N_jN_i & 0 & N_j^2 & 0 & N_jN_l \\ N_lN_i & 0 & N_lN_j & 0 & N_l^2 & 0 \\ 0 & N_lN_i & 0 & N_lN_j & 0 & N_l^2 \end{bmatrix}\mathrm{d}x\mathrm{d}y \tag{5-4-12}$$

利用三角形面积坐标的积分公式，则有

$$\int_A \boldsymbol{N}_r\boldsymbol{N}_s\mathrm{d}x\mathrm{d}y=\frac{1!1!1!}{(1+1+0+2)!}2A=\frac{1}{12}A,(r,s=i,j,l) \tag{5-4-13}$$

$$\int_A \boldsymbol{N}_r^2\mathrm{d}x\mathrm{d}y=\frac{2!0!0!}{(2+0+0+2)!}2A=\frac{1}{6}A,(r=i,j,l) \tag{5-4-14}$$

于是，平面问题三角形单元的一致质量矩阵为

$$\boldsymbol{m}^e=\frac{\rho tA}{3}\begin{bmatrix} 1/2 & 0 & 1/4 & 0 & 1/4 & 0 \\ 0 & 1/2 & 0 & 1/4 & 0 & 1/4 \\ 1/4 & 0 & 1/2 & 0 & 1/4 & 0 \\ 0 & 1/4 & 0 & 1/2 & 0 & 1/4 \\ 1/4 & 0 & 1/4 & 0 & 1/2 & 0 \\ 0 & 1/4 & 0 & 1/4 & 0 & 1/2 \end{bmatrix} \tag{5-4-15}$$

(2)平面梁单元质量矩阵。

设平面梁单元长度为 l，密度为 ρ，截面积为 A。根据式(5-4-6)，计算一致质量矩阵要用到单元的形函数，因此要先确定它。平面梁单元的形函数具体如下：

$$\boldsymbol{N}=\begin{bmatrix} N_1 & 0 & 0 & N_2 & 0 & 0 \\ 0 & N_3 & N_4 & 0 & N_5 & N_6 \end{bmatrix} \tag{5-4-16}$$

$$\begin{cases} N_1 = 1 - x/l, N_2 = x/l, N_3 = 1 - \dfrac{3x^2}{l^2} + \dfrac{2x^3}{l^3} \\ N_4 = x - \dfrac{2x^2}{l} + \dfrac{x^3}{l^2}, N_5 = \dfrac{3x^2}{l^2} - \dfrac{2x^3}{l^3}, N_6 = -\dfrac{x^2}{l} + \dfrac{x^3}{l^2} \end{cases} \tag{5-4-17}$$

代入式(5-4-6)后，得

$$\boldsymbol{m}^e = \rho A \int_0^l \boldsymbol{N}^{\mathrm{T}} \boldsymbol{N} \mathrm{d}x = \frac{\rho A l}{420} \begin{bmatrix} 140 & 0 & 0 & 70 & 0 & 0 \\ 0 & 156 & 22l & 0 & 54 & -13l \\ 0 & 22l & 4l^2 & 0 & 13l & -3l^2 \\ 70 & 0 & 0 & 140 & 0 & 0 \\ 0 & 54 & 13l & 0 & 156 & -22l \\ 0 & -13l & -3l^2 & 0 & -22l & 4l^2 \end{bmatrix} \tag{5-4-18}$$

上式就是平面梁单元在局部坐标系下的一致质量矩阵。

2. 阻尼矩阵

阻尼是动力学问题的固有特性，阻尼引起能量的耗散和自由振动的振幅随时间的衰减，考虑动力分析的阻尼效应对结构分析结果的准确性至关重要。另外在动力分析中，有时需要引入阻尼来保证数值算法的稳定性。有限元分析中通常采用比例阻尼方法。

(1)设阻尼力正比于运动速度，即认为阻尼与结构动力状态下的速度相关。大多数工程阻尼器基于黏性材料特性，阻尼力有一定的速度差引入。如汽车减振器，其阻尼力 R_c 与阻尼器两端的速度差 Δu 成正比，即 $R_c = \mu\Delta u$，则单元阻尼矩阵就是式(5-4-9)，即

$$\boldsymbol{c}^e = \iiint \boldsymbol{N}^{\mathrm{T}} \mu \boldsymbol{N} \mathrm{d}V$$

当阻尼系数 μ 和材料密度 ρ 在单元内都是常值时，比较式(5-4-7)与式(5-4-6)可见，单元阻尼矩阵和单元质量矩阵的积分形式完全相同，只相差一个常系数，所以单元阻尼矩阵与单元质量矩阵是成比例的，这可称为比例阻尼，即 $\boldsymbol{c}^e = \mu/\rho \boldsymbol{m}^e$。将全部单元的阻尼矩阵按节点集合，就可得到整体阻尼矩阵 $\boldsymbol{C}$。

(2)设阻尼力正比于应变速度，如材料内摩擦引起的结构阻尼，此时阻尼力可表示为 $\mu D\dot{\varepsilon}$，则单元阻尼矩阵为

$$\boldsymbol{c}^e = \iiint \boldsymbol{N}^{\mathrm{T}} \beta \boldsymbol{N} \mathrm{d}V = \beta \boldsymbol{k}^e \tag{5-4-19}$$

式中，β 为比例常数，此时单元阻尼矩阵正比于单元刚度矩阵。

(3)一般情形下，单元阻尼矩阵可看作是单元质量矩阵和单元刚度矩阵

的线性组合：

$$\boldsymbol{c} = \alpha \boldsymbol{m} + \beta \boldsymbol{k} \tag{5-4-20}$$

式中，系数 α、β 与结构的固有频率和阻尼比有关。而整体的阻尼矩阵可由单元的阻尼矩阵推导得出，并有类似的形式：

$$\boldsymbol{C} = \alpha \boldsymbol{M} + \beta \boldsymbol{K} \tag{5-4-21}$$

式(5-4-21)表示的阻尼称为 Rayleigh 阻尼，是目前工程中最常用的结构阻尼表达式。

5.4.3　结构的固有特性分析

结构的固有特性是由一组模态参数定量描述的，它由结构自身参数决定，不随外部条件的变化而改变。固有特性分析就是对模态参数进行计算，因此又称为模态分析。其目的是掌握结构的固有特性，避免结构共振或危险振型的出现，为结构的响应分析提供依据。

固有特性与外部条件无关，且阻尼对固有频率和振型的影响较小，因此常采用无阻尼系统的自由振动方程计算固有特性。由式(5-4-9)得到无阻尼自由振动的微分方程为

$$\boldsymbol{M}\ddot{\boldsymbol{\delta}} + \boldsymbol{K}\boldsymbol{\delta} = 0 \tag{5-4-22}$$

上式称为结构的无阻尼自由振动有限元方程。

自由振动时各节点作简谐运动，其位移可以表示为

$$\boldsymbol{\delta}(t) = \boldsymbol{\delta}_0 \sin(\omega t + \varphi) \tag{5-4-23}$$

式中，$\boldsymbol{\delta}_0$ 为各节点的振幅向量，即固有振型；ω 为与该振型对应的固有频率；φ 为相位角。

将式(5-4-23)代入式(5-4-21)，得

$$(\boldsymbol{K} - \omega^2 \boldsymbol{M})\boldsymbol{\delta}_0 = 0 \tag{5-4-24}$$

由于各节点的振幅 $\boldsymbol{\delta}_0$ 不可能全为零，所以式(5-4-24)中括号内矩阵的行列式必须为零，由此可求得结构固有频率的方程：

$$|\boldsymbol{K} - \omega^2 \boldsymbol{M}| = 0 \tag{5-4-25}$$

方程(5-4-25)可以求出 n 个固有频率 ω_1、ω_2、…ω_n，又称为模态频率。特征向量 $\boldsymbol{\delta}_0$ 就是结构的 i 阶模态振型。振型只是某一阶频率对应的各自由度方向上振幅的比例关系，它反映的是某阶振动的形态，而不是绝对幅值大小。由上述分析可知，动力学固有特性分析实际上就是数学中计算广义特征值和特征向量的问题。

由于在工程问题的动态分析中，往往只需要了解一定频率范围内的固有频率及振型，因此在有限元分析中，发展了一些适应上述特点的、效率较

高的算法，主要有反幂法、子空间迭代法、里兹向量直接叠加法、兰索斯方法和分块兰索斯法等多种方法，它们之间的区别主要在求解线性方程组的迭代方式、收敛准则、向量叠加方法等方面。

5.4.4 动力响应分析

响应分析的目的是计算结构在动载荷激励下，节点的位移、速度和加速度的变化规律。因此响应分析就是求解二阶常微分方程组，即式(5-4-9)。

求解上述问题的方法主要有直接积分法和振型叠加法，它们之间的主要区别就在于求解上述线性方程的数值方法不同。

1. 直接积分法

用振型分解法求解动力方程，需要首先求得结构的自然频率和振幅，这是比较麻烦的。逐步积分法是一种直接求解微分方程的数值方法，它引进某些假设，把时间 t 分成若干个时段(称为时间单元)，对每一时段的振动位移或加速度的变化规律进行假定，然后根据这个规律，利用时间间隔始端的数值 $\boldsymbol{\delta}$,$\dot{\boldsymbol{\delta}}$,$\ddot{\boldsymbol{\delta}}$ 推算时间末端的 $\boldsymbol{\delta}$,$\dot{\boldsymbol{\delta}}$,$\ddot{\boldsymbol{\delta}}$ 的值。从而可以由 $t=0$ 时刻的初始条件出发，逐步求出以后各时刻的振动量的数值。

由于状态矢量本身是未知的，需要由前一时刻的解推算下一时刻的解，这需要假设状态矢量的变化规律。不同规律的假设就形成了具体的分析方法，常用的有中心差分法、NewMark 方法等。

2. 振型分解法

振型分解法是一种经典解法，方法的实质是利用振型的正交性，把动力方程(它是 m 个联立的二阶微分方程组)化为 m 个独立的线性微分方程，将动力学方程进行解耦，得到若干相对独立的单自由度动力学方程，然后对单个的微分方程进行求解。为了进行这种解耦过程，首先必须求得机械结构的固有频率和相应的振型。

在前面所述解出无阻尼自由振动的固有频率和固有振型之后，将位移向量 $\boldsymbol{\delta}(t)$ 看成是振型 $\boldsymbol{\delta}_{0i}$ 的线性组合，即引入变换：

$$\boldsymbol{\delta}(t)=\boldsymbol{\delta}_{0,1}x_1(t)+\boldsymbol{\delta}_{0,2}x_2(t)+\cdots+\boldsymbol{\delta}_{0,n}x_n(t)=\Delta\boldsymbol{X}(t) \quad (5\text{-}4\text{-}26)$$

式中，Δ 为振型矩阵，

$$\Delta=[\boldsymbol{\delta}_{0,1} \quad \boldsymbol{\delta}_{0,2} \quad \cdots] \quad (5\text{-}4\text{-}27)$$

$\boldsymbol{X}(t)$ 为待求的振型幅值向量。

$$X(t) = [x_1(t) \quad x_2(t) \quad \cdots \quad x_n(t)]^T \tag{5-4-28}$$

将变换式(5-4-26)代入动力方程式(5-4-9)，并利用特征向量的正交性，方程化简为 n 个互不耦合的单自由度系统的振动方程：

$$m_i\ddot{x}_i + c_i\dot{x}_i + k_i x_i = f_i$$

分别对每个方程直接求解，将求得的 x_i 代入式(5-4-26)，由几个振型的响应叠加，即可得结构的动力响应。

5.4.5　结构动力学问题计算实例

矩形截面简支梁如图 5-15 所示，长 L 为 1.5 m，横截面宽 b 为 40 mm，高 h 为 4 mm。材料弹性模量为 200 GPa，密度为 7 800 kg/m^3。利用有限单元法计算梁振动的固有频率、振型，并计算当节点 3 作用有如图 5-16 所示激励时的响应。

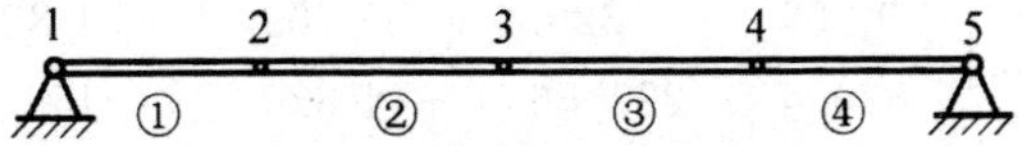

图 5-15　简支梁有限元模型

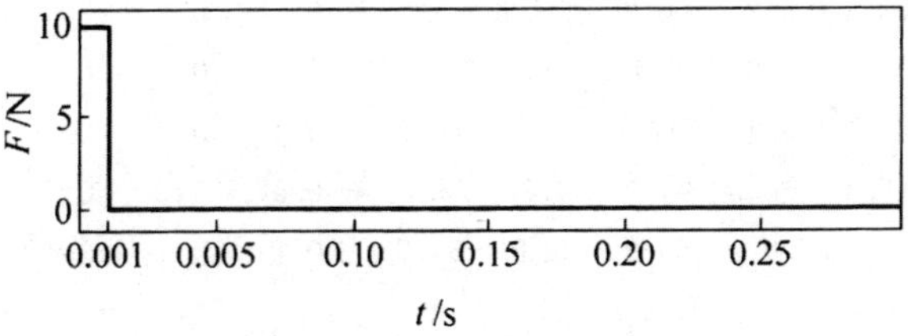

图 5-16　节点 3 作用载荷

解：(1)结构离散化与编号。

采用纯弯梁单元，将该结构划分为 4 个单元，节点与单元编号如图 5-15 所示。节点位移列阵为

$$\boldsymbol{u} = [v_1 \quad \theta_1 \quad v_2 \quad \theta_2 \quad v_3 \quad \theta_3 \quad v_4 \quad \theta_4 \quad v_5 \quad \theta_5]^T$$

(2)单元描述。

单元质量矩阵为

$$\boldsymbol{M}^e = \frac{\rho A l}{420}\begin{bmatrix} 156 & 22l & 54 & -13l \\ 22l & 4l^2 & 13l & -3l^2 \\ 54 & 13l & 156 & -22l \\ -13l & -3l^2 & -22l & 4l^2 \end{bmatrix}$$

$$
= 10^{-3} \times \begin{bmatrix} 173.829 & 9.193 & 60.171 & 5.432 \\ 9.193 & 0.627 & 5.432 & 0.471 \\ 60.171 & 5.432 & 173.829 & 9.193 \\ 5.432 & 0.471 & 9.193 & 0.627 \end{bmatrix}
$$

单元刚度矩阵为

$$
\boldsymbol{K}^e = \begin{bmatrix} \frac{12EI}{l^3} & \frac{6EI}{l^2} & -\frac{12EI}{l^3} & \frac{6EI}{l^2} \\ \frac{6EI}{l^2} & \frac{4EI}{l} & \frac{6EI}{l^2} & \frac{2EI}{l} \\ -\frac{12EI}{l^3} & \frac{6EI}{l^2} & \frac{12EI}{l^3} & -\frac{6EI}{l^2} \\ \frac{6EI}{l^2} & \frac{2EI}{l} & -\frac{6EI}{l^2} & \frac{4EI}{l} \end{bmatrix}
$$

$$
= \begin{bmatrix} 9\ 709 & 1\ 820.4 & -9\ 709 & 1\ 820.4 \\ 1\ 820.4 & 455.1 & -1\ 820.4 & 227.56 \\ -9\ 709 & -1\ 820.4 & 9\ 709 & -1\ 820.4 \\ 1\ 820.4 & 227.56 & -1\ 820.4 & 455.1 \end{bmatrix}
$$

(3)质量、刚度矩阵组集。

将单元质量矩阵和刚度矩阵组集成整体质量矩阵和刚度矩阵。

$$
\boldsymbol{M} = 10^{-3} \times \begin{bmatrix} 173.8 & 9.2 & 60.2 & -5.4 & 0 & 0 & 0 & 0 & 0 & 0 \\ 9.2 & 0.6 & 5.4 & -0.5 & 0 & 0 & 0 & 0 & 0 & 0 \\ 60.2 & 5.4 & 347.7 & 0 & 60.2 & -5.4 & 0 & 0 & 0 & 0 \\ -5.4 & -0.5 & 0 & 1.3 & 5.4 & -0.5 & 0 & 0 & 0 & 0 \\ 0 & 0 & 60.2 & 5.4 & 34.7 & 0 & 60.2 & -5.4 & 0 & 0 \\ 0 & 0 & -5.4 & -0.5 & 0 & 1.3 & 5.4 & -0.5 & 0 & 0 \\ 0 & 0 & 0 & 0 & 60.2 & 5.4 & 347.7 & 0 & 60.2 & -5.4 \\ 0 & 0 & 0 & 0 & -5.4 & -0.5 & 0 & 1.3 & 5.4 & -0.5 \\ 0 & 0 & 0 & 0 & 0 & 0 & 60.2 & 5.4 & 173.8 & -9.2 \\ 0 & 0 & 0 & 0 & 0 & 0 & -5.4 & -0.5 & -9.2 & 0.6 \end{bmatrix}
$$

$$
\boldsymbol{K} = \begin{bmatrix} 9\ 709 & 1\ 820 & -9\ 709 & 1\ 820 & 0 & 0 & 0 & 0 & 0 & 0 \\ 1\ 820 & 455 & -1\ 820 & 228 & 0 & 0 & 0 & 0 & 0 & 0 \\ -9\ 709 & -1\ 820 & 19\ 418 & 0 & -9\ 707 & 1\ 820 & 0 & 0 & 0 & 0 \\ 1\ 820 & 228 & 0 & 910 & -1\ 820 & 228 & 0 & 0 & 0 & 0 \\ 0 & 0 & -9\ 707 & -1\ 820 & 19\ 418 & 0 & -9\ 709 & 1\ 820 & 0 & 0 \\ 0 & 0 & 1\ 820 & 228 & 0 & 910 & -1\ 820 & 228 & 0 & 0 \\ 0 & 0 & 0 & 0 & -9\ 709 & -1\ 820 & 19\ 418 & 0 & -9\ 709 & -1\ 820 \\ 0 & 0 & 0 & 0 & 1\ 820 & 228 & 0 & 910 & -1\ 820 & -228 \\ 0 & 0 & 0 & 0 & 0 & 0 & -9\ 709 & -1\ 820 & 9\ 709 & -1\ 820 \\ 0 & 0 & 0 & 0 & 0 & 0 & -1\ 820 & -228 & -1\ 820 & 455 \end{bmatrix}
$$

得到整个系统的动力学方程为

$$\boldsymbol{M}\ddot{\boldsymbol{d}} + \boldsymbol{K}\boldsymbol{d} = \boldsymbol{R}$$

(4)边界条件处理。

该问题的位移边界条件为

$$v_1 = 0, v_5 = 0$$

将该条件代入,划去对应的行和列,得到动力学方程

$$\boldsymbol{M}\ddot{\boldsymbol{d}} + \boldsymbol{K}\boldsymbol{d} = \boldsymbol{R}$$

其中

$$\boldsymbol{M}=10^{-3}\times\begin{bmatrix} 173.8 & 60.2 & -5.4 & 0 & 0 & 0 & 0 & 0 \\ 60.2 & 347.7 & 0 & 60.2 & -5.4 & 0 & 0 & 0 \\ -5.4 & 0 & 1.3 & 5.4 & -0.5 & 0 & 0 & 0 \\ 0 & 60.2 & 5.4 & 347.7 & 0 & 60.2 & -5.4 & 0 \\ 0 & -5.4 & -0.5 & 0 & 1.3 & 5.4 & -0.5 & 0 \\ 0 & 0 & 0 & 60.2 & 5.4 & 347.7 & 0 & 60.2 \\ 0 & 0 & 0 & -5.4 & -0.5 & 0 & 1.3 & 5.4 \\ 0 & 0 & 0 & 0 & 0 & 60.2 & 5.4 & 173.8 \end{bmatrix}$$

$$\boldsymbol{K}=\begin{bmatrix} 9\,709 & -9\,709 & 1\,820 & 0 & 0 & 0 & 0 & 0 \\ -9\,709 & 19\,418 & 0 & -9\,709 & 1\,820 & 0 & 0 & 0 \\ 1\,820 & 0 & 910 & -1\,820 & 228 & 0 & 0 & 0 \\ 0 & -9\,709 & -1\,820 & 19\,418 & 0 & -9\,709 & 1\,820 & 0 \\ 0 & 1\,820 & 228 & 0 & 910 & -1\,820 & 228 & 0 \\ 0 & 0 & 0 & -9\,709 & -1\,820 & 19\,418 & 0 & -9\,709 \\ 0 & 0 & 0 & 1\,820 & 228 & 0 & 910 & -1\,820 \\ 0 & 0 & 0 & 0 & 0 & -9\,709 & -1\,820 & 9\,709 \end{bmatrix}$$

(5)固有频率和振型计算。

基于上面得到的刚度矩阵、质量矩阵,求解特征值问题,从而得到相应的特征值和特征向量,它们分别是梁振动问题的固有频率和振型,其结果见表 5-2 和图 5-17。

表 5-2 简支梁振动频率 f 对比 单位:Hz

阶数	1	2	3	4	5	6	7	8
有限元	4.08	16.39	37.41	72.49	115.22	182.21	272.98	332.20
理论	4.08	16.32	36.73	65.31	102.05	146.95	200.01	261.24
实测	3.91	14.64						

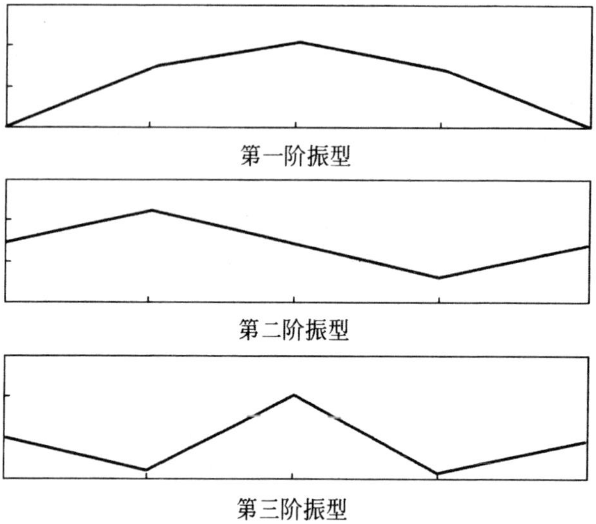

图 5-17　前三阶振型图

(6)动力响应计算。

利用直接积分法求解动力学方程,得节点 1,2 的位移响应曲线如图 5-18 所示。

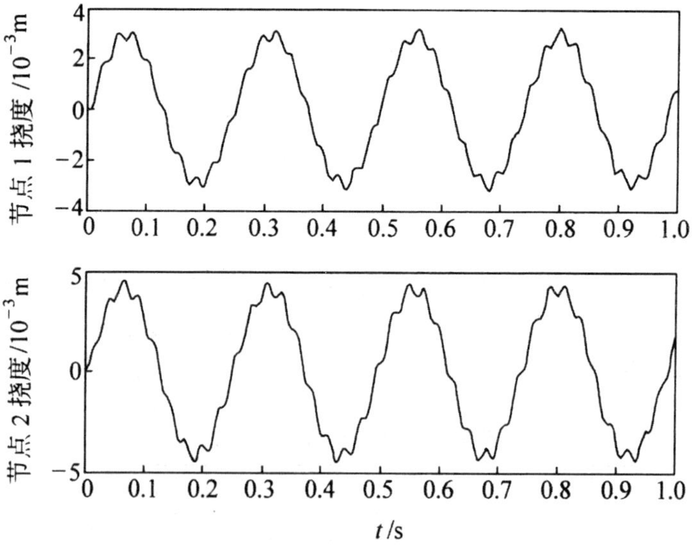

图 5-18　节点 1,2 的位移响应曲线

(7)分析讨论。

根据弹性体振动理论,简支梁的固有频率公式为

$$\omega_n = \frac{n^2\pi^2}{l^2}\sqrt{\frac{EI}{\rho A}},(n = 1,2,\cdots)$$

把有关参数代入上式，计算得到的各阶频率见表 5-2。同时，制作实物模型，进行实验研究，将加速度传感器固定在梁的上表面，利用数据采集分析系统采集其自由衰减的振动信号并进行分析，其时域波形和频谱如图 5-19、图 5-20 所示。

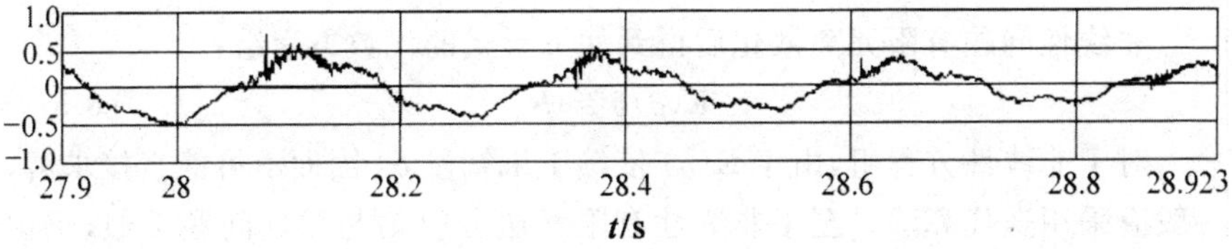

图 5-19　振动时域波形

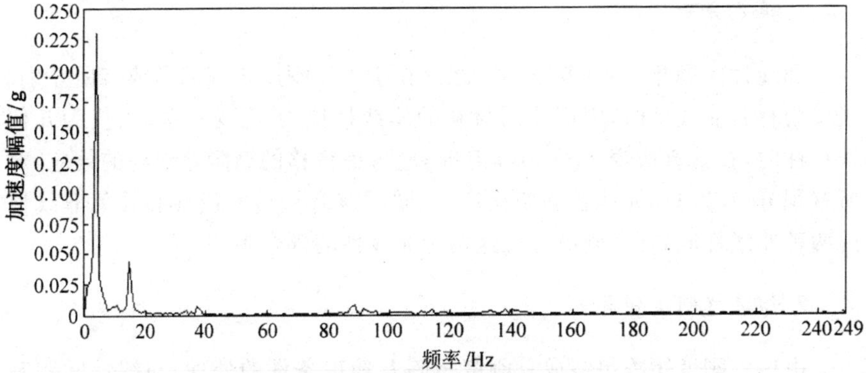

图 5-20　振动频谱

从频谱图中可得到梁的振动频率，见表 5-2。

采用上面的有限元方法计算得到梁的各阶振动频率也列在表 5-2 中。

由表 5-2 可见，利用有限元方法计算得到的各阶振动频率和理论计算的结果、实验研究的结果都是十分接近的。

5.5　非线性问题的有限元分析

汽车碰撞是一个瞬态的复杂力学过程，它包含以大位移、大应变为特征的几何非线性，以材料弹塑性变形为特征的材料非线性和以接触摩擦为特征的边界非线性，这些非线性物理现象的综合作用结果使得汽车碰撞过程的精确分析和求解十分困难。非线性分析包括非线性静力学分析和非线性动力学分析两种求解序列。由于非线性问题的复杂性，利用解析方法求解是非常困难的。

5.5.1 非线性问题的基本算法

整个非线性问题可概括为一种格式（拉格朗日格式）、两种解法（隐式和显式求解）、三种非线性（材料、几何、接触非线性）。

非线性问题有限元离散化后得到如下形式的代数方程组：

$$\boldsymbol{K}(\delta)\boldsymbol{\delta} = \boldsymbol{R} \tag{5-5-1}$$

对于非线性方程组，由于 $\boldsymbol{K}(\delta)$ 依赖于未知量 $\boldsymbol{\delta}$，因而不可能直接求解，一般应采用迭代算法。至于非线性有限元法分析则与线性问题类似，仍由三个基本步骤组成，但需要反复迭代。

1. 单元分析

和线性问题相比，其基本不同之处在于单元刚度矩阵的形成有所差别。当仅为材料非线性时，则应使用材料的非线性应力-应变关系；当仅为几何非线性时，在计算应变-位移矩阵 $\boldsymbol{B}$ 时，应考虑位移的高阶导数项的效应，对所有积分应考虑单元体积的变化；对于同时兼有材料非线性和几何非线性的两种非线性问题时，则应考虑这两种非线性的耦合效应。

2. 组装总刚度矩阵

由单元刚度矩阵组装成总刚度矩阵及约束条件的处理，与线性问题基本相同，只是通常将总刚度方程写成增量形式。

3. 求解非线性方程组

非线性有限元方程的求解，基本上都采用线性化的方法，即将非线性方程组以一线性方程组来近似，由此构造一种迭代格式，用以逐次逼近所求的解，这就是迭代法的思想。

迭代算法有很多种，众多算法各有特点，在精度、计算效率、收敛速度上都有所不同。通用程序中也是编入了多种方法以供选择。其基本算法有直接迭代法、牛顿-拉普森（Newton-Raphon）法、增量法、弧长法等。迭代法的基本过程可简单描述为如下内容。

（1）直接迭代法。

非线性问题的有限元方法通常导出如下形式的方程：

$$\boldsymbol{\varphi}(a) = \boldsymbol{P}(a) + \boldsymbol{f} = \boldsymbol{0} \tag{5-5-2}$$

式中，$\boldsymbol{P}(a)$ 为关于未知量 $\boldsymbol{a}$ 的多项式；$\boldsymbol{f}$ 为常数。

直接迭代法将式(5-5-2)表示成线性方程的形式：

$$\boldsymbol{K}(a)\boldsymbol{a}+\boldsymbol{f}=\boldsymbol{0} \tag{5-5-3}$$

然后设定一个未知量的初始值 $\boldsymbol{a}^0$ 代入式(5-5-3)的系数矩阵 $\boldsymbol{K}(a)$ 中，从而求出 $\boldsymbol{a}$ 的一次近似解：

$$\boldsymbol{a}^1=-\boldsymbol{K}^{-1}(\boldsymbol{a}^0)\boldsymbol{f} \tag{5-5-4}$$

重复上述过程可以得到 n 次近似解：

$$\boldsymbol{a}^n=-\boldsymbol{K}^{-1}(\boldsymbol{a}^{n-1})\boldsymbol{f} \tag{5-5-5}$$

直至前后两次迭代解的插值小于设定的容许值 ε，即

$$\|\boldsymbol{a}^n-\boldsymbol{a}^{n-1}\|\leqslant\varepsilon \tag{5-5-6}$$

时，迭代结束。

从式(5-5-5)的迭代格式可以看出，直接迭代法简单，但每一次迭代都需要重新计算刚度矩阵并求其逆矩阵，因此，计算工作量较大。这其中还隐含着式(5-5-3)的系数矩阵 $\boldsymbol{K}(a)$ 可以表示成 $\boldsymbol{a}$ 的显式，故直接迭代法仅适用于几何非线性问题、非线性弹性问题以及可以利用形变理论分析的弹塑性问题。

除了适用性之外，还要注意直接迭代法的收敛性，简单地说，对于刚度退化的系统，直接迭代法是收敛的，而对于刚度硬化的系统，直接迭代法是不收敛的，图 5-21 给出了一维问题的收敛性示意图。

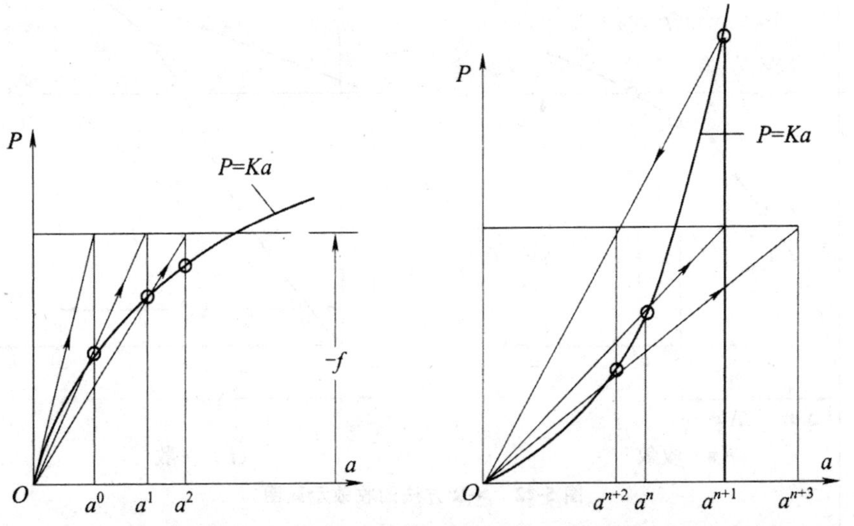

(a) 收敛　　　　(b) 发散

图 5-21　直接迭代法收敛示意图

(2)牛顿-拉夫森方法。

直接迭代法是一种割线刚度法(见图 5-21),而牛顿-拉夫森(Newton-Raphson)方法(简称 N-R 方法)是一种切线刚度法。下面来推导它的迭代格式。

设方程(5-5-2)的第 n 次解 $\boldsymbol{a}^n$ 已经得到,但方程仍未精确地被满足,即 $\boldsymbol{\varphi}(\boldsymbol{a}^n) \neq 0$。如果 $\boldsymbol{\varphi}(\boldsymbol{a}^{n+1})$ 看作是 $\boldsymbol{\varphi}(a)$ 在 $\boldsymbol{a}^n$ 点的 Taylor 展开:

$$\boldsymbol{\varphi}(\boldsymbol{a}^{n+1}) = \boldsymbol{\varphi}(\boldsymbol{a}^n) + \left[\frac{\mathrm{d}\varphi}{\mathrm{d}a}\right]_n \Delta\boldsymbol{a}^n + \cdots \tag{5-5-7}$$

式中:

$$\boldsymbol{a}^{n+1} = \boldsymbol{a}^n + \Delta\boldsymbol{a} \tag{5-5-8}$$

设

$$\left[\frac{\mathrm{d}\varphi}{\mathrm{d}a}\right] = \left[\frac{\mathrm{d}P}{\mathrm{d}a}\right] = \boldsymbol{K}_T(a) \tag{5-5-9}$$

取式(5-5-7)的前两项并令其等于零,解得

$$\Delta\boldsymbol{a}^n = -\boldsymbol{K}_T^{-1}(\boldsymbol{a}^n)\varphi(\boldsymbol{a}^n) = -\boldsymbol{K}_T^{-1}(\boldsymbol{a}^n)(\boldsymbol{P}(\boldsymbol{a}^n) + \boldsymbol{f}) \tag{5-5-10}$$

由式(5-5-10)求得 $\Delta\boldsymbol{a}^n$ 再代入式(5-5-7)即可得到 $\boldsymbol{a}^{n+1}$,因此,两式组成了 N-R 方法的迭代格式,反复应用两式进行迭代即可求得满足精度要求的解答。图 5-22 给出了一维问题的 N-R 方法收敛性示意图。

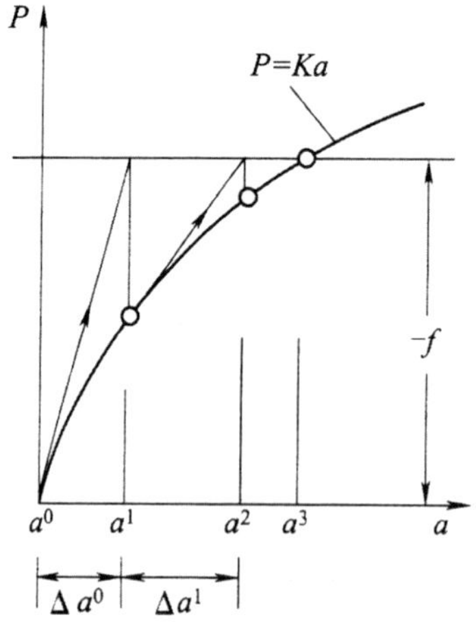

(a) 收敛

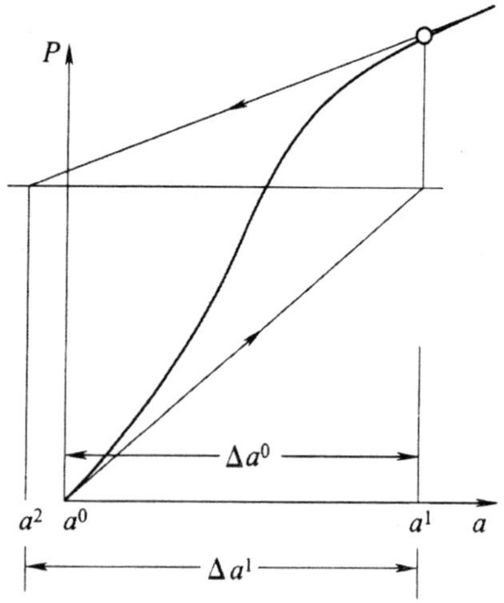

(b) 发散

图 5-22 N-R 方法的收敛示意图

(3)修正的牛顿-拉夫森方法。

为了避免烦琐的矩阵求逆运算,可以采用修正的 N-R 方法。该方法将

第一次迭代的系数矩阵 $\boldsymbol{K}_T(a^0)$ 作为每一次迭代的系数矩阵，即

$$\boldsymbol{K}_T(a^n) = \boldsymbol{K}_T(a^0) \tag{5-5-11}$$

则修正 N-R 方法的迭代格式为

$$\Delta \boldsymbol{a}^n = -\boldsymbol{K}_T^{-1}(a^0)(\boldsymbol{P}(a^n) + \boldsymbol{f}) \tag{5-5-12}$$

由此一来，每一次迭代只需要重新计算多项式部分，即进行一次回代计算，显然计算工作量大大减少，不过其代价是降低了收敛速度，这一点通过比较图 5-23 和图 5-22(a)即可一目了然。

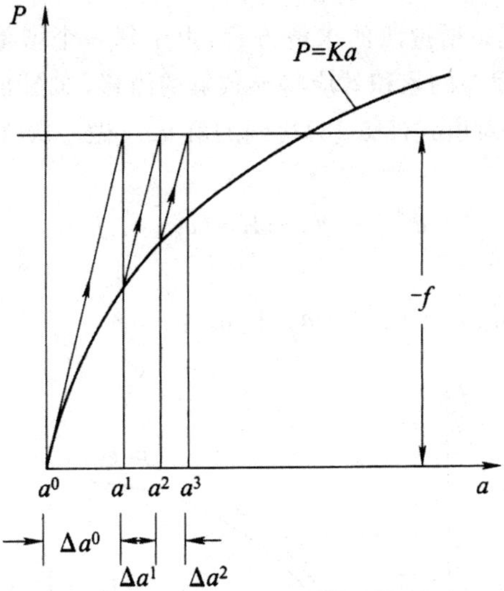

图 5-23　修正的 N-R 方法的收敛示意图

(4)增量法。

增量法是将非线性方程分成若干次求解，每次求解只将常数项的一部分(增量)添加到方程中去，只要这个增量相对于全值足够小，计算结果就可以满足精度要求。为此，将式(5-5-2)改写成：

$$\boldsymbol{P}(a) + \lambda \boldsymbol{f} = \boldsymbol{0} \tag{5-5-13}$$

上式对 λ 求导并代入式(5-5-9)得

$$\left[\frac{\mathrm{d}P}{\mathrm{d}a}\right]\left[\frac{\mathrm{d}a}{\mathrm{d}\lambda}\right] + \boldsymbol{f} = \boldsymbol{K}_T(a)\left[\frac{\mathrm{d}a}{\mathrm{d}\lambda}\right] + \boldsymbol{f} = \boldsymbol{0} \tag{5-5-14}$$

从上式可得

$$\left[\frac{\mathrm{d}a}{\mathrm{d}\lambda}\right] = -\boldsymbol{K}_T^{-1}(a)\boldsymbol{f} \tag{5-5-15}$$

将上式表示成有限增量的形式：

$$\Delta \boldsymbol{a} = -\boldsymbol{K}_T^{-1}(a)\Delta\lambda \boldsymbol{f} \tag{5-5-16}$$

式中，$\Delta \boldsymbol{a}$ 为一个增量步的计算结果，若分别以 $\boldsymbol{a}_m$ 和 $\boldsymbol{a}_{m+1}$ 表示第 m 次和第 $m+1$ 次的计算结果，则

$$\Delta \boldsymbol{a} = \boldsymbol{a}_{m+1} - \boldsymbol{a}_m \tag{5-5-17}$$

这样，式(5-5-16)可进一步表示为

$$\boldsymbol{a}_{m+1} = \boldsymbol{a}_m - \boldsymbol{K}_T^{-1}(a_m)\Delta\lambda_m \boldsymbol{f} = \boldsymbol{a}_m - \boldsymbol{K}_T^{-1}(a_m)\Delta \boldsymbol{f}_m \tag{5-5-18}$$

式中：

$$\Delta\lambda_m = \lambda_{m+1} - \lambda_m$$

$$\Delta \boldsymbol{f}_m = f_{m+1} - f_m$$

式(5-5-18)就是增量法的求解方程，由于每一个增量步求解得到的都是近似解，因此，误差的累积效应将导致解的漂移，如图 5-24 所示。为了提高解的精度，可以对由式(5-5-18)得到的解 $\boldsymbol{a}_{m+1}$ 做一次改进，其改进值可表示为

$$\bar{\boldsymbol{a}}_{m+1} = \boldsymbol{a}_m - \boldsymbol{K}_T^{-1}(\boldsymbol{a}_{m+\theta})\Delta \boldsymbol{f}_m \tag{5-5-19}$$

式中：

$$\boldsymbol{a}_{m+\theta} = (1-\theta)\boldsymbol{a}_m + \theta \boldsymbol{a}_{m+1}, (0 \leqslant \theta \leqslant 1)$$

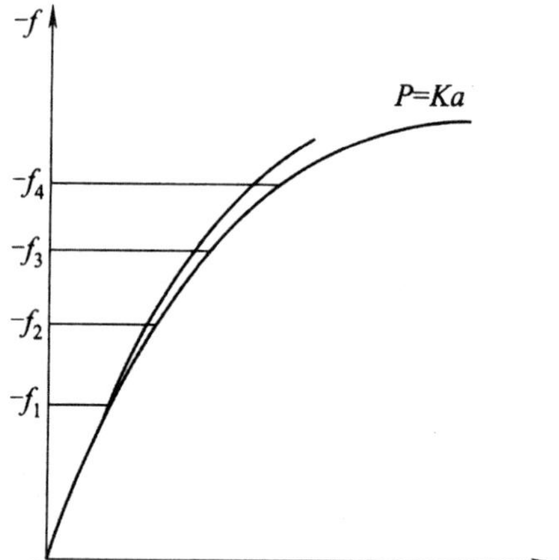

图 5-24　增量法的误差累积示意图

解决漂移问题的方法，一是对式(5-5-18)的解做多次改进，二是在一个增量步 $\{\Delta f\}_m$ 的求解过程中引入 N-R 方法或修正的 N-R 方法。例如，将 N-R 方法的迭代格式与增量法的求解方程组合就可以得到每个增量步内的 N-R 方法迭代格式：

$$\Delta \boldsymbol{a}_{m+1}^n = -\boldsymbol{K}_T^{-1}(\boldsymbol{a}_{m+1})(\boldsymbol{P}(\boldsymbol{a}_{m+1}^n) + \lambda_{m+1}\boldsymbol{f}) \tag{5-5-20}$$

迭代的初始值就是上一个增量步最终的迭代结果，即 $\boldsymbol{a}_{m+1}^0 = \boldsymbol{a}_m^k$，$k$ 为 m

增量步的迭代次数。经过 $n+1$ 次迭代后的改进值为

$$\boldsymbol{a}_{m+1}^{n+1} = \boldsymbol{a}_{m+1}^{n} + \Delta \boldsymbol{a}_{m+1}^{n} \tag{5-5-21}$$

为了减小计算工作量，也可以采用修正的 N-R 方法来改进每个增量步的解的精度，即

$$\Delta \boldsymbol{a}_{m+1}^{n} = -\boldsymbol{K}_{T}^{-1}(\boldsymbol{a}_{m+1}^{0})(\boldsymbol{P}(\boldsymbol{a}_{m+1}^{n}) + \lambda_{m+1}\boldsymbol{f}) \tag{5-5-22}$$

5.5.2　弹塑性问题的有限元分析

非线性问题经过线性化处理之后，形成增量形式的方程。有了这些方程，就可以按通常的方法进行有限元离散，从而得到非线性问题的有限元基本方程。

对于非线性问题通常不能一步直接求解，必须分成若干个载荷步，按各个阶段不同的非线性性质逐步求解，也就是采用增量求解方案。增量求解问题就是在已解出 0、Δt、$2\Delta t$、…、t 各载荷步的应力和位移下，再进一步求出 $t+\Delta t$ 步时的应力和位移。

首先进行一次线弹性的分析，得到弹性极限载荷 $\boldsymbol{P}_e$ 下结构的位移、应变和应力，分别记为 $\boldsymbol{u}_0$、$\boldsymbol{\sigma}_0$、$\boldsymbol{\varepsilon}_0$。即以结构的弹性极限载荷作为第一个增量，其余的载荷再分成 n 个增量，只要载荷增量适当小，应力增量和应变增量的关系可近似地表示为

$$\Delta \boldsymbol{\sigma} = \boldsymbol{D}_{ep} \Delta \boldsymbol{\varepsilon} \tag{5-5-23}$$

且认为 $\boldsymbol{D}_{ep}$ 与加载前的应力水平有关，而与应力和应变的增量无关。这样式(5-5-23)就可以视为是线性的。记屈服后的第 i 个荷载增量步 $\Delta \boldsymbol{P}_i$ 计算得到的位移、应力和应变为 $\boldsymbol{u}_i$、$\boldsymbol{\sigma}_i$、$\boldsymbol{\varepsilon}_i$。对于开始屈服及处于弹塑性状态的单元，则采用弹塑性矩阵计算单元刚度矩阵：

$$\boldsymbol{K}_{ep}^{e} = \int_{V} \boldsymbol{B}^{\mathrm{T}} \boldsymbol{D}_{ep} \boldsymbol{B} \, \mathrm{d}V \tag{5-5-24}$$

其中的弹塑性矩阵应采用 $\boldsymbol{\sigma}_0$ 计算。记相应的系统矩阵为 $\boldsymbol{K}_0$，则增量形式的有限元方程可表示为

$$\boldsymbol{K}_0 \Delta \boldsymbol{u}_1 = \Delta \boldsymbol{P}_1 \tag{5-5-25}$$

进而求出和，叠加求得第一次加载后的位移、应变和应力，即

$$\begin{aligned} \boldsymbol{u}_1 &= \boldsymbol{u}_0 + \Delta \boldsymbol{u}_1 \\ \boldsymbol{\varepsilon}_1 &= \boldsymbol{\varepsilon}_0 + \Delta \boldsymbol{\varepsilon}_1 \\ \boldsymbol{\sigma}_1 &= \boldsymbol{\sigma}_0 + \Delta \boldsymbol{\sigma}_1 \end{aligned} \tag{5-5-26}$$

此后，陆续有单元进入弹塑性状态，则式(5-5-25)和式(5-5-26)可表示为

$$\boldsymbol{K}_{i-1} \Delta \boldsymbol{u}_i = \Delta \boldsymbol{P}_i \tag{5-5-27}$$

可求出：

$$\boldsymbol{u}_i = \boldsymbol{u}_{i-1} + \Delta\boldsymbol{u}_i$$
$$\boldsymbol{\varepsilon}_i = \boldsymbol{\varepsilon}_{i-1} + \Delta\boldsymbol{\varepsilon}_i$$
$$\boldsymbol{\sigma}_i = \boldsymbol{\sigma}_{i-1} + \Delta\boldsymbol{\sigma}_i \tag{5-5-28}$$

此外，切线刚度法的一次计算结果往往不能满足要求，且由于误差的累计可能造成计算失败。解决的方法，一是采用尽可能小的荷载增量步，二是在每个荷载增量步内采用迭代法来提高计算精度，从而减小误差的累计，保证计算结果可靠。

重复上述过程，直至第 n 个载荷增量，最后求出弹塑性状态下的位移、应变和应力。这一方法称为增量切线刚度法。由于每次载荷增量步都需重新计算一次刚度矩阵，所以也称为变刚度法。其他还有初应力法等，在此不一一介绍。

弹塑性问题求解的基本过程与弹性问题相似，其处理流程依然主要由建模、加载求解和结果处理 3 个步骤组成，不过在非线性分析过程中需要加入与求解问题相适应的非线性特性。

5.5.3　几何非线性问题

1. 问题的由来

由于杆件对结构刚度的贡献与其空间位置有关，因此，几何非线性问题的刚度矩阵中包含结构变形的信息。对于单纯的几何非线性问题，杆件自身的变形仍处于弹性范围，结构变形是可恢复的，因此，刚度矩阵只与结构的变形有关，表现为非线性弹性。经典的几何非线性例子，是由水平方向共线的三个铰与两根杆组成的在两杆铰接点受竖直方向集中力作用的系统，如图 5-25 所示。

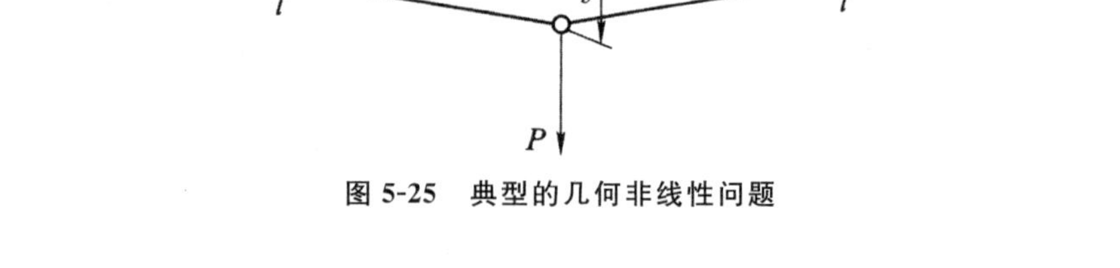

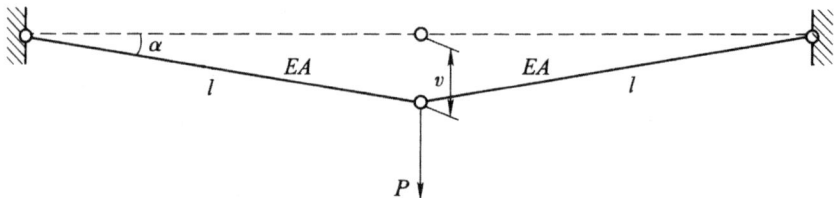

图 5-25　典型的几何非线性问题

在荷载作用的瞬间，系统在竖直方向的刚度为零。随着荷载作用点位移的增加，结构在竖直方向的刚度也随着两杆与初始位置夹角的增大而单调增大，且与变形一一对应，可表示为荷载作用点的函数：

$$K = 2\frac{EA}{l}\tan\alpha = 2\frac{EA}{l^2}v \tag{5-5-29}$$

式中，v 为该结构系统的未知量；l 为杆件原长；A 为杆件的横截面积；E 为材料的弹性模量；α 为变形后的杆件轴线与初始位置的夹角。

从式(5-5-29)中可以看出，图 5-25 所示结构系统的垂向刚度与系统的未知量 v 有关，因此，系统平衡方程 $Kv = P$ 是一个关于 v 的非线性方程：

$$2\frac{EA}{l^2}v^2 = P \tag{5-5-30}$$

2. 非线性几何关系

在推导弹性力学的几何方程时，基于小变形假设，我们忽略了几何方程中的高阶小量从而得到了一组线性的几何方程。而对于大位移引起的几何非线性问题，可采用更新的 Lagrangt 格式来表示非线性的几何关系

$$\begin{aligned}
\varepsilon_x &= \frac{\partial u}{\partial x} + \frac{1}{2}\left[\left(\frac{\partial u}{\partial x}\right)^2 + \left(\frac{\partial v}{\partial x}\right)^2 + \left(\frac{\partial \omega}{\partial x}\right)^2\right] \\
\varepsilon_y &= \frac{\partial v}{\partial y} + \frac{1}{2}\left[\left(\frac{\partial u}{\partial y}\right)^2 + \left(\frac{\partial v}{\partial y}\right)^2 + \left(\frac{\partial \omega}{\partial y}\right)^2\right] \\
\varepsilon_z &= \frac{\partial w}{\partial z} + \frac{1}{2}\left[\left(\frac{\partial u}{\partial z}\right)^2 + \left(\frac{\partial v}{\partial z}\right)^2 + \left(\frac{\partial \omega}{\partial z}\right)^2\right] \\
\gamma_{xy} &= \frac{\partial u}{\partial y} + \frac{\partial v}{\partial x} + \left(\frac{\partial u}{\partial x}\frac{\partial u}{\partial y} + \frac{\partial v}{\partial x}\frac{\partial v}{\partial y} + \frac{\partial \omega}{\partial x}\frac{\partial \omega}{\partial y}\right) \\
\gamma_{yz} &= \frac{\partial v}{\partial z} + \frac{\partial w}{\partial y} + \left(\frac{\partial u}{\partial y}\frac{\partial u}{\partial z} + \frac{\partial v}{\partial y}\frac{\partial v}{\partial z} + \frac{\partial \omega}{\partial y}\frac{\partial \omega}{\partial z}\right) \\
\gamma_{zx} &= \frac{\partial w}{\partial x} + \frac{\partial u}{\partial z} + \left(\frac{\partial u}{\partial z}\frac{\partial u}{\partial x} + \frac{\partial v}{\partial z}\frac{\partial v}{\partial x} + \frac{\partial \omega}{\partial z}\frac{\partial \omega}{\partial x}\right)
\end{aligned} \tag{5-5-31}$$

借助于弹性力学的几何方程，可将上式表示为

$$\boldsymbol{\varepsilon} = \boldsymbol{\varepsilon}^0 + \boldsymbol{\varepsilon}^L \tag{5-5-32}$$

式中，$\boldsymbol{\varepsilon}^0$ 表示应变向量的线性部分，与弹性力学的几何方程相同；$\boldsymbol{\varepsilon}^L$ 表示应变向量的非线性部分，可表示为

$$\boldsymbol{\varepsilon}^L = \frac{1}{2}\begin{bmatrix} \boldsymbol{\theta}_x^{\mathrm{T}} & 0 & 0 \\ 0 & \boldsymbol{\theta}_y^{\mathrm{T}} & 0 \\ 0 & 0 & \boldsymbol{\theta}_z^{\mathrm{T}} \\ \boldsymbol{\theta}_y^{\mathrm{T}} & \boldsymbol{\theta}_x^{\mathrm{T}} & 0 \\ 0 & \boldsymbol{\theta}_z^{\mathrm{T}} & \boldsymbol{\theta}_y^{\mathrm{T}} \\ \boldsymbol{\theta}_z^{\mathrm{T}} & 0 & \boldsymbol{\theta}_x^{\mathrm{T}} \end{bmatrix} \begin{bmatrix} \boldsymbol{\theta}_x \\ \boldsymbol{\theta}_y \\ \boldsymbol{\theta}_z \end{bmatrix} \tag{5-5-33}$$

其中

$$\boldsymbol{\theta}_x = \begin{bmatrix} \frac{\partial u}{\partial x} & \frac{\partial v}{\partial x} & \frac{\partial w}{\partial x} \end{bmatrix}^{\mathrm{T}} = \frac{\partial}{\partial x}\boldsymbol{Iu}$$

$$\boldsymbol{\theta}_y = \begin{bmatrix} \frac{\partial u}{\partial y} & \frac{\partial v}{\partial y} & \frac{\partial w}{\partial y} \end{bmatrix}^{\mathrm{T}} = \frac{\partial}{\partial y}\boldsymbol{Iu}$$

$$\boldsymbol{\theta}_z = \begin{bmatrix} \frac{\partial u}{\partial z} & \frac{\partial v}{\partial z} & \frac{\partial w}{\partial z} \end{bmatrix}^{\mathrm{T}} = \frac{\partial}{\partial z}\boldsymbol{Iu} \tag{5-5-34}$$

将式(5-5-34)代入式(5-5-33)，得

$$\boldsymbol{\varepsilon}^L = \frac{1}{2}\boldsymbol{u}^{\mathrm{T}}\boldsymbol{LL}'\boldsymbol{u} \tag{5-5-35}$$

式中

$$\boldsymbol{L} = \begin{bmatrix} \frac{\partial}{\partial x}\boldsymbol{I} & 0 & 0 & \frac{\partial}{\partial y}\boldsymbol{I} & 0 & \frac{\partial}{\partial z}\boldsymbol{I} \\ 0 & \frac{\partial}{\partial y}\boldsymbol{I} & 0 & \frac{\partial}{\partial x}\boldsymbol{I} & \frac{\partial}{\partial z}\boldsymbol{I} & 0 \\ 0 & 0 & \frac{\partial}{\partial z}\boldsymbol{I} & 0 & \frac{\partial}{\partial y}\boldsymbol{I} & \frac{\partial}{\partial x}\boldsymbol{I} \end{bmatrix}^{\mathrm{T}}$$

$$\boldsymbol{L}' = \begin{bmatrix} \frac{\partial}{\partial x}\boldsymbol{I} & \frac{\partial}{\partial y}\boldsymbol{I} & \frac{\partial}{\partial z}\boldsymbol{I} \end{bmatrix}^{\mathrm{T}}$$

3. 单元刚度矩阵

将单元位移函数 u, v, w 表示为结点插值函数的形式：

$$u = \sum_{i=1}^{n} N_i u_i, v = \sum_{i=1}^{n} N_i v_i, w = \sum_{i=1}^{n} N_i w_i \tag{5-5-36}$$

或

$$\boldsymbol{u} = \boldsymbol{Na}^e \tag{5-5-37}$$

式中

$$\boldsymbol{N} = [\boldsymbol{N}_1 \quad \boldsymbol{N}_2 \quad \cdots \quad \boldsymbol{N}_n]$$

$$\boldsymbol{a}^e = [\boldsymbol{a}_1 \quad \boldsymbol{a}_2 \quad \cdots \quad \boldsymbol{a}_n]^{\mathrm{T}}$$

其中

$$\boldsymbol{N}_i = \begin{bmatrix} N_i & 0 & 0 \\ 0 & N_i & 0 \\ 0 & 0 & N_i \end{bmatrix}$$

$$\boldsymbol{a}_i = [u_i \quad v_i \quad w_i]^{\mathrm{T}}$$

将式(5-5-37)代入式(5-5-35)得

$$\boldsymbol{\varepsilon}^L = \frac{1}{2}\boldsymbol{CGa}^e = \frac{1}{2}\boldsymbol{B}_L\boldsymbol{a}^e \tag{5-5-38}$$

式中

$$\boldsymbol{C} = (\boldsymbol{N}\boldsymbol{a}^e)^{\mathrm{T}}\boldsymbol{L}, \boldsymbol{G} = \boldsymbol{L}'\boldsymbol{N}$$

$\boldsymbol{B}_L$ 被称为非线性应变矩阵。

利用式(5-5-38)将式(5-5-31)表示成插值形式：

$$\boldsymbol{a}^e\boldsymbol{\varepsilon} = \boldsymbol{B}\boldsymbol{a}^e = \left(\boldsymbol{B}_0 + \frac{1}{2}\boldsymbol{B}_L\right)\boldsymbol{a}^e \tag{5-5-39}$$

需要注意的是，在对单元应变能进行变分时，由于非线性应变矩阵 $\boldsymbol{B}_L$ 中包含结点位移参数 $\boldsymbol{a}^e$，因此，其变分不为零，由此得式(5-5-39)的变分：

$$\boldsymbol{\delta\varepsilon}(\boldsymbol{B}_0 + \boldsymbol{B}_L)\boldsymbol{\delta a}^e \tag{5-5-40}$$

将式(5-5-39)和式(5-5-40)代入单元应变能的变分，得

$$\int_V \boldsymbol{\delta\varepsilon}^{\mathrm{T}}\boldsymbol{D\varepsilon}\,\mathrm{d}V = (\boldsymbol{\delta a}^e)^{\mathrm{T}}\int_V(\boldsymbol{B}_0 + \boldsymbol{B}_L)\boldsymbol{D}\left(\boldsymbol{B}_0 + \frac{1}{2}\boldsymbol{B}_L\right)\mathrm{d}V\boldsymbol{a}^e \tag{5-5-41}$$

由此可得单元刚度矩阵：

$$\boldsymbol{K}^e = \boldsymbol{K}_0^e + \boldsymbol{K}_L^e \tag{5-5-42}$$

其中

$$\int_V \boldsymbol{\delta\varepsilon}^{\mathrm{T}}\boldsymbol{D\varepsilon}\,\mathrm{d}V = (\boldsymbol{\delta a}^e)^{\mathrm{T}}\int_V(\boldsymbol{B}_0 + \boldsymbol{B}_L)\boldsymbol{D}\left(\boldsymbol{B}_0 + \frac{1}{2}\boldsymbol{B}_L\right)\mathrm{d}V\boldsymbol{a}^e\boldsymbol{K}^e = \boldsymbol{K}_0^e + \boldsymbol{K}_L^e$$

$$\boldsymbol{K}_0^e = \int_V \boldsymbol{B}_0^{\mathrm{T}}\boldsymbol{D}\boldsymbol{B}_0\,\mathrm{d}V$$

$$\boldsymbol{K}_L^e = \frac{1}{2}\int_V \boldsymbol{B}_L^{\mathrm{T}}\boldsymbol{D}\boldsymbol{B}_L\,\mathrm{d}V + \frac{1}{2}\int_V \boldsymbol{B}_0^{\mathrm{T}}\boldsymbol{D}\boldsymbol{B}_L\,\mathrm{d}V + \int_V \boldsymbol{B}_L^{\mathrm{T}}\boldsymbol{D}\boldsymbol{B}_0\,\mathrm{d}V$$

第6章　汽车结构有限元分析的过程及应用研究

对汽车的各个主要结构件进行分析，是研究其可靠性，寻求最佳结构设计方案的主要手段。为了能够计算，往往采用较多的假设和简化，计算模型只能构造得非常简单，与实际的结构形状相差很大，所以计算是粗糙的、并不精确的。有一些结构件甚至采用常规方法根本无法计算。这些都影响了机械与汽车的进一步发展。

目前，有限元法已大量应用于汽车结构的设计计算中，以解决复杂形状零部件的整体变形和应力分布的分析计算问题，使得一些薄弱环节在图纸设计阶段就可以被发现并做适当修改。

6.1　汽车结构有限元分析过程

通过有限元分析原理及相关概念的系统介绍，不难看出，尽管不同问题所分析的内容差别很大，相应的处理原理和方法不同，但是分析过程很相似。从有限元法的工程应用角度来看，分析过程可以划分为3个阶段：前处理、有限元计算和后处理。

不同的工程软件，每个阶段的细节过程略有不同，但是所完成各阶段的工作内容是一致的。如图6-1给出了有限元分析一般过程的结构示意，同时也反映了有限元分析系统与结构设计系统之间的关系，是当今所有流行商业化软件进行有限元分析与设计的一般流程。

6.1.1　前处理

一般来讲，将有限元模型提交给求解器计算之前的所有工作均称为前处理。前处理的主要工作包括几何模型的建立及简化、单元类型的选择、单元特性的定义、单元质量检查、网格质量优化及定义边界条件等。因此，前处理的基本任务是完成分析问题从几何模型到有限元模型的转换，故可称为有限元建模。

图6-1中有限元建模部分给出的一些操作工具，其功能有：力学属性编

辑器主要用于力学问题描述，如问题性质的分类及等效简化处理、边界条件中各种支承和连接方式的模拟、各种载荷和工况的确定和等效简化、单元选择和单元特性参数定义等；几何属性编辑器主要用于物理模型的对称与反称简化，某些不重要小特征（如倒角、小孔等）的删除、抑制，以及用于描述有限元杆、梁、板、壳模型的物体中线、中面的提取简化等；网格生成器提供手工编辑、半自动、全自动多种网格划分方法，按要求生成三角形、四边形、四面体、六面体等形状的网格；边界条件自动等效主要是根据单元类型对各种类型的载荷（如集中力或分布力、静力或动力、加速度载荷或温度载荷等）按载荷移置公式进行自动计算等效为节点载荷，对边界的单点约束、多边约束、对称面与反对称面约束等进行处理；模型错误诊断与计算控制信息编辑主要用于发现并修正重复单元、重复节点、孤立单元或节点、奇异单元等，并对有限元分析计算过程中的控制信息（如静/动力计算选择、计算方法选择、输出格式选择等）进行编辑处理。

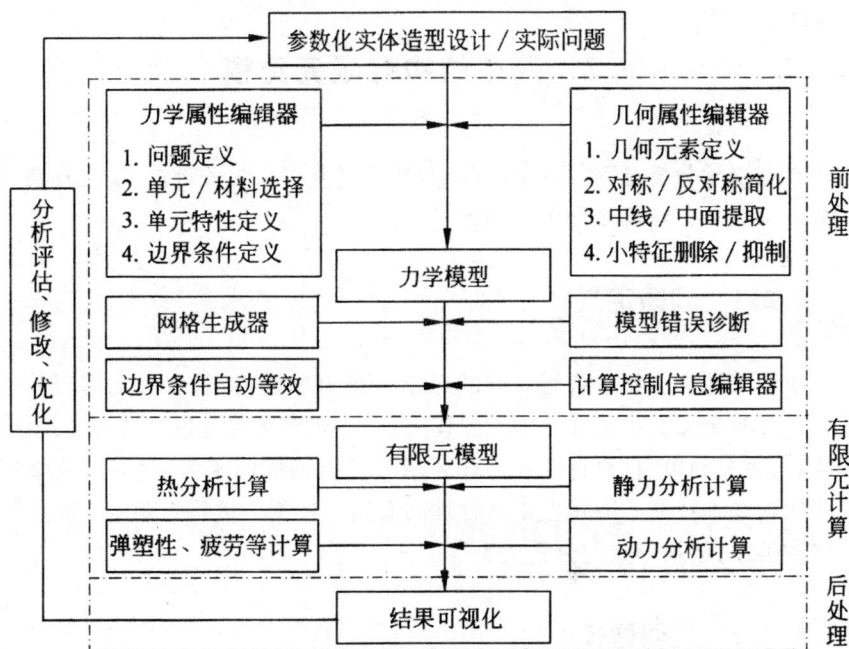

图 6-1　有限元分析的一般过程

6.1.2　有限元计算

有限元计算的任务是根据有限元模型完成相关的数值计算，并输出相关的计算结果。通常设计人员需要根据计算内容的不同，选择不同的求解模块，选择不同计算过程(如线性静力分析、模态分析、动态响应分析、多体动力学分析和流体分析等)，确定计算输出选项后导入求解器中求解。

有限元计算的主要工作包括单元刚度矩阵的形成、总体刚度矩阵的集成、边界条件处理和方程求解等。简单来讲，求解过程就是数值计算的过程，这部分工作均由相应的求解器程序自动计算完成，一般不需人工干预。各种工程软件均根据不同的求解内容编制相应的求解器模块，每个求解器完成特定类型的计算。因此，求解器数目越多，系统功能越丰富。

6.1.3 后处理

后处理的任务是对计算结果读取、处理、显示和打印，为有限元问题的数据分析、归纳整理和修改提供依据。常见的显示方式有等值线图、等值云图、剖视图、矢量图、动画显示、数据表格等。

6.2 汽车结构有限元建模

在有限元分析过程的各个阶段中，建模是其中最为关键的，也是花费时间最多的环节。建模过程包括如下步骤：

6.2.1 问题定义

所谓问题定义就是将所研究的对象进行力学建模，对有限元模型的参数进行分析定义。一般在有限元建模之前，需要对研究对象的结构形式、受力状态、边界约束、材料特性和计算要求等进行彻底的了解，只有准确掌握了问题的基本特征才能建立正确合理的有限元模型。进行问题定义时应明确结构类型、结构形式与分析类型。

6.2.2 几何建模

几何模型是对分析对象形状和尺寸的描述。它是根据实际对象抽象出来的，根据研究对象的具体特征对形状、尺寸、结构等进行必要的简化和处理，以适应有限元分析的特点。因此几何模型的维数、形状与尺寸有可能与原始结构相同，也有可能存在一定的差异。为了提高有限元网格划分的质量，常综合考虑模型的结构、有限元单元的尺寸和计算的可行性等因素。

6.2.3　单元定义

在进行网格划分前必须进行单元定义，单元定义的内容包括单元类型选择与单元精度选择。

对于单元类型选择首先要确定单元的类型、尺寸和阶数，还要确定过渡面的处理算法等。单元的选择要根据结构特征、载荷特点、精度要求和软硬件条件等因素综合考虑。

表 6-1 给出一些常用单元的汇总简图和单元类型描述。利用这些单元可以进行线性分析、非线性分析（材料非线性分析、几何非线性分析）、接触分析以及耦合问题的分析等。

表 6-1　部分结构单元简图概览

单元类型描述	单元简图	单元类型描述	单元简图
2 节点 2D 梁单元 3 自由度：UX、UY、ROTZ	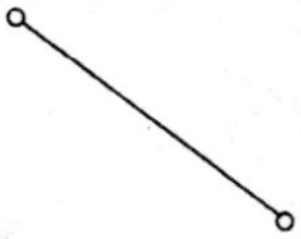	3 节点 2D 平面单元 2 自由度：UX、UY	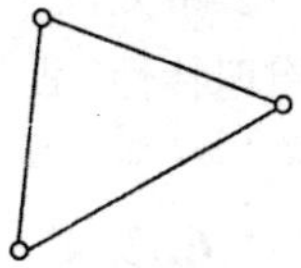
2 节点 3D 梁单元 6 自由度：UX、UY、UZ、ROTX、ROTY、ROTZ	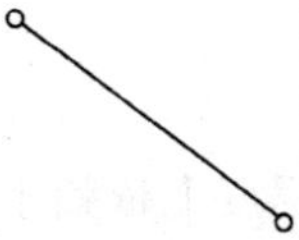	6 节点 2D 平面单元 2 自由度：UX、UY	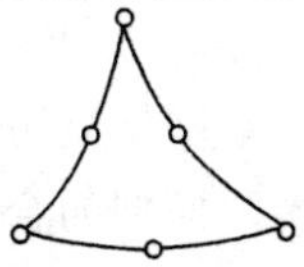
3 节点 3D 梁单元 6 自由度：UX、UY、UZ、ROTX、ROTY、ROTZ	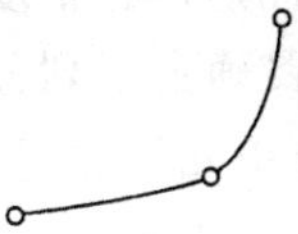	4 节点 2D 平面单元 2 自由度：UX、UY	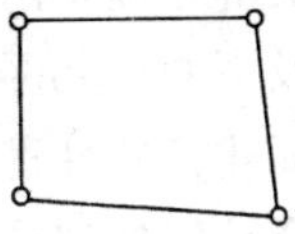
2 节点 2D 杆单元 2 自由度：UX、UY		8 节点 2D 平面单元 2 自由度：UX、UY	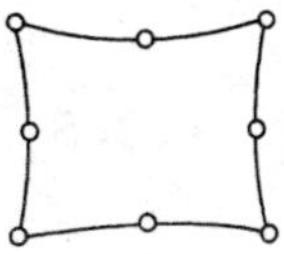
2 节点 3D 杆单元 3 自由度：UX、UY、UZ	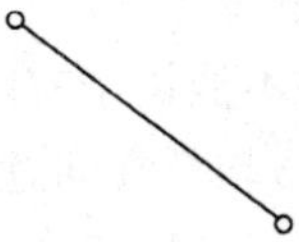	8 节点 3D 空间单元 3 自由度：UX、UY、UZ	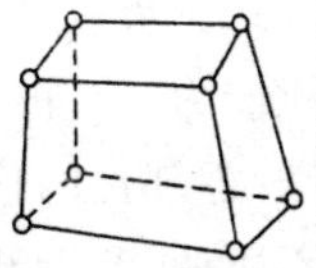
1 节点 3D 质量单元 6 自由度：UX、UY、UZ、ROTX、ROTY、ROTZ		10 节点 3D 空间单元 3 自由度：UX、UY、UZ	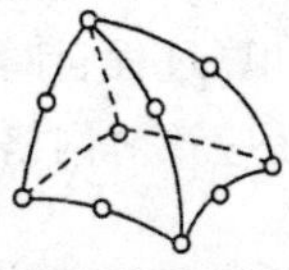

续表

单元类型描述	单元简图	单元类型描述	单元简图
2 节点 3D 弹簧单元 6 自由度：UX、UY、UZ、ROTX、ROTY、ROTZ		20 节点 3D 空间单元 3 自由度：UX、UY、UZ	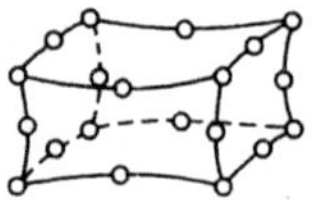
2 节点 3D 多点约束单元 6 自由度：UX、UY、UZ、ROTX、ROTY、ROTZ	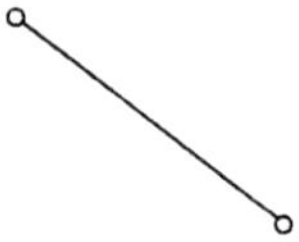	4 节点 3D 壳单元 6 自由度：UX、UY、UZ、ROTX、ROTY、ROTZ	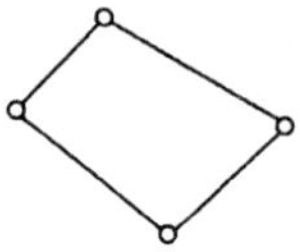
2 节点 2D、3D 点对点、线对线、面对面、点对面接触单元	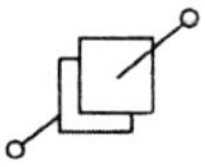	8 节点 3D 壳单元 6 自由度：UX、UY、UZ、ROTX、ROTY、ROTZ	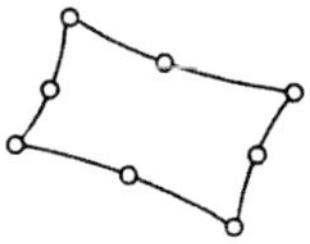

单元除了外部形状外，还具有物理属性。这些数据用于定义材料属性、物理特性、截面形状等。

6.2.4 网格划分

网格划分是建立有限元模型的中心工作，这一环节工作量大、耗时较多。模型的合理性及有效性均在很大程度上依赖于网格划分。网格划分的关键是确定网格划分方案，主要有网格的布局、密度的控制、质量的控制以及不同单元网络的拓扑相容处理。只要确定了划分方案，就可以利用有限元建模软件进行自动划分，生成节点与单元信息。现有的工程软件均提供自动网格划分、半自动网格划分和手动划分等功能。

6.2.5 单元质量检查及优化

工程软件建模功能的优劣在很大程度上取决于其单元质量的检查及优化能力。一般来讲，划分后的网格模型不能用于有限元分析，由于结构的复杂、零部件的连接等问题，划分后的网格均存在问题，如单元质量较差、单元不协调、节点断开、编号顺序不合理、重要结构特征丢失等，这些问题将影响计算过程、计算精度、计算时间、计算正确性，甚至中止计算。所以网格划分后应该对网格模型进行质量检查、优化及必要修改。

6.2.6　边界条件定义

网格模型只定义了结构的节点和单元数据，它并不是完整的有限元模型。边界条件是实际工作条件在有限元模型上的体现。只有定义了正确的边界条件，才能计算出所需的结果。

边界条件能够反映分析对象与外界条件之间的相互作用。通常建立合理的边界条件需要两个环节，其一是对边界条件进行量化，这一工作往往比较复杂，通常需要借鉴一些经验数据。其二是将量化的边界条件转化到有限元模型的节点上去，如节点载荷和节点位移约束等。严格来说，在问题定义时力学模型的边界条件就已经确定了，因此边界条件的定义可以在网格划分之前定义，然而有限元模型必须将边界条件施加到节点上，边界条件定义往往在网格划分之后进行。

6.2.7　模型检查

模型检查是对上述一系列操作而产生的有限元数据模型的合理性和正确性进行检查，有些检查需要依靠分析人员的经验总结，有些需要借助有限元建模工具。模型检查是非常重要的环节，不合理的有限元模型影响计算的精度与结果，严重时将无法进行计算。

6.2.8　求解控制参数定义

求解控制参数定义指的是有限元分析中各类参数的设置，因为一种有限元模型可以用于多种分析目的，计算时也可以采用不同的计算方法。完成上述步骤即建立了有限元模型，但在导入求解器进行求解之前，还要对求解参数和计算输出的结果进行必要的设定，这些控制参数包括静动态计算选择、多工况计算选择、计算方法选择、积分步长选择、参数输出格式选择等。

6.3　汽车结构有限元分析实例

6.3.1　汽车车架的静力学分析

车架是汽车的重要组成部分，在工作的过程中总会受到来自各个方面的载荷作用,车架必须要有足够大的强度和刚度来承受这些载荷。因此对车架进行有效的强度及刚度校核是极其必要的。

现以如图 6-2 所示的货车车架为例,该车架为边梁式货车车架,车架长 9.654 m,宽为 0.86 m,适用于 16 t 的货车。

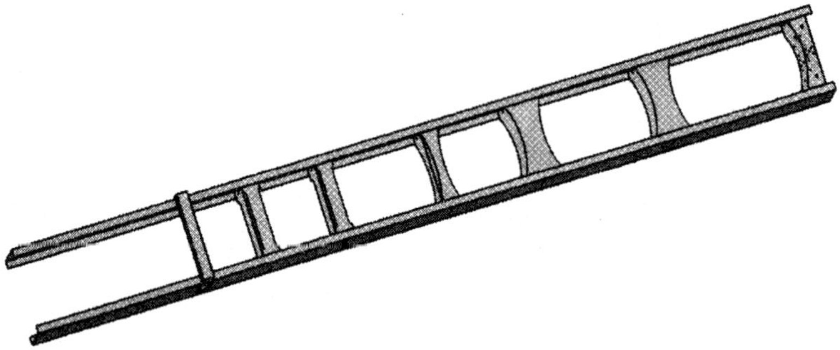

图 6-2 车架的几何模型

1. 车架结构的几何描述

该车为边梁式车架结构,由左、右 2 根纵梁和 7 根横梁组成,车架长约 9.6 m,宽约 0.86 m,纵梁采用槽钢,横梁采用工字钢结构。第一根横梁为发动机托架,起到防止发动机与汽车前轴发生碰撞及干涉的作用。第二、三、四根横梁为普通中间梁,承受着各种力和力矩,第五根横梁位于后钢板弹簧前支架附近,它所受到的力或转矩都很大。第六根横梁不仅要承受各种力和力矩的作用,还要作为安装备胎的安置机构。第七横梁为后横梁,其将左、右纵梁连接在一起,构成一个框架,使车架有足够的抗弯刚度。

2. 车架模型的离散化

模型的离散化工作包括几何模型的建立及简化(包括坐标系)、车架模型网格的划分、单元特性的定义(包括截面定义和材料属性的定义等多方面)。

为了便于车架的计算,对车架进行以下基本假设:

(1)因为车架结构是左右对称的,左右纵梁的受力相差不大,故认为纵梁是支撑在汽车前后轴的简支梁。

(2)货车的质量(包括车架自身的质量在内)均匀分布在左右二纵梁的全长上。

(3)汽车的有效载荷均匀分布在车厢全长上。

(4)所有作用力均通过截面的弯曲中心。

ANSYS 中的梁单元有很多种，因为不需考虑梁的轴向变形，在此选用 BEAM 188 单元，如图 6-3 所示，为了更具有通用性，在 ANSYS 中先建立车架简化的几何模型，再完成离散化，共建立了 83 个单元，161 个节点。其中纵梁采用槽钢，横梁采用工字钢。

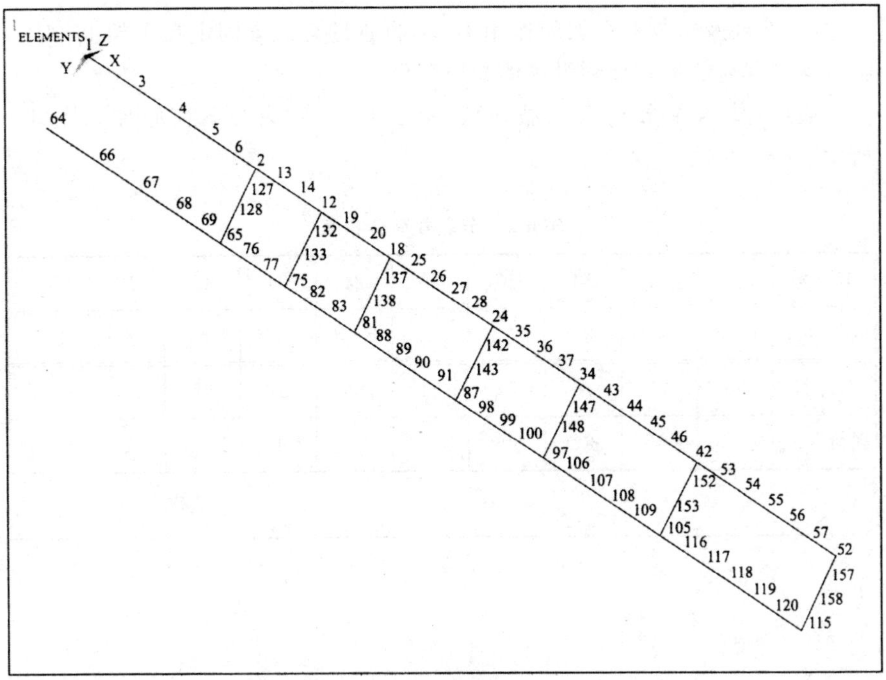

图 6-3　车架单元的离散

3. 模型的边界条件

车架的静力分析只考虑了弯曲工况，即模拟在满载状态下、四轮着地时，汽车在良好路面匀速直线行驶的状态。在图 6-3 中，车架纵向为 x 方向，横向为 z 方向，垂向为 y 方向。

位移边界条件如下：

(1)约束左前板簧支撑点的 x、y 及 z 自由度，对应节点 68。

(2)约束左后板簧支撑点的 y 及 z 自由度，对应节点 109。

(3)约束右前板簧支撑点的 x 及 y 自由度，对应节点 5。

(4)约束右后板簧支撑点的 y 自由度，对应节点 46。

(5)释放模型中 4 个板簧支撑点的全部转动自由度，对应节点 68，109，5，46。

弯曲工况的计算载荷包括：

(1)驾驶室及驾乘人员对车架的作用力,作为均布载荷分布到纵梁结构的相应位置上。

(2)发动机、油箱等对车架的作用力,放在车架上的汽车总成设备的自重,如发动机总成等,可作为集中载荷,按安放点的实际位置所分担的重力,作用于相应的位置上。

(3)车厢及货物对车架的作用力,车厢通过其纵梁固定在车架上,则货物以均布载荷的形式加到纵梁的相应部位。

通过计算得到相应节点载荷值,见表 6-2。约束与载荷施加如图 6-4 所示。

表 6-2 节点载荷分布表

节点号	2	12	14	18	20	24	34	42	52	54
载荷/(N)	1 450	1 450	300	1 750	450	1 450	1 450	1 450	1 450	300
节点号	65	75	76	77	81	83	87	97	105	115
载荷/(N)	1 450	1 450	300	300	1 750	450	1 450	1 450	1 450	1 450

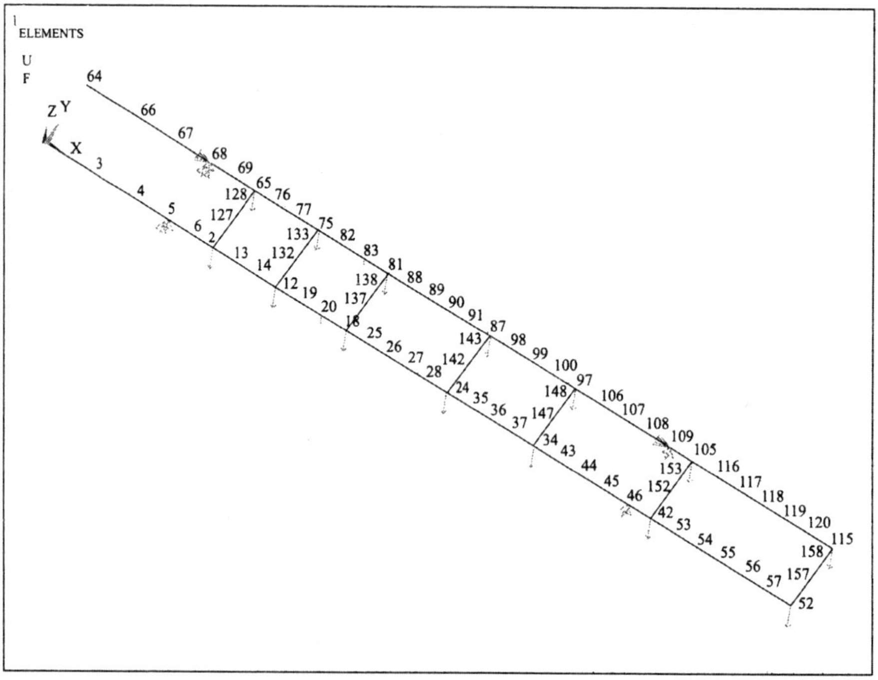

图 6-4 约束与载荷施加

4. 车架静力分析结果

引入边界条件就可以对车架进行线性静力分析，位移计算结果的云图如图 6-5 所示，其中最大位移发生在节点 89，即第三个横梁与纵梁连接处，最大变形量为 5 mm。

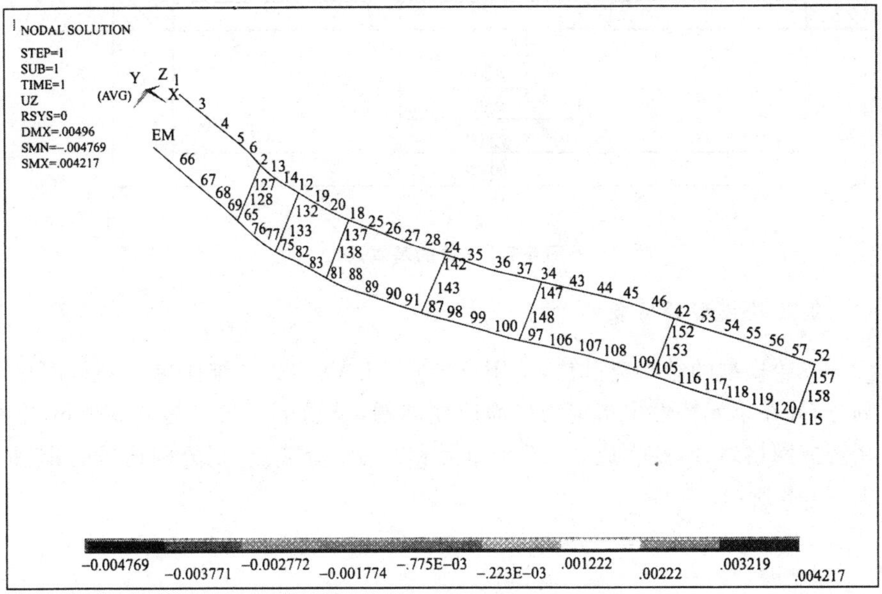

图 6-5 车架弯曲工况位移云图

6.3.2 汽车发动机飞轮强度有限元分析

1. 飞轮的几何模型

飞轮能够调节发动机曲轴转速变化，起到稳定转速的作用。飞轮的三维整体模型如图 6-6 所示，选取截面作为分析对象，基本尺寸如图 6-7 所示。

图 6-6 飞轮的三维整体模型

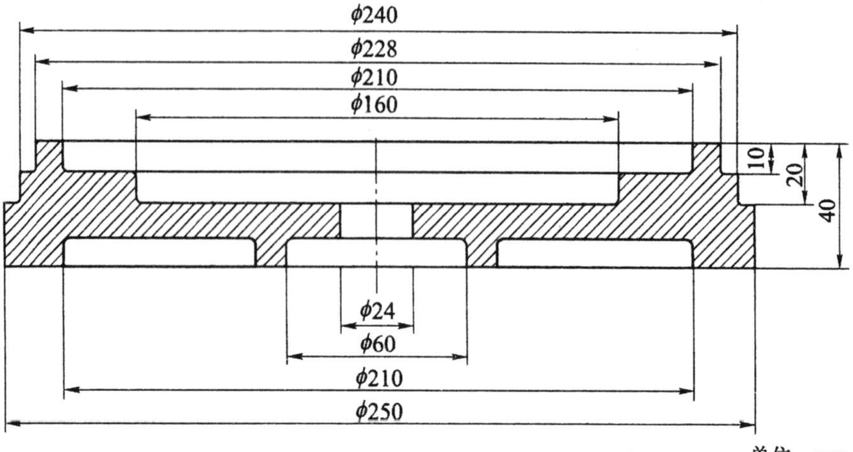

图 6-7　飞轮的基本尺寸

2. 飞轮模型的离散化

飞轮模型的结构离散化，采用 8 节点 PLANE82 二维面单元进行网格划分，并在单元特性中指定为平面应变问题，设置单元长度为 0.001 m，采用智能网格划分，共生成 2 197 个单元和 6 906 个节点，划分网格后的模型如图 6-8 所示。

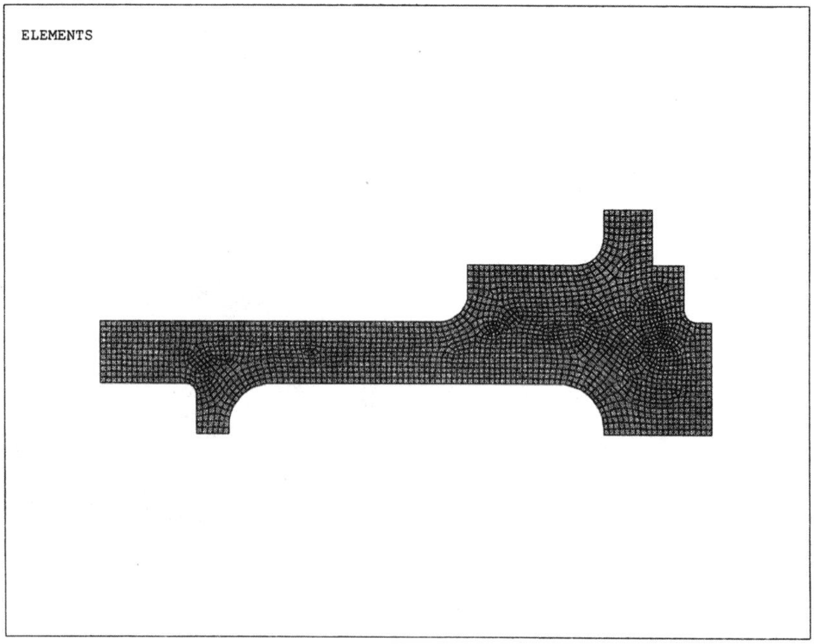

图 6-8　划分网格后的模型

3. 飞轮的有限元分析

在螺栓轴线处施加全约束，在飞轮旋转中心轴上施加绕 Y 轴的角速度 $\omega=280$ r/s，施加约束和载荷后的模型如图 6-9 所示。飞轮的应力场和位移场的计算结果如图 6-10 和图 6-11 所示。由图 6-10 和图 6-11 可知，飞轮的

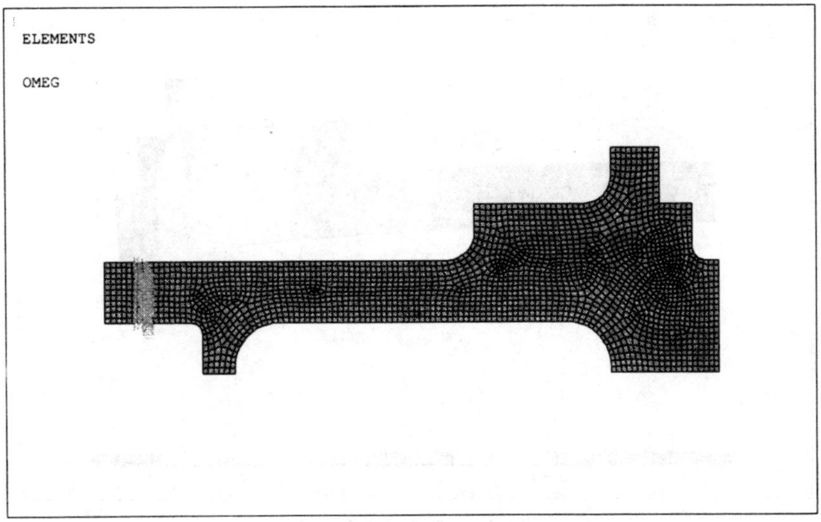

图 6-9　施加约束和载荷后的模型

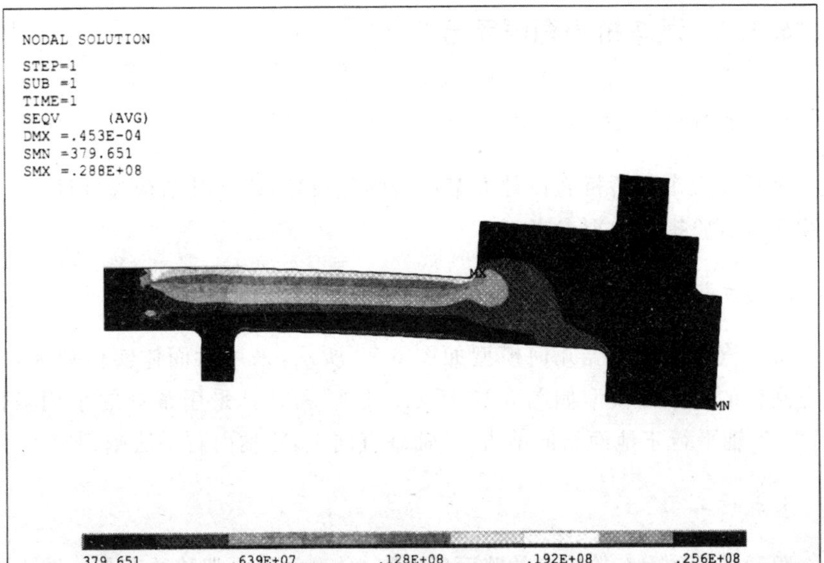

图 6-10　飞轮的应力云图

最大应力为 28.9 MPa，位于飞轮圆角附近。最大节点位移为 0.453×10^{-4} m，位于飞轮外缘。

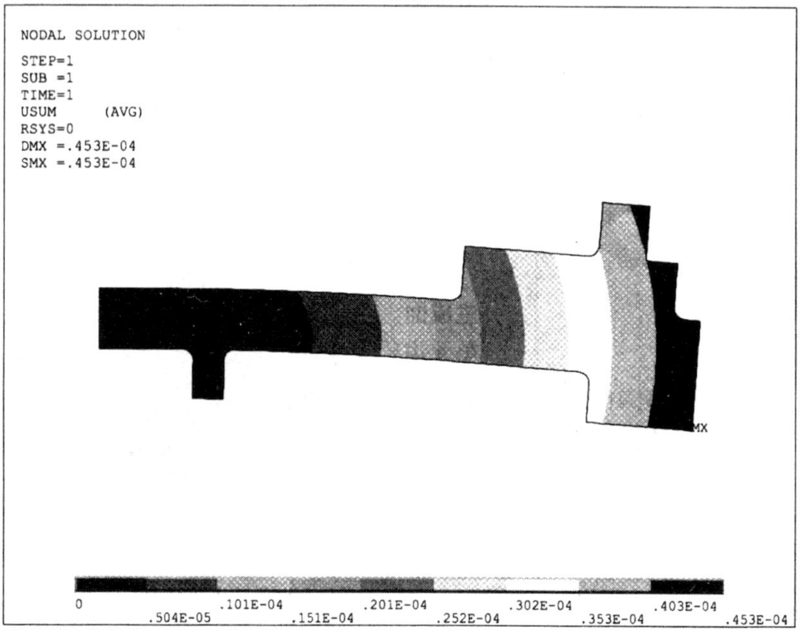

图 6-11　飞轮的位移云图

6.3.3　汽车桥壳有限元分析

1. 分析目的

对某型汽车后桥桥壳设计方案进行强度校核，确认其结构强度性能，为后续疲劳试验提供数据参考。

2. 建立模型

某型汽车后桥桥壳几何模型如图 6-12 所示，采用六面体实体单元，划分完网格的有限元模型如图 6-13 所示。建模和计算采用常规的车辆坐标系，即 X 轴平行于地面指向前方，Z 轴垂直向上，Y 轴由右手法则判定。

3. 载荷工况

驱动桥承受由车轮传来的路面反力和力矩，并经悬架传给车架。路面对驱动轮的作用力主要有垂直反力、切向反力和侧向反力三种，使驱动桥在纵横两个平面内承受弯矩。按照驱动桥受力状况，其主要典型载荷工况如下。

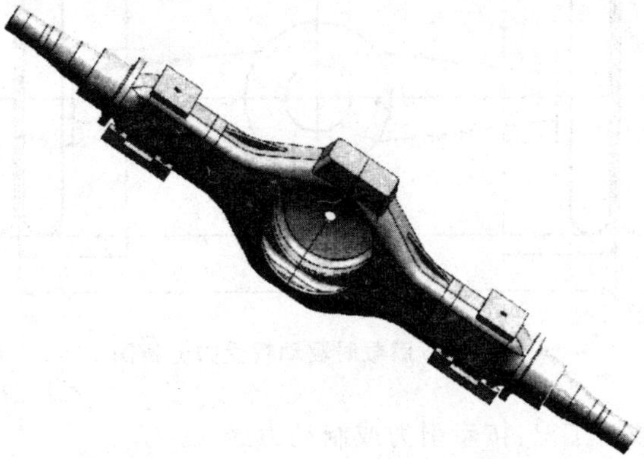

图 6-12　汽车后桥桥壳几何模型

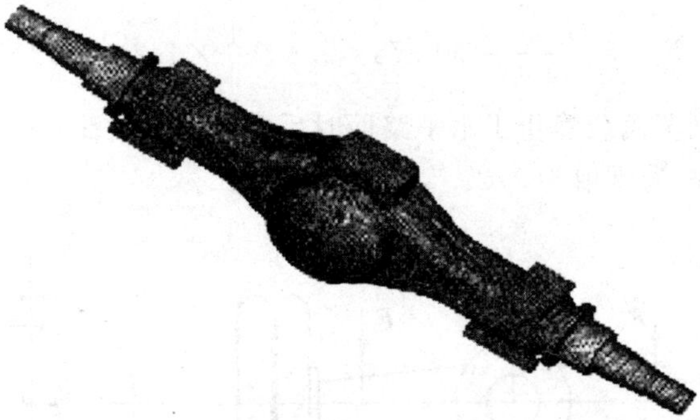

图 6-13　桥壳有限元模型

(1)垂向载荷工况：按最大轴荷计算，另外考虑汽车通过不平路面的动载系数。

①汽车满载工况：满载时后驱动桥的受力分析如图 6-14 所示，图中 b 表示轮胎中心平面到板簧座之间的横向距离；B 表示后驱动车轮轮距。此时，后桥内、外车轮所承受的垂向负荷 F_{zi}、F_{zo} 分别为

$$F_{zi}=F_{zo}=\frac{G_2}{4}=60\ 375\times 9.8\times\frac{1}{4}=1.48\times 10^5\ \mathrm{N}$$

式中，G_2 为汽车满载静止于水平路面时后驱动桥的最大载荷。

②冲击载荷作用工况：当汽车在不平路面上高速行驶时，后桥壳除承受静止状态下部分载荷外，还承受附加的冲击载荷。此时，后桥壳垂向载荷通常取为满载静止时所承载荷的 2.5 倍，即

$$F_{zi}=F_{zo}=\frac{G_2}{4}\times 2.5=60\ 375\times 9.8\times\frac{1}{4}\times 2.5=3.70\times 10^5\ \mathrm{N}$$

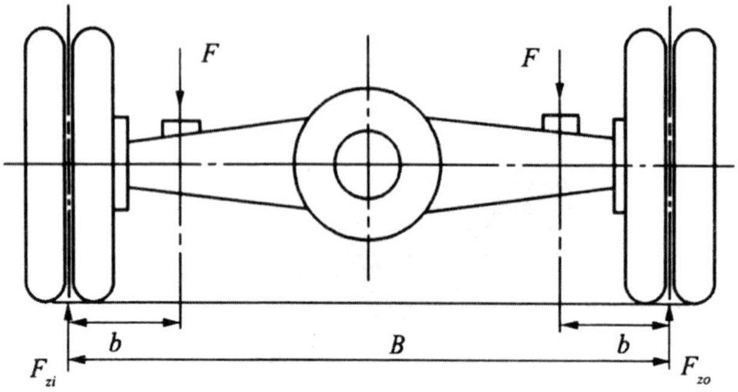

图 6-14　满载时驱动桥受力分析图

(2)纵向载荷工况:按牵引力或制动力最大计算。

①最大牵引力工况:汽车以最大牵引力行驶时,后驱动桥的受力分析如图 6-15 所示。后桥内、外车轮所承受的垂向负荷 F_{zi}、F_{zo} 分别为

$$F_{zi}=F_{zo}=\frac{G_2 m_2}{4}=60\ 375\times 9.8\times\frac{1}{4}\times 1.2=1.78\times 10^5\ \mathrm{N}$$

式中,G_2 为汽车满载静止于水平路面时后驱动桥的载荷;m_2 为行驶时后桥负荷转移系数,通常取为 1.2。

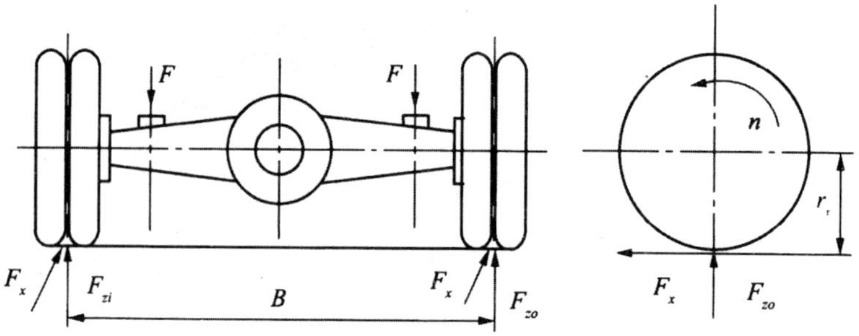

图 6-15　最大牵引力下驱动桥受力分析图

地面对外驱动车轮的最大切向反作用力 F_x 为

$$F_x=\frac{T_E i_1 i_0 \eta}{r_r}=\frac{1\ 160\times 12.11\times 5.73\times 0.9}{0.55\times 4}=3.29\times 10^4\ \mathrm{N}$$

式中,T_E 为发动机最大转矩,N·m;i_1 为变速器一挡速比;i_0 为主减速器速比;r_r 为轮胎滚动半径,m;η 为传动系效率(由发动机至轮边)。

②紧急制动工况:汽车紧急制动时,可不考虑侧向力。图 6-16 为紧急制动时后驱动桥的受力分析简图。图中后桥内、外车轮所承受的垂向负荷 F_{zi}、F_{zo} 分别为

$$F_{zi}=F_{zo}=\frac{G_2 m'}{4}=60\ 375\times 9.8\times\frac{1}{4}\times 0.6=0.89\times 10^5\ \text{N}$$

式中，G_2 为汽车满载静止于水平路面时后驱动桥的载荷；m' 为汽车紧急制动时的质量转移系数，通常取为 0.6。

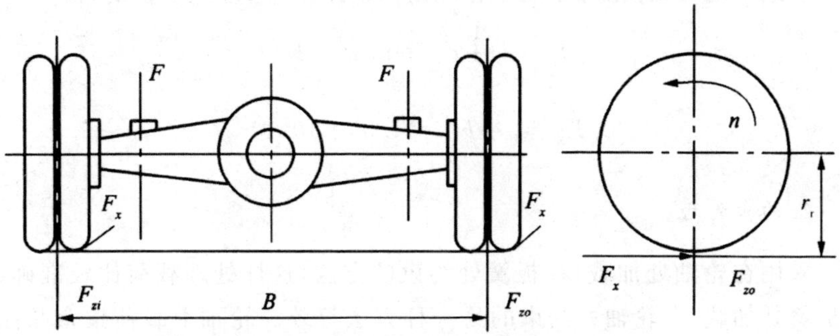

图 6-16　紧急制动时驱动桥受力分析图

水平方向的纵向力 F_x 为

$$F_x=\frac{G_2}{4}m'\varphi\ \frac{60\ 375\times 9.8}{4}\times 0.6\times 0.8=7.10\times 10^4\ \text{N}$$

式中，φ 为轮胎与地面的纵向附着系数，计算时取 $\varphi_1=0.8$。

(3)侧向载荷工况：按侧向力最大计算。

当汽车所承受的侧向力达到地面给轮胎的侧向反作用力的最大值(即附着力)时，汽车处于侧滑的临界状态，侧向力一旦超过侧向附着力，汽车则侧滑。汽车向右侧滑时的受力分析如图 6-17 所示。图中，F_{yi}、F_{yo} 分别表示地面对后驱动桥内、外驱动车轮的侧向反作用力；F_{zi}、F_{zo} 分别表示侧滑时内、外驱动车轮的支承反力。

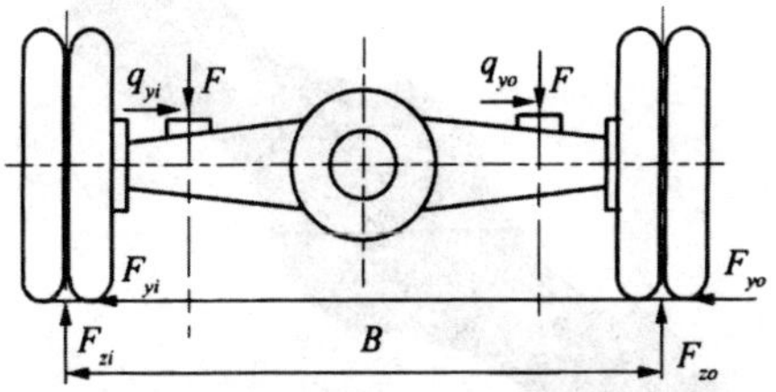

图 6-17　汽车侧滑时驱动桥受力分析图

当汽车处于侧滑状态时，后桥内、外驱动车轮所承受的垂向力 F_{zi}、F_{zo} 分别为

$$F_{zi}=\frac{1}{2}G_2-\frac{1}{2}G_2\frac{h_g}{B}=0.5\times 60\ 375\times 9.8\times 0.1=0.30\times 10^5\ \text{N}$$

$$F_{zo}=\frac{1}{2}G_2+\frac{1}{2}G_2\frac{h_g}{B}=0.5\times60\ 375\times9.8\times0.9=2.70\times10^5\ \mathrm{N}$$

式中，h_g 为汽车重心高度；B 为后驱动车轮轮距；G_2 为汽车满载静止于水平路面时后驱动桥的载荷。

上式中地面给内、外驱动车轮的侧向反作用力 F_{yi}、F_{yo} 分别为

$$F_{yi}=\frac{1}{2}F_{zi}=0.15\times10^5$$

$$F_{yo}=\frac{1}{2}F_{zo}=1.35\times10^5\ \mathrm{N}$$

4.约束处理

采用在轮轴处加载，在板簧处约束的方法，这样处理载荷比较准确，与在板簧处加载、在轮轴处约束的另一种方法等效。轮轴上载荷按余弦曲线分配到半个轮轴上的各节点，板簧上约束一个区域。

5.结果评价

观察各种工况下的变形图和应力分布图，计算结果表明(侧向力作用工况除外)：最大应力基本出现在板簧座内外两侧，具体结果见以下各应力分布图。

(1)汽车满载工况。一般查看变形图、应力分布云图、Mises 等效应力图等，以此判断满载工况下驱动桥强度、刚度是否满足要求，以下仅取部分计算结果作图示说明。图 6-18 和图 6-19 说明桥壳等效应力分布情况，以

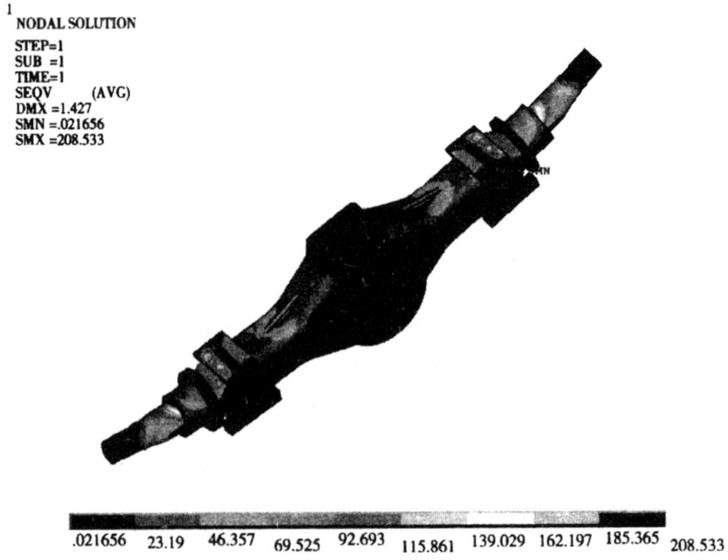

图 6-18 满载工况驱动桥应力分布

此判断桥壳应力值范围。

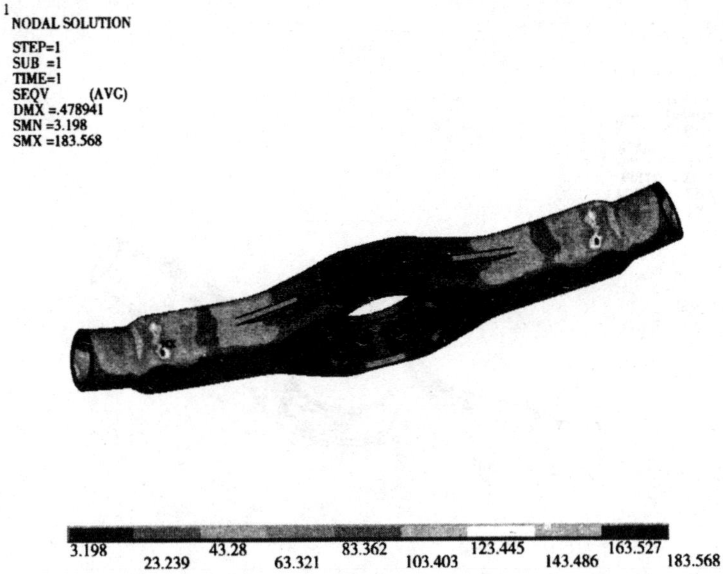

图 6-19　满载工况桥壳应力分布

(2)冲击载荷工况(图略)。

(3)最大牵引力作用工况(图略)。

(4)紧急制动工况下部分应力分布图。图 6-20 和图 6-21 分别表示紧

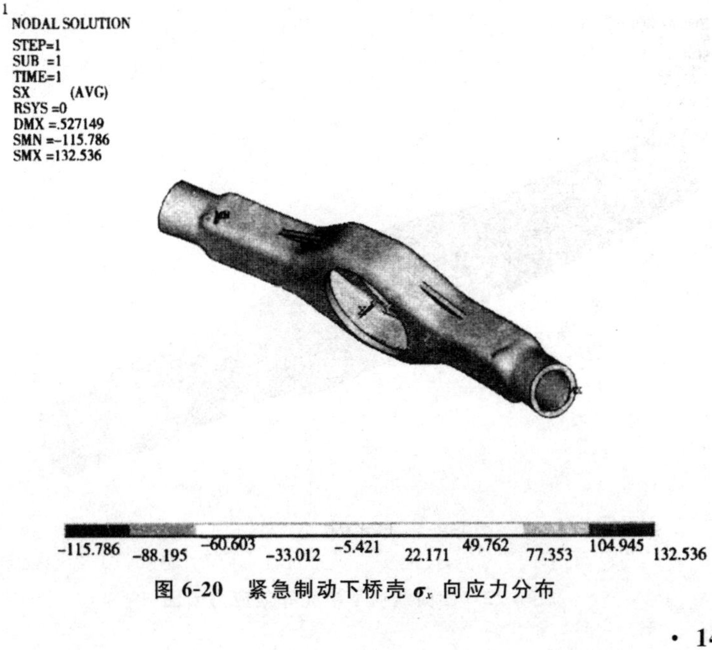

图 6-20　紧急制动下桥壳 σ_x 向应力分布

急制动工况下桥壳 σ_x 向、σ_z 向应力分布情况，以此了解纵向和垂向应力所占比例。

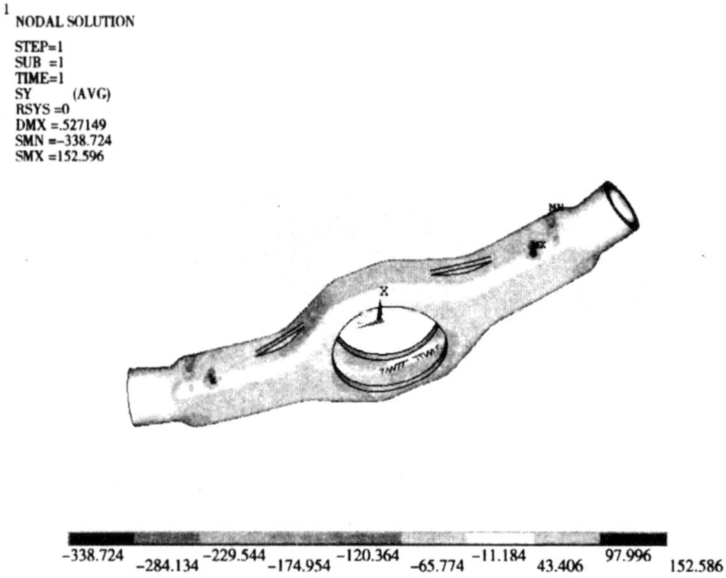

图 6-21　紧急制动下桥壳 σ_z 向应力分布

(5)侧向载荷工况部分应力分布图。图 6-22 和图 6-23 表示侧向载荷作用下桥壳等效应力分布与 σ_y 向应力分布情况。

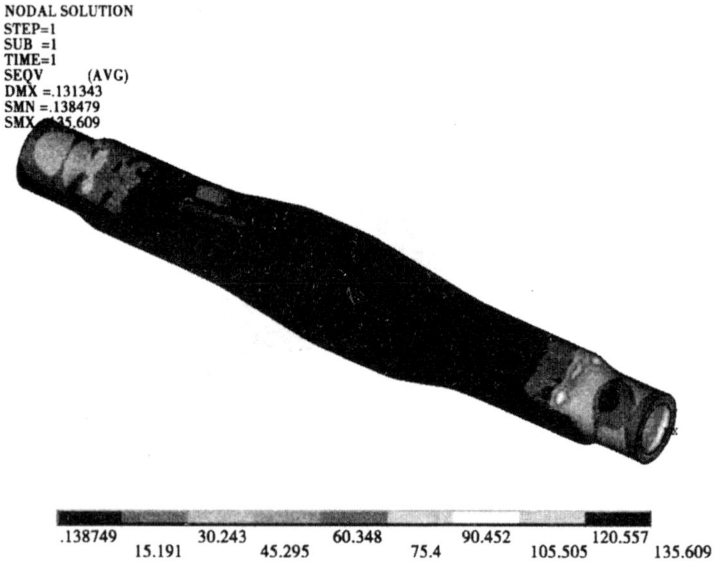

图 6-22　侧向载荷下桥壳等效应力云图

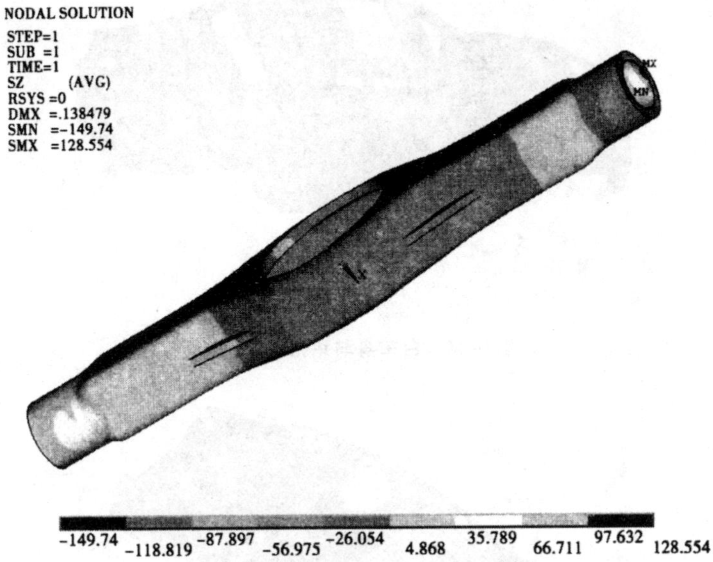

图 6-23　侧向载荷下桥壳 σ_y 向应力分布

6.3.4　轿车白车身扭转刚度与弯曲刚度分析

1. 分析目的

白车身结构是一个由各种承载构件组成的空间超静定结构。一般认为载荷是按车身结构各组成部分的刚度进行分配的，车身刚度指标是车身结构的重要技术数据。车身结构的整体性表现为：车身结构中的薄弱部分所承受的载荷，会因其他有影响的部分所承受的载荷增大而减少，但另一方面，薄弱部分又会损伤结构的整体性能。所以保证结构整体性能的关键因素是车身整体刚度的协调性。

2. 建立模型

图 6-24 所示为白车身与塔形支撑模型(模型一)，图 6-25 所示为带前后风窗车身模型(模型二)。

3. 载荷工况

扭转工况计算一般模拟试验工况，采用前加载梁后塔形支承方式，施加大小相等方向相反的力(扭转当量载荷)；弯曲工况采用在座椅位置施加当量载荷。

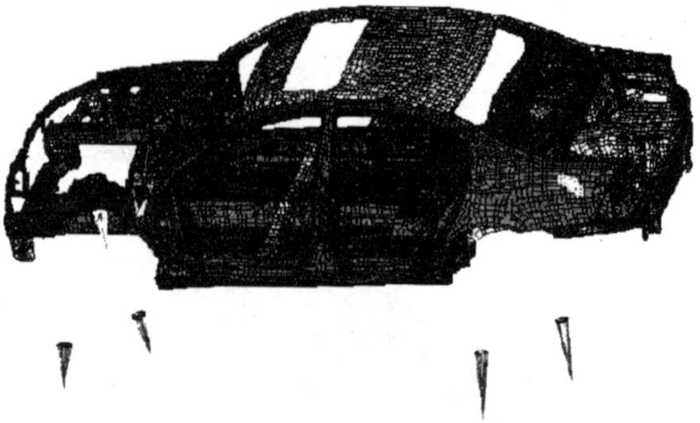

图 6-24　白车身与塔形支承模型

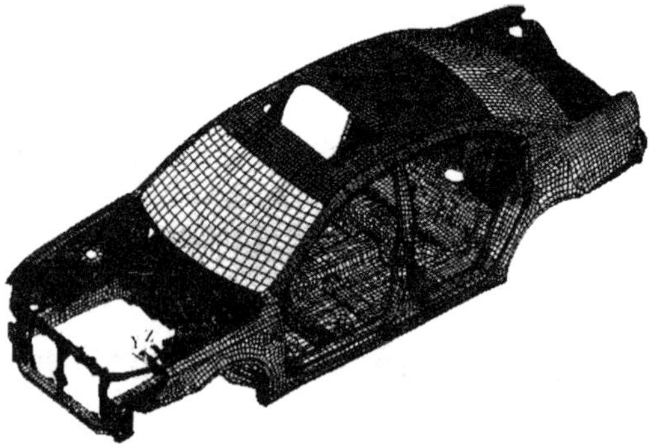

图 6-25　带前后风窗车身模型

4. 约束处理

在前后悬架位置处采用塔形支承方式连接，前悬架安装加载梁，后塔形支承底部完全约束，前塔形支承加载梁中部去掉转动约束。

5. 结果评价

白车身扭转刚度按照式(6-3-1)计算：

$$K_{\text{niu}} = \frac{M}{\left[\left(\frac{d_{\text{fl}} + d_{\text{fr}}}{Y_{\text{f}}}\right) - \left(\frac{d_{\text{rl}} + d_{\text{rr}}}{Y_{\text{r}}}\right)\right] \cdot \frac{180}{\pi}} \tag{6-3-1}$$

式中，M 为所施加的力矩；d_{fl}、d_{fr} 为前端左右塔形支承处变形量绝对值；d_{rl}、d_{rr} 为后端左右塔形支承处变形量绝对值；Y_{f}、Y_{r} 为前轴、后轴左右塔形支承处的距离。

式(6-3-1)分母项即为车身前后轴间相对扭转角，单位一般取分(′)。

各转矩下轴间扭转角和抗扭刚度见表 6-3，底板各纵梁扭角变化曲线如图 6-26 所示。

表 6-3　各转矩下轴间扭转角和抗扭刚度

模型	转矩/(N·m)	转角/(′)	扭转刚度/[(N·m)/(°)]
模型一	1 500	6.125	14 706
	3 000	12.249	14 695
	5 400	22.048	12 246
模型二	5 400	14.76	21 950

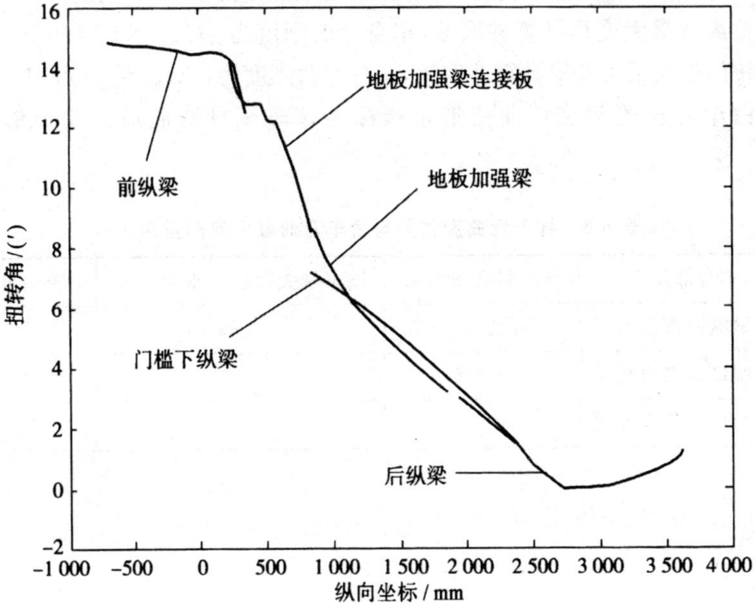

图 6-26　底板各纵梁扭角变化曲线

轿车白车身相关部位扭转变形量指标与该车身扭转工况下最大变形量对比见表 6-4。

表 6-4　扭转变形量指标与该型车身扭转工况下最大变形量对比

车身部位	变形量要求	分析车身最大变形	是否满足要求
门槛纵向弯曲变化	<1 mm	0.89 mm	是
前门洞口对角线变化	<3 mm	0.05 mm	是
后门洞口对角线变化	<3 mm	0.17 mm	是
前风窗对角线变化	<5 mm	4.36 mm	是

续表

车身部位	变形量要求	分析车身最大变形	是否满足要求
后风窗对角线变化	<5 mm	5.63 mm	否
前后轴间扭矩	<35′	33.14′	是

白车身弯曲刚度计算按式(6-3-2)计算：

$$K_{wan}=\frac{W}{d} \tag{6-3-2}$$

式中，W 为所施加的总载荷；d 为门槛梁或纵梁中部的最大变形量。

按纵梁最大变形计算并取整，车身弯曲刚度为：$K_{wan}=14\ 400$ N/mm。

按门槛梁最大变形计算并取整，车身弯曲刚度为：$K_{wan}=15\ 500$ N/mm。

白车身相关部位弯曲变形量指标与该车车身弯曲最大变形量见表6-5。

表 6-5　样车弯曲变化量与轿车弯曲最大变形量对比

车身部位	变形量要求/mm	该车最大弯曲变形量/mm	是否满足要求
门槛梁纵向弯曲变形	<1.0	0.89	是
前门洞口对角线变化	<1.5	0.05	是
后门洞口对角线变化	<2.0	0.17	是

第 7 章　优化问题及模型求解方法研究

对于结构优化设计问题，数学模型的好坏直接关系到优化的效果。所以，结构优化设计的一项重要内容是建立正确的结构优化设计数学模型。所谓的结构优化设计的数学模型，就是从工程设计中抽象出来的一组描述结构设计要求的数学方程式，其中包括设计变量、约束条件、目标函数等。

7.1　优化问题示例及数学模型

7.1.1　优化问题示例

平面四连杆机构的设计主要是根据运动学的要求，确定其几何尺寸，以实现给定的运动规律。

如图 7-1 所示是一个曲柄摇机构。其中 x_1、x_2、x_3、x_4 分别是曲柄 AB、连杆 BC、摇杆 CD 和机架 AD 的长度。φ 是曲柄输入角，ψ_0 是摇杆输出的起始位置角。φ_0 为摇杆在右极限位置时的曲柄起始位置角，它们可以由 x_1、x_2、x_3、x_4 确定。通常规定曲柄长度 $x_1=1.0$，所以只有 x_2、x_3、x_4 是设计变量。

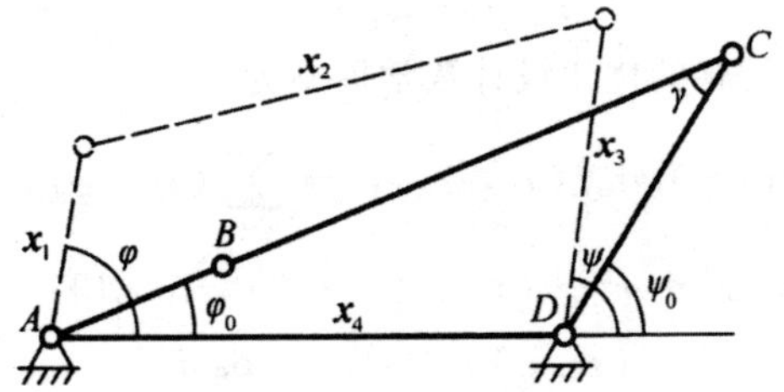

图 7-1　曲柄摇杆机构

设计时，可在给定最大和最小传动角的前提下，当曲柄从 φ_0 位置转到 $\varphi_0=90°$时，要求摇杆的输出角最优地实现一个给定的运动规律 $f_0(\varphi)$。例如，要求

$$\psi = f_0(\varphi) = \psi_0 + \frac{2\pi}{3}(\varphi - \varphi_0)^2$$

对于这样的设计问题，可以取机构的期望输出角 $\psi = f_0(\varphi)$ 和实际输出角 $\psi_j = f_j(\varphi)$ 误差平方的积分作为目标函数。使 $f(\boldsymbol{x})=\int_{\varphi_0}^{\varphi_0+\frac{\pi}{2}}(\psi-\psi_i)^2\mathrm{d}\varphi$ 最小。

当把输入角 φ 取 s 个点进行数值计算时，目标函数可以简化为 $f(\boldsymbol{x}) = f(x_2, x_3, x_4) = \sum_{i=0}^{s}(\psi_i - \psi_{ij})^2$ 最小。

相应的约束条件有：

(1)曲柄与机架共线位置时的传动角(连杆 BC 和摇杆 CD 之间的夹角)。

最大传动角：$\gamma_{\max} \leqslant 135°$

最小传动角：$\gamma_{\min} \leqslant 45°$

对于本问题可以推导出

$$\gamma_{\max} = \arccos\left[\frac{x_2^2 + x_3^2 - (x_4 + 1)^2}{2x_2x_3}\right]$$

$$\gamma_{\min} = \arccos\left[\frac{x_2^2 + x_3^2 - (x_4 - 1)^2}{2x_2x_3}\right]$$

所以

$$x_2^2 + x_3^2 - (x_4 + 1)^2 - 2x_2x_3\cos135° \geqslant 0$$

$$x_2^2 + x_3^2 - (x_4 - 1)^2 - 2x_2x_3\cos45° \geqslant 0$$

(2)曲柄存在条件。

$$\begin{cases} x_2 \geqslant x_1 \\ x_3 \geqslant x_1 \\ x_4 \geqslant x_1 \\ x_1 + x_2 \leqslant x_3 + x_4 \\ x_1 + x_3 \leqslant x_2 + x_4 \\ x_1 + x_4 \leqslant x_2 + x_3 \end{cases}$$

综上所述，该问题的优化设计数学模型为

$$\begin{cases} \min f(x) = f(x_2, x_3, x_4) = \sum_{i=0}^{s}(\psi_i - \psi_{ji})^2 \\ \text{s. t. } x_2^2 + x_3^2 - (x_4 + 1)^2 - 2x_2x_3\cos135° \geqslant 0 \\ x_2^2 + x_3^2 - (x_4 - 1)^2 - 2x_2x_3\cos45° \geqslant 0 \\ x_2 - 1 \geqslant 0 \\ x_3 - 1 \geqslant 0 \\ x_4 - 1 \geqslant 0 \\ x_3 + x_4 - x_2 - 1 \geqslant 0 \\ x_2 + x_4 - x_3 - 1 \geqslant 0 \\ x_2 + x_3 - x_4 - 1 \geqslant 0 \end{cases}$$

7.1.2　数学模型

1. 设计变量

一个设计方案可以用一组基本参数的数值来表示。但是，对某个具体的优化设计问题，并不是要求对所有的基本参数都用优化方法进行修改调整。除这些基本参数，还需要在优化设计过程中不断地进行修改、调整，这些基本参数称作设计变量，又叫作优化参数。

设计变量的个数是优化问题的维数。如有 n 个设计变量，则称为 n 维设计问题。在一般情况下，若有 n 个设计变量，把第 i 个设计变量记为 x_i，则其全部设计变量可用 n 维向量的形式表示为

$$\boldsymbol{x} = [x_1 \quad x_2 \quad \cdots \quad x_n]^{\mathrm{T}} \text{ 或 } \boldsymbol{x} \in \mathbf{R}^n \tag{7-1-1}$$

这种以 n 个独立变量为坐标轴组成的 n 维向量空间是一个 n 维实数空间，用 $\mathbf{R}^n$ 表示。如果其中两向量又有内积运算，则称为 n 维欧氏空间，用 E^n 表示。在优化中由各设计变量的坐标轴所描述的空间称为设计空间。

寻找设计空间中的一个合适点就是一个设计方案优化的搜索过程，一般就是在相邻的设计点间作一系列定向的设计改变，由点 k 到点 $k+1$ 间移动。例如直接搜索法的典型搜索情况，由下式给出，即

$$\boldsymbol{x}^{k+1} = \boldsymbol{x}^k + \alpha_k \boldsymbol{d}^k \tag{7-1-2}$$

式(7-1-2)中，向量 $\boldsymbol{d}^k$ 决定移动的方向，标量 α_k 决定移动的步长。

2. 目标函数

一般地，存在着无穷个满足约束条件的设计解，人们期望从中求出一个最好的设计解。即预先设定某些基准，从可行域中最终选择出一个设计解。这些基准称为目标函数。目标函数是设计中预先要达到的目标，可表达为各设计变量的函数式，即

$$f(\boldsymbol{x}) = f(x_1, x_2, \cdots, x_n)$$

与约束条件相同，如目标函数是设计变量 $z_1, z_2, \cdots, z_n$ 的线性组合，称为线性目标函数。其他则称为非线性目标函数。

在优化问题中，可以只有一个目标函数，称为单目标函数。当在同一优化问题中要提出多个目标函数时，这种问题称为多目标函数的优化问题。其优化设计则称为多目标优化设计。对于多目标函数，可以将它们分别独立地列出来，如

$$\begin{cases} f_1(\boldsymbol{x}) = f_1(x_1, x_2, \cdots, x_n) \\ f_2(\boldsymbol{x}) = f_2(x_1, x_2, \cdots, x_n) \\ \vdots \\ f_n(\boldsymbol{x}) = f_n(x_1, x_2, \cdots, x_n) \end{cases}$$

也可以把 n 个目标函数结合到一起，建立一个综合目标函数表达式，即

$$f(\boldsymbol{x}) = \sum_{i=1}^{q} f_i(\boldsymbol{x})$$

式中，q 为优化所追求的目标数目。

目标函数的梯度是优化中的一个重要概念。它是目标函数 $f(\boldsymbol{x})$ 对各个设计变量的偏导数所组成的列向量，并以符号 $\nabla f(\boldsymbol{x})$ 表示，即

$$\nabla f(\boldsymbol{x}) = \left[\frac{\partial f(\boldsymbol{x})}{\partial x_1}\ \frac{\partial f(\boldsymbol{x})}{\partial x_2} \cdots \frac{\partial f(\boldsymbol{x})}{\partial x_n}\right]^{\mathrm{T}}$$

3. 约束条件

在设计中，为了保证机械的安全性、实用性和功能性，其设计变量和系统的状态变量必须满足一定的条件，这种条件称为约束条件。对设计变量的直接限制称为显约束。对设计变量的间接限制称为隐约束。

约束条件可用数学等式或不等式来表示。等式约束可能为显约束，也可能为隐约束，其形式为

$$h_i(\boldsymbol{x}) = 0, (i = 1, 2, \cdots, l)$$

在机械优化设计中不等式约束更为普遍，其形式为

$$g_i(\boldsymbol{x}) \leqslant 0, (i = 1, 2, \cdots, k)$$

式中，$\boldsymbol{x}$ 为设计变量；l 为等式约束的数目；k 为不等式约束的数目。

7.2 优化问题的极值条件

7.2.1 无约束问题的极值条件

无约束优化问题的极值条件是指使目标函数取得极小值时极值点所满足的条件。由高等数学极值概念可知，对于可微的一元函数 $f(x)$，在给定区间内某点处取得极值的充分必要条件为

$$f'(x^*) = \begin{cases} f''(x^*) > 0 & \text{极小值} \\ f''(x^*) < 0 & \text{极大值} \end{cases}$$

对于多元函数 $f(\boldsymbol{X})$，在给定区间内某点处取得极值的必要条件是函数在该点的所有方向导数都等于零，也就是说函数在该点的梯度为零，即 $\nabla f(\boldsymbol{X}^*)=0$。

把函数在该点展开成泰勒二次近似式，并把上式代入，得

$$f(\boldsymbol{X})-f(\boldsymbol{X}^*)\approx\frac{1}{2}(\boldsymbol{X}-\boldsymbol{X}^*)^{\mathrm{T}}\nabla^2 f(\boldsymbol{X}^*)(\boldsymbol{X}-\boldsymbol{X}^*)$$

若 $\boldsymbol{X}^*$ 为极小值点，则 $f(\boldsymbol{X})-f(\boldsymbol{X}^*)>0$，所以函数的二阶导数矩阵 $\boldsymbol{H}(\boldsymbol{X}^*)=\nabla^2 f(\boldsymbol{X}^*)$ 必须正定，这就是充分条件。同理，若 $\boldsymbol{X}^*$ 为极大值点，$\boldsymbol{H}(\boldsymbol{X}^*)=\nabla^2 f(\boldsymbol{X}^*)$ 负定。

多元函数 $f(\boldsymbol{X})$ 在点 $\boldsymbol{X}^{(k)}$ 取得极小值的条件是：函数在该点的梯度为零，二阶导数矩阵为正定，即

$$\nabla f(\boldsymbol{X}^{(k)})=0$$
$$\nabla^2 f(\boldsymbol{X}^*)\text{ 正定}$$

同理，多元函数 $f(\boldsymbol{X})$ 在点 $\boldsymbol{X}^{(k)}$ 取得极大值的条件是：函数在该点的梯度为零，二阶导数矩阵为负定。

由于实际问题的目标函数比较复杂，二阶导数矩阵难以求出，即便求出，其正定性的判断也很困难，因此，具体优化计算中，只将函数梯度为零作为极值存在的判断准则。

7.2.2　约束问题的极值条件

1. 等式约束问题

求解拉格朗日乘子法是通过增加变量将等式约束优化问题变成无约束问题。

对于具有 p 个等式的 n 维优化问题

$$\min f(\boldsymbol{X})\quad \boldsymbol{X}\in\mathbf{R}^n$$
$$\text{s.t. } h_v(\boldsymbol{X})=0,(v=1,2,\cdots,p)$$

可建立如下拉格朗日函数

$$L(\boldsymbol{X},\lambda)=f(\boldsymbol{X})+\sum_{v=1}^{p}\lambda_v h_v(\boldsymbol{X})$$

式中，$\boldsymbol{\lambda}=[\lambda_1,\lambda_2,\cdots,\lambda_p]^{\mathrm{T}}$ 为拉格朗日乘子向量。

令 $\nabla L(\boldsymbol{X}^*,\boldsymbol{\lambda})=\boldsymbol{0}$，得

$$\nabla f(\boldsymbol{X}^*)+\sum_{v=1}^{p}\lambda_v\nabla h_v(\boldsymbol{X})=\boldsymbol{0},(v=1,2,\cdots,p)$$

这是等式约束问题在点 $\boldsymbol{X}^*$ 取得极值的必要条件。

2.不等式约束问题

对不等式约束问题

$$\min f(\boldsymbol{X}) \quad \boldsymbol{X} \in \mathbf{R}^n$$
$$\text{s.t.} \ \ g_u(\boldsymbol{X}) \leqslant 0,(u=1,2,\cdots,m)$$

引入 m 个松弛变量 $x_{n+u} \geqslant 0(u=1,2,\cdots,m)$，可将上面的不等式约束问题变成等式约束问题

$$\min f(\boldsymbol{X}) \quad \boldsymbol{X} \in \mathbf{R}^n$$
$$\text{s.t.} \ \ g_u(\boldsymbol{X})+x_{n+u}^2=0,(u=1,2,\cdots,m)$$

建立这一问题的拉格朗日函数

$$L(\boldsymbol{X},\bar{\boldsymbol{X}},\boldsymbol{\lambda})=f(\boldsymbol{X})+\sum_{u=1}^{m}\mu_u[\lambda_u(\boldsymbol{X})+x_{n+u}^2]$$

其中，$\boldsymbol{\lambda}$ 是对应于不等式约束的拉格朗日乘子向量，$\boldsymbol{\lambda}=[\lambda_1,\lambda_2,\cdots,\lambda_u,\cdots,\lambda_m]^{\mathrm{T}}$，并有非负的要求，即 $\lambda_u \geqslant 0$。

令拉格朗日函数的梯度等于零，即使

$$\nabla L(\boldsymbol{X},\bar{\boldsymbol{X}},\boldsymbol{\lambda})=\mathbf{0}$$

则有

$$\frac{\partial L}{\partial \boldsymbol{X}}=\nabla f(\boldsymbol{X})+\sum_{u=1}^{m}\lambda_u \nabla g_u(\boldsymbol{X})=\mathbf{0}$$

$$\frac{\partial L}{\partial \lambda_u}=g_u(\boldsymbol{X})+x_{n+u}^2=0$$

$$\frac{\partial L}{\partial x_{n+u}}=2\lambda_u x_{n+u}=0,(u=1,2,\cdots,m)$$

若 $\lambda_u \neq 0$，则必有 $x_{n+u}=0$ 和 $g_u(\boldsymbol{X}^*)=0$，这说明点 $\boldsymbol{X}^*$ 在约束边界上，$g_u(\boldsymbol{X}) \leqslant 0$ 为点 $\boldsymbol{X}^*$ 的起作用约束。约束条件形式为“$\leqslant 0$”，所以，必有 $\lambda_u>0$；若 $\lambda_u=0$，则必有 $\nabla f(\boldsymbol{X}^*)=\mathbf{0}$。

设点 $\boldsymbol{X}^*$ 的起作用约束有 q 个，即起作用约束为 $g_i(\boldsymbol{X}) \leqslant 0(i=1,2,\cdots,q)$，则必有

$$\begin{cases}\nabla f(\boldsymbol{X}^*)+\displaystyle\sum_{i=1}^{q}\lambda_i \nabla g_i(\boldsymbol{X}^*)=0\\ \lambda_i \geqslant 0\end{cases}$$

上式称为不等式约束的极值条件，又称为库恩-塔克(Kuhn-Tucker)条件，简称 K-T 条件。

K-T 条件：若 $\boldsymbol{X}^*$ 是一个局部极小值点，则该点的目标函数负梯度

$\nabla f(\boldsymbol{X}^*)$ 可表示为起作用约束梯度 $\nabla g_i(\boldsymbol{X}^*)$ 的非负线性组合，即

$$-\nabla f(\boldsymbol{X}^*) = \sum_{i=1}^{q} \lambda_i \nabla g_i(\boldsymbol{X}^*)$$

式中，q 为在设计点 $\boldsymbol{X}^*$ 处的起作用不等式约束个数；$\lambda_i (i=1,2,\cdots,q)$ 为非负值的乘子，也称为拉格朗日乘子。

K-T 条件的几何意义：如果 $\boldsymbol{X}^*$ 是一个局部极小值点，则该点的目标函数负梯度 $\nabla f(\boldsymbol{X}^*)$ 应落在该点所有起作用约束梯度 $\nabla g_i(\boldsymbol{X}^*)$ 在设计空间所组成的锥角范围内。如图 7-2 所示，图 7-2(a)中设计点 $\boldsymbol{X}^*$ 不是约束极值点，图 7-2(b)的设计点 $\boldsymbol{X}^*$ 是约束极值点。

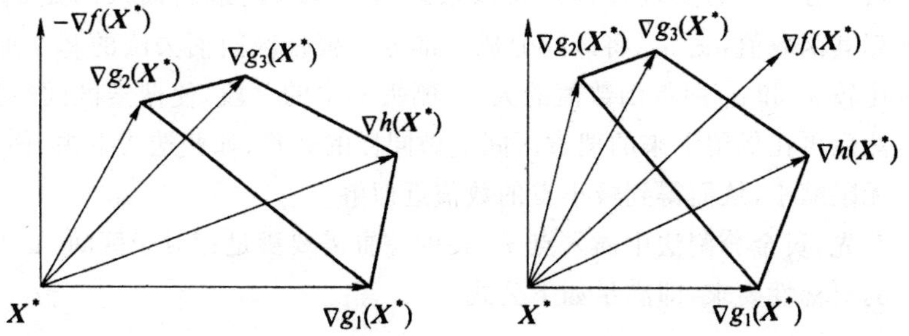

(a) 设计点 $\boldsymbol{X}^*$ 不是约束极值点　　(b) 设计点点 $\boldsymbol{X}^*$ 是约束极值点

图 7-2　K-T 条件的几何意义

对含有等式和不等式约束问题

$$\min f(\boldsymbol{X}) \quad \boldsymbol{X} \in \mathbf{R}^n$$
$$\text{s.t.}\ g_u(\boldsymbol{X}) \leqslant 0, (u=1,2,\cdots,m)$$
$$h_v(\boldsymbol{X}) = 0, (v=1,2,\cdots,p)$$

K-T 条件表述为若 $\boldsymbol{X}^*$ 是一个局部极小值点，则该点的目标函数负梯度 $\nabla f(\boldsymbol{X}^*)$ 可表示为起作用约束梯度 $\nabla g_i(\boldsymbol{X}^*)$ 和 $\nabla h_v(\boldsymbol{X}^*)$ 的非负线性组合，即

$$-\nabla f(\boldsymbol{X}^*) = \sum_{i=1}^{m} \lambda_i \nabla g_i(\boldsymbol{X}^*) + \sum_{v=1}^{p} \lambda_v \nabla h_v(\boldsymbol{X}^*)$$

K-T 条件是约束优化问题的极值必要条件，而不是充分条件。只有当目标函数和约束函数是凸函数，即所谓的凸规划问题时，K-T 条件才是充分必要条件，符合 K-T 条件的点亦必是全域最优点。

7.3 一维搜索优化方法

7.3.1 黄金分割法

1.黄金分割法的基本原理

黄金分割法的实现过程是在搜索区间 $[a,b]$ 内适当插入两点 α_1、α_2，并计算其函数值，α_1、α_2 将区间分成 3 部分。根据区间消去法的基本原理，通过比较 α_1 和 α_2 两点函数值的大小，删去其中的一段，使搜索区间得以缩短。然后再在保留下来的搜索区间上做同样的处置，如此迭代下去，使搜索区间无限缩小，从而得到极小点的数值近似解。

首先，黄金分割法中插入点 α_1、α_2 的位置需要满足相对于区间 $[a,b]$ 两端点的对称性要求，即满足如下公式

$$\alpha_1 = b - \lambda(b-a)$$
$$\alpha_2 = b + \lambda(b-a) \tag{7-3-1}$$

式中，λ 为待定常数。

另外，黄金分割法还要求在保留下来的搜索区间内再插入一点，其所形成的新搜索区间的 3 段与原来搜索区间的 3 段具有相同的比例分布，即满足相似性要求。如图 7-3 所示，设原搜索区间 $[a,b]$ 长度为 1，经区间消去法消去搜索区间 $[\alpha_2,b]$ 后，保留下来的搜索区间 $[a,\alpha_2]$ 长度为 λ，区间缩短率为 λ。为了保持相同的比例分布，新插入点 α_3 应在 $\lambda(1-\lambda)$ 位置上，α_1 在原搜索区间的 $1-\lambda$ 位置应相当于在保留搜索区间的 λ^2 位置，故有

$$1-\lambda = \lambda^2$$
$$\lambda^2 + \lambda - 1 = 0$$

取方程的正根，得

$$\lambda = \frac{\sqrt{5}-1}{2} \approx 0.618$$

所谓“黄金分割”是指将一线段分成两段的方法，使整段长与较长段的长度比值等于较长段与较短段长度的比值，这个比值为 λ。可见黄金分割法的基本思想是，每次缩小后的新区间长度与原区间长度的比值始终是一个常数，此常数为 0.618，也就是说每次的区间缩小率都等于 0.618，所以，黄金分割法又被称作 0.618 法。

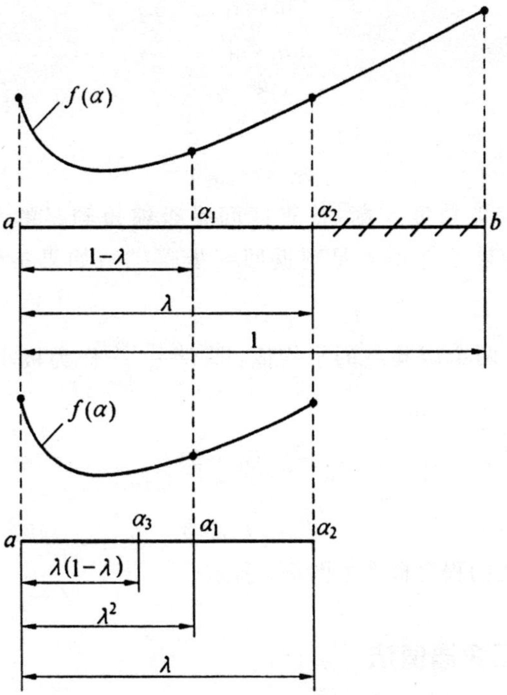

图 7-3　黄金分割法的基本原理

2.黄金分割法的搜索过程

采用黄金分割法求解一维优化问题，可以通过以下基本步骤来实现。

(1)给定初始搜索区间 $[a,b]$、收敛精度 ε，令 $\lambda=0.618$。

(2)取点

$$\alpha_1=b-\lambda(b-a)$$

$$\alpha_2=b+\lambda(b-a)$$

计算对应的函数值

$$y_1=f(\alpha_1),y_2=f(\alpha_2)$$

(3)比较函数值 y_1 和 y_2 的大小，有以下两种情况：

若 $y_1<y_2$，则极小点在 a 和 α_2 之间，故令

$$b\Leftarrow\alpha_2$$

$$\alpha_2\Leftarrow\alpha_1$$

$$y_2\Leftarrow y_1$$

$$\alpha_1=b-\lambda(b-a)$$

$$y_1=f(\alpha_1)$$

若 $y_1\geqslant y_2$，则极小点在 α_1 和 b 之间，故令

$$a \Leftarrow \alpha_1$$

$$\alpha_1 \Leftarrow \alpha_2$$

$$y_1 \Leftarrow y_2$$

$$\alpha_2 = a + \lambda(b - a)$$

$$y_2 = f(\alpha_2)$$

(4)进行收敛精度判断，检查区间是否缩短到足够小，即是否满足 $|b-a| \leqslant \varepsilon$，如果条件不满足则返回到步骤(3)；如果条件满足，进行下一步。

(5)取最后两个试验点的平均值，即 $\frac{(a+b)}{2}$ 作为极小点的数值近似解，即

$$\alpha^* = \frac{(a+b)}{2}$$

$$y^* = f(\alpha^*)$$

黄金分割法的程序框图如图 7-4 所示。

7.3.2 二次插值法

二次插值法是多项式逼近法的一种。所谓多项式逼近，是利用目标函数在若干点的函数值或导数值等信息，构成一个与目标函数相接近的低次插值多项式，用该多项式的最优解作为原函数最优解的一种近似解，随着区间的缩短，多项式函数的最优解将逼近于原函数的最优解。二次插值法是用二次插值多项式逼近原目标函数的近似求解方法。

1. 二次插值函数的构成

设一维目标函数的搜索区间为 $[a,b]$，现取点 x_1, x_2, x_3，其中的 x_1 和 x_3 取在区间的端点上，即

$$x_1 \leftarrow a, x_3 \leftarrow b$$

而 x_2 为区间的一个内部点，开始时取为区间中点，见图 7-5(a)，则

$$x_2 = 0.5(x_1 + x_3)$$

得到

$$f_1 = f(x_1), f_2 = f(x_2), f_3 = f(x_3)$$

原函数 $f(x)$ 曲线表上的三个点为

$$P_1(x_1, f_1), P_2(x_2, f_2), P_3(x_3, f_3)$$

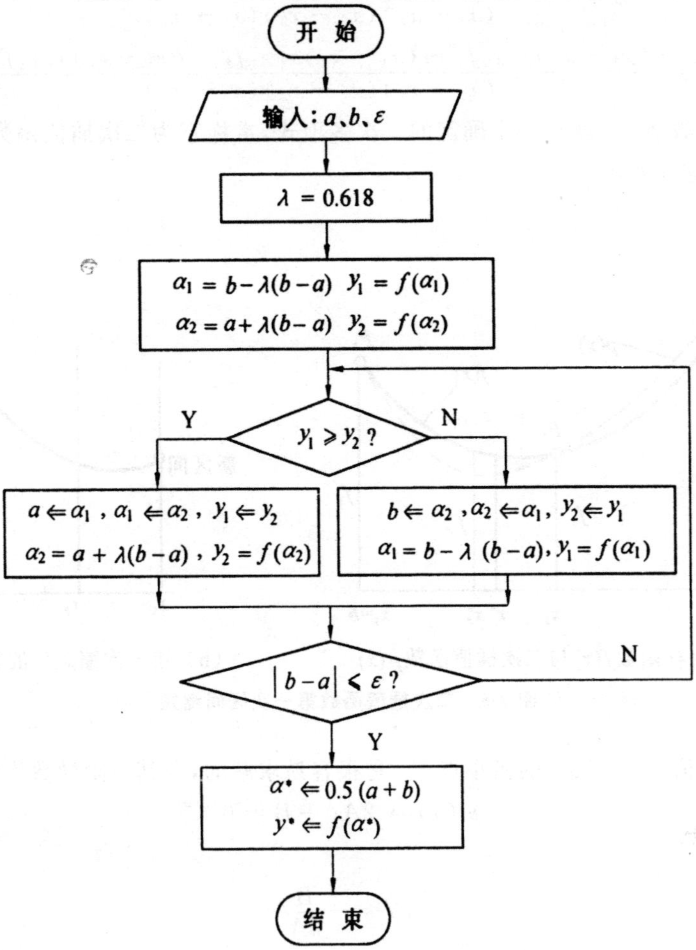

图 7-4　黄金分割法的程序框图

若通过此三点作一条二次曲线，其函数 $p(x)$ 为一个二次多项式

$$p(x) = Ax^2 + Bx + C \tag{7-3-2}$$

式中，A,B,C 为待定系数，二次多项式(7-3-2)必满足

$$\begin{cases} p(x_1) = Ax_1^2 + Bx_1 + C = f_1 \\ p(x_2) = Ax_2^2 + Bx_2 + C = f_2 \\ p(x_3) = Ax_3^2 + Bx_3 + C = f_3 \end{cases}$$

解此方程得

$$A = -\frac{(x_2 - x_3)f_1 + (x_3 - x_1)f_2 + (x_1 - x_2)f_3}{(x_1 - x_2)(x_2 - x_3)(x_3 - x_1)}$$

$$B=\frac{(x_2^2-x_3^2)f_1+(x_3^2-x_1^2)f_2+(x_1^2-x_2^2)f_3}{(x_1-x_2)(x_2-x_3)(x_3-x_1)}$$

$$C=\frac{(x_2-x_3)x_2x_3f_1+(x_1-x_3)x_1x_3f_2+(x_2-x_1)x_1x_2f_3}{(x_1-x_2)(x_2-x_3)(x_3-x_1)}$$

于是函数 $p(x)$ 就是一个确定的二次多项式，常称它为二次插值函数，如图 7-5 中虚线所示。

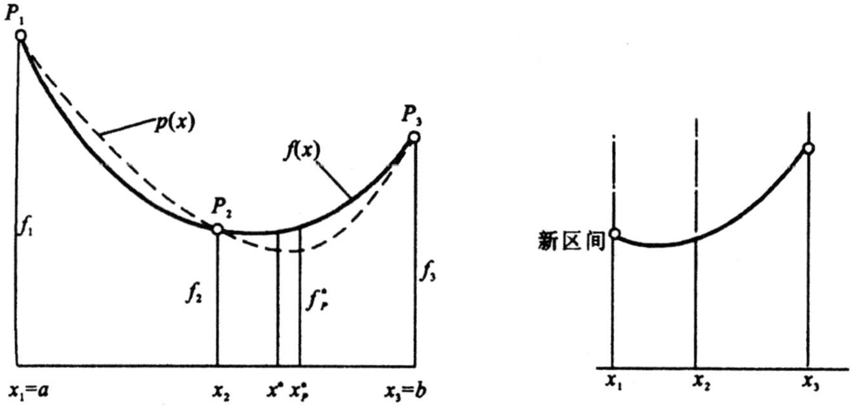

（a）目标函数 $f(x)$ 与二次插值函数 $p(x)$　　（b）第一次缩短后的新区间

图 7-5　二次插值函数第一次区间缩短

插值函数 $p(x)$ 的极小点 x_P^* 是很容易求解的，令其一阶导数为零，即

$$p'(x)=2Ax+B=0$$

得

$$x_P^*=-\frac{B}{2A}$$

将系数 A,B 代入上式可得

$$x_P^*=\frac{1}{2}\cdot\frac{(x_2^2-x_3^2)f_1+(x_3^2-x_1^2)f_2+(x_1^2-x_2^2)f_3}{(x_2-x_3)f_1+(x_3-x_1)f_2+(x_1-x_2)f_3} \tag{7-3-3}$$

为简化，令

$$c_1=\frac{f_3-f_1}{x_3-x_1} \tag{7-3-4a}$$

$$c_2=\frac{(f_2-f_1)/(x_2-x_1)-c_1}{x_2-x_3} \tag{7-3-4b}$$

则有

$$x_P^*=\frac{1}{2}\left(x_1+x_3-\frac{c_1}{c_2}\right) \tag{7-3-5}$$

2. 区间的缩短

由于初始区间较大，只用一回二次插值计算所得的 x_P^* 作为原函数的 x^* 的近似解常常达不到预期的精度要求，为此需要再作区间的缩短，进行多次的插值计算，使 x_P^* 的点列不断逼近原函数的极小点 x^*。

第一次区间缩短的方法是：计算 x_P^* 点的函数值 $f(x_P^*)$，记作 f_P^*，比较 f_P^* 与 f_2，取其中较小者所对应的点作为新的 x_2（它可能是 x_P^*，也可能是原来的 x_2），以此点左右两邻点分别取作新的 x_1 和 x_3，于是获得了缩短后的新区间 $[x_1, x_3]$。图 7-5(b) 是当 $f_P^* < f_2$ 情况下所取的新区间。

根据 x_P^* 相对于 x_2 的位置和函数值 f_P^* 与 f_2 的比较，区间缩短分下面四种情况，如图 7-6 所示。

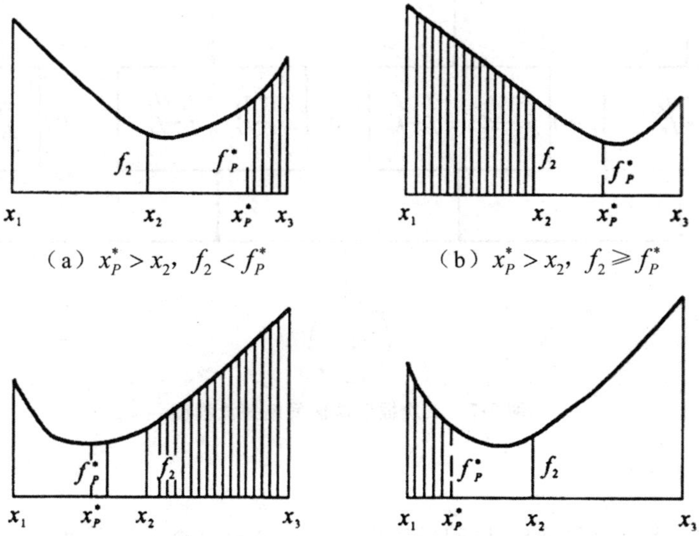

（a）$x_P^* > x_2$，$f_2 < f_P^*$　（b）$x_P^* > x_2$，$f_2 \geqslant f_P^*$

（c）$x_P^* \leqslant x_2$，$f_2 \geqslant f_P^*$　（d）$x_P^* \leqslant x_2$，$f_2 < f_P^*$

图 7-6　二次插值法区间缩短的四种情况

（1）$x_P^* > x_2, f_2 < f_P^*$。如图 7-6(a)所示，以 $[x_1, x_P^*]$ 为新区间，即令 $x_3 \leftarrow x_P^*$，x_1、x_2 不变。

（2）$x_P^* > x_2, f_2 \geqslant f_P^*$。如图 7-6(b)所示，以 $[x_2, x_3]$ 为新区间，即令 $x_1 \leftarrow x_2, x_2 \leftarrow x_P^*$，$x_3$ 不变。

（3）$x_P^* \leqslant x_2, f_2 \geqslant f_P^*$。如图 7-6(c)所示，以 $[x_1, x_2]$ 为新区间，即令 $x_3 \leftarrow x_2, x_2 \leftarrow x_P^*$，$x_1$ 不变。

（4）$x_P^* \leqslant x_2, f_2 < f_P^*$。如图 7-6(d)所示，以 $[x_P^*, x_3]$ 为新区间，即令

$x_1 \leftarrow x_P^*$，x_2、x_3 不变。

二次插值法区间缩短流程图见图 7-7。

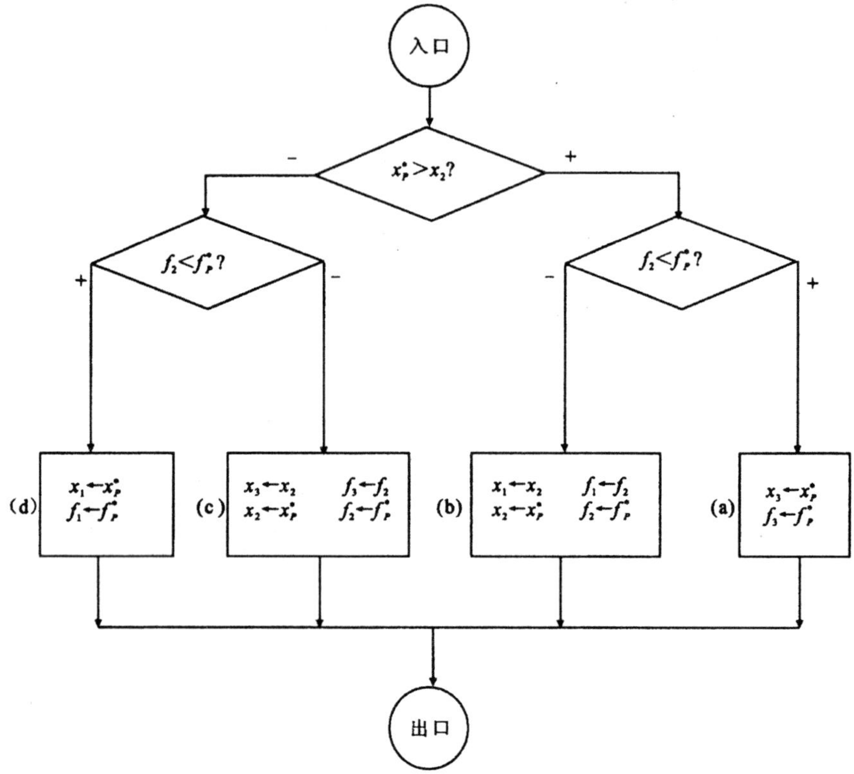

图 7-7　二次插值法区间缩短流程图

3. 终止准则

经过多次反复循环，区间长度即可逐次减至足够小的程度。由于在极值点附近的邻域内目标函数呈现很强的正定二次函数性态，故插值函数的最优点 x_P^* 就极其接近目标函数的最优点。具体的终止判别准则是：当相继两次插值函数极值点 $x_P^{*(k-1)}$，$x_P^{*(k)}$ 之间的距离小于某一预先给定的精度 ε 时，即

$$\left| x_P^{*(k)} - x_P^{*(k-1)} \right| \leqslant \varepsilon \text{ 且 } k \geqslant 2 \tag{7-3-6}$$

计算即可终止，并令 $x^* \leftarrow x_P^{*(k)}$，$f^* \leftarrow f(x_P^*)$ 作为近似一维最优解输出。

有些情况下也可以采用函数下降量准则作为终止的判别条件。

按照上述二次插值法基本原理所拟的算法流程图见图 7-8 所示。

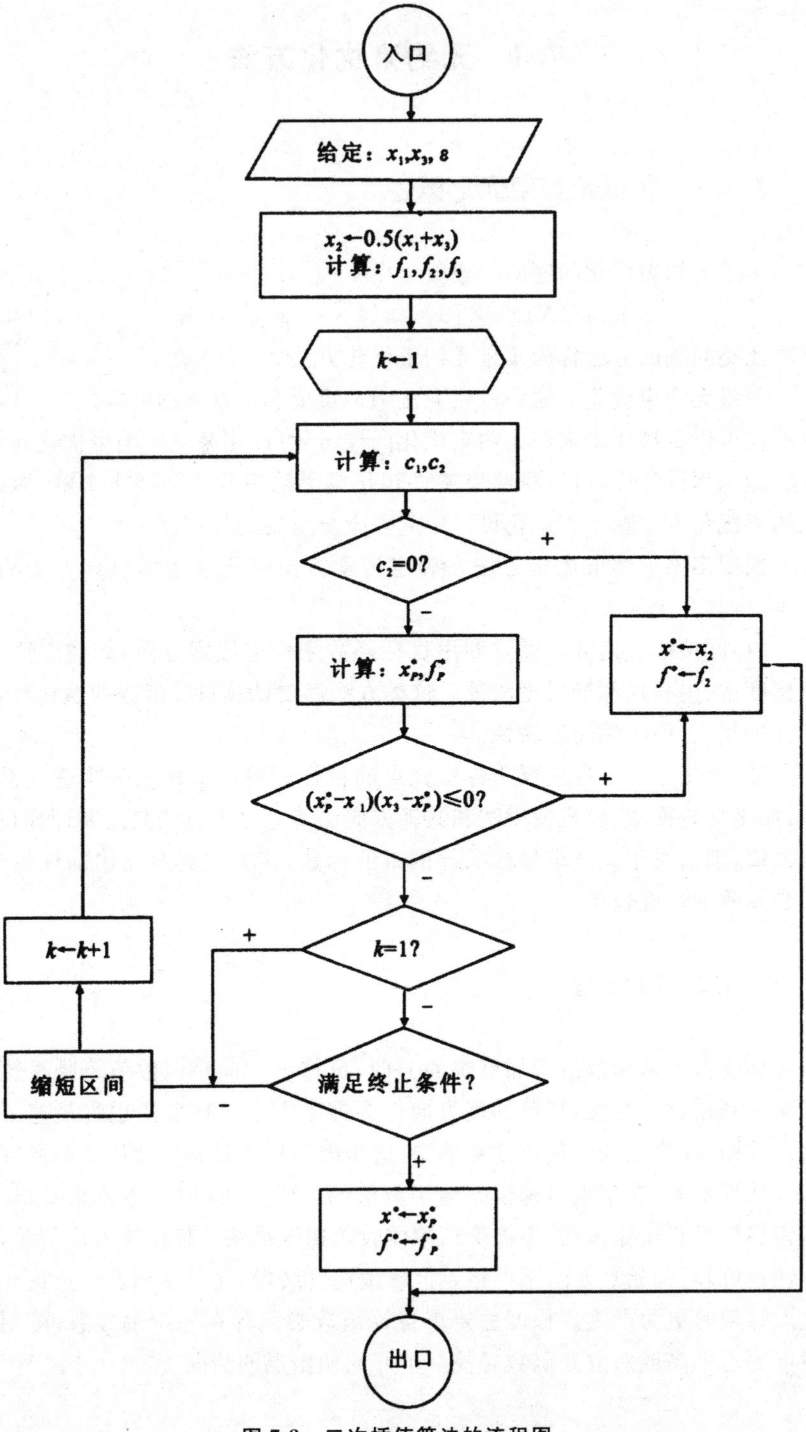

图 7-8　二次插值算法的流程图

7.4 无约束优化方法

7.4.1 多维无约束优化概述

多维无约束优化问题的一般数学模型为

$$\min f(\boldsymbol{X})\boldsymbol{X}=[\boldsymbol{x}_1 \quad \boldsymbol{x}_2 \quad \cdots \quad \boldsymbol{x}_n]^{\mathrm{T}} \in \mathbf{R}_n \tag{7-4-1}$$

解决此类问题的方法称为多维无约束优化方法。

多维无约束优化方法是优化方法中最重要和最基本的内容之一。因为它不仅可以直接用来求解无约束优化问题，还可以用来求解约束优化问题。在实际工程设计中，可以将约束条件转化成无约束优化问题来求解，所以，无约束优化方法在工程优化设计中起着十分重要的作用。

根据多维无约束优化方法在确定搜索方向时所使用信息和方法的不同，可将其分为两大类：

(1)间接法。此方法需要利用目标函数来构造搜索方向，如梯度法、共轭梯度法、牛顿法和变尺度法等。这类方法需要计算目标函数的偏导数，因此计算量大，但收敛速度较快。

(2)直接法。此方法仅用各迭代点的目标函数值的特征来构造搜索方向，如坐标轮换法、随机搜索法和共轭方向法等。这类方法只需要计算目标函数值，因而对于无法求导或求导困难的函数，该方法具有突出的优越性，但是其收敛速度较慢。

7.4.2 梯度法

梯度方向是函数值增加最快的方向，负梯度方向是函数值下降最快的方向。利用这一特性，把负梯度方向作为搜索方向。梯度法也称最速下降法。然而，梯度法的收敛速度并不快，这是因为梯度只是反映函数的局部性质。从局部看，在某点沿梯度方向函数值的下降最快，但从整体来看，它的搜索路线呈直角锯齿状，不能保证整体收敛速度最快。梯度法方法简单，可靠性较好，对初始点要求不严格。但收敛速度缓慢，尤其是当迭代点进入最优点邻域时更为严重。梯度法要求目标函数必须存在一阶偏导数，可用于精度要求不高或对复杂函数寻找一个好的初始点的情况。

7.4.3　牛顿法

牛顿法是梯度法的进一步发展。梯度法在确定搜索方向时，考虑了目标函数的一阶导数，在迭代点远离最优点时收敛速度快，但接近最优点时收敛速度极慢。而牛顿法进一步利用了二阶偏导数，从而大大加快了速度，且当迭代点接近最优点时收敛速度极快。

7.4.4　变尺度法(DRP)

变尺度法又称拟牛顿法，它在牛顿法的基础上又作了重要改进。变尺度法综合了梯度法和牛顿法的优点，使其迭代公式中的方向随着迭代点位置的变化而变化。在远离最优点时与梯度法的迭代方向相同，计算简单且收敛速度快。随着迭代过程的进行，不断修正迭代方向，以改善在最优点附近梯度法速度减慢的缺点。当迭代点逼近最优点时，利用牛顿法速度加快的优点，迭代方向就趋于牛顿方向，因而具有更好的收敛性。这种方法是求解高维数(10～50)无约束问题的最有效算法。

7.4.5　鲍威尔法(Powell 法)

鲍威尔法又称方向加速法，它直接利用函数值来构造共轭方向的一种共轭方向法。该算法不用对目标函数求导数，属直接最优化方法。该方法具有二次收敛性，收敛速度快，可靠性也较好，是直接法中最有效的算法之一。适用于维数较高的优化问题，但编程较复杂。

7.5　有约束优化问题的解法

有约束优化问题是应用中经常遇到的一类数学规划问题，它的数学模型一般为

$$\begin{cases} \min f(\boldsymbol{x}) \\ \text{s.t. } g_i(\boldsymbol{x}) \leqslant 0, (i = 1,2,\cdots,m) \\ \qquad h_j(\boldsymbol{x}) = 0, (j = 1,2,\cdots,p) \\ \qquad \boldsymbol{x} = [x_1 \quad x_2 \quad \cdots \quad x_n]^{\mathrm{T}} \in \mathbb{R}^n \end{cases} \tag{7-5-1}$$

求解式(7-5-1)的方法称为约束优化方法。目前，约束优化方法大体可

以分为以下四类：

(1)用线性规划或二次规划来逐次逼近非线性规划的方法，如 SLP 法、SQP 法等。

(2)把约束优化问题转化为无约束优化问题的求解方法，如惩罚函数法、碰壁函数法等。

(3)对约束优化问题不作预先转换而直接处理的分析方法，如可行方向发、梯度投影法等。

(4)对约束优化问题不作预先转换而直接搜索的方法，如复形法、随机实验法等。

其中，前两类为间接解法，其特点是把约束优化问题转化为其他优化问题；而后两类为直接解法，其特点是不作转换，直接求解约束优化问题。本节将简单介绍把约束优化问题转化为无约束优化问题求解的惩罚函数法。

7.5.1 惩罚函数的性质和构造

对问题(7-5-1)，定义惩罚函数

$$F(\boldsymbol{x},M)=f(\boldsymbol{x})+Mp(\boldsymbol{x})$$

其中，$M>0$ 为惩罚因子，$p(\boldsymbol{x})$ 为定义在 $\mathbb{R}^n$ 上的一个函数，称为惩罚项，它满足：

(1) $p(\boldsymbol{x})$ 是连续的；

(2)对任意 $\boldsymbol{x}\in\mathbb{R}^n$，有 $p(\boldsymbol{x})\geqslant 0$；

(3)当且仅当 $\boldsymbol{x}\in S$ 时，$p(\boldsymbol{x})=0$。

其中，S 是约束优化问题(7-5-1)的可行集，即

$$S=\{\boldsymbol{x}\,|\,g_i(\boldsymbol{x})\leqslant 0,i=1,2,\cdots,m;h_j(\boldsymbol{x})=0,j=1,2,\cdots,p\}$$

通常，对不等式约束，定义

$$g_i^+(\boldsymbol{x})=\begin{cases}0,g_i(\boldsymbol{x})\leqslant 0\\ [g_i(\boldsymbol{x})]^2,g_i(\boldsymbol{x})>0\end{cases},(i=1,2,\cdots,m)$$

对等式约束，定义

$$g_{m+j}^+(\boldsymbol{x})=[h_j(\boldsymbol{x})]^2,(j=1,2,\cdots,p)$$

令 $L=p+m$，则惩罚函数为

$$F(\boldsymbol{x},M_k)=f(\boldsymbol{x})+M_k\sum_{i=1}^{L}g_i^+(\boldsymbol{x}) \tag{7-5-2}$$

其中，$M_k>0$ 且 $M_k<M_{k+1}$，$k=1,2,\cdots$，$\lim\limits_{k\to\infty}M_k=+\infty$。很容易验证，这样定义的惩罚项 $p(\boldsymbol{x})=\sum\limits_{i=1}^{L}g_i^+(\boldsymbol{x})$ 满足上述三条性质。

关于惩罚因子 M_k 的选取，根据计算经验常常选取 $M_{k+1}=cM_k, c\in[2,10]$。

7.5.2 迭代算法

用惩罚函数法求解约束优化问题的计算步骤为：

(1)选取 $M_1>0$，精度 $\varepsilon>0, c\geqslant 2$。初始点 $\boldsymbol{x}^{(0)}$，令 $k=1$；

(2)以 $\boldsymbol{x}^{(k-1)}$ 为初始点，求解无约束优化问题

$$\min F(\boldsymbol{x},M_k)=f(\boldsymbol{x})+M_k\sum_{i=1}^{L}g_i^{+}(\boldsymbol{x})$$

设其最优解为 $\boldsymbol{x}^{(k)}=\boldsymbol{x}(M_k)$；

(3)令 $\tau_1=\max\limits_{1\leqslant i\leqslant p}\{|h_i(\boldsymbol{x}^{(k)})|\}, \tau_2=\max\limits_{1\leqslant i\leqslant m}\{|g_i(\boldsymbol{x}^{(k)})|\}$，取 $\tau=\max\{\tau_1,\tau_2\}$；

(4)若 $\tau<\varepsilon$，则迭代结束，取 $\boldsymbol{x}^*=\boldsymbol{x}^{(k)}$；否则令 $M_{k+1}=cM_k, k=k+1$，转回第(2)步。

例 7.1 用惩罚函数法求解

$$\begin{cases}\min f(\boldsymbol{x})=(x_1-3)^2+(x_2-2)^2\\ \text{s.t. } h(\boldsymbol{x})=x_1+x_2-4\end{cases}$$

解：令

$$g^{+}(\boldsymbol{x})=[h(\boldsymbol{x})]^2$$

根据式(7-5-2)构造惩罚函数

$$F(\boldsymbol{x},M)=(x_1-3)^2+(x_2-2)^2+M(x_1+x_2-4)^2$$

则求解方程组

$$\begin{cases}\dfrac{\partial F}{\partial x_1}=0\\[2mm] \dfrac{\partial F}{\partial x_2}=0\end{cases}$$

可得到

$$x_1=\frac{5M+3}{2M+1}, x_2=\frac{3M+2}{2M+1}$$

另外，

$$\nabla^2 F=\begin{bmatrix}\dfrac{\partial^2 F}{\partial x_1^2} & \dfrac{\partial^2 F}{\partial x_1\partial x_2}\\[2mm] \dfrac{\partial^2 F}{\partial x_1\partial x_2} & \dfrac{\partial^2 F}{\partial x_2^2}\end{bmatrix}=\begin{bmatrix}2M+2 & 2M\\ 2M & 2M+2\end{bmatrix}$$

因 $M>0$，故 $\nabla^2 F$ 正定，因此 $F(x,M)$ 在

$$\boldsymbol{x}(M)=\left[\frac{5M+3}{2M+1} \quad \frac{3M+2}{2M+1}\right]^{\mathrm{T}}$$

处取得极小值。令 $M\to+\infty$，得

$$\boldsymbol{x}^{*}=\lim_{M\to+\infty}\boldsymbol{x}(M)=\left[\frac{5}{2} \quad \frac{3}{2}\right]^{\mathrm{T}}$$

易见 $h(\boldsymbol{x}^{*})=0$,所以 $\boldsymbol{x}^{*}$ 即为 $f(\boldsymbol{x})$ 在约束条件 $h(\boldsymbol{x})=0$ 下的极小点，而且极小值为 $f(x^{*})=\frac{1}{2}$。

7.6　基于离散变量的优化方法及其进展研究

在实际的工程优化问题中,会经常遇到一些针对非连续变化参数进行优化的问题,例如,钢筋混凝土结构构件的截面必须取符合模数制的离散值,钢结构构件的截面必须选自型钢表或满足特定组合截面要求的离散值。在这类问题中,设计变量仅在有限离散点上取值(图 7-9),传统的连续变量优化方法不再适用,因而增大了问题的求解难度。

(a) 1D

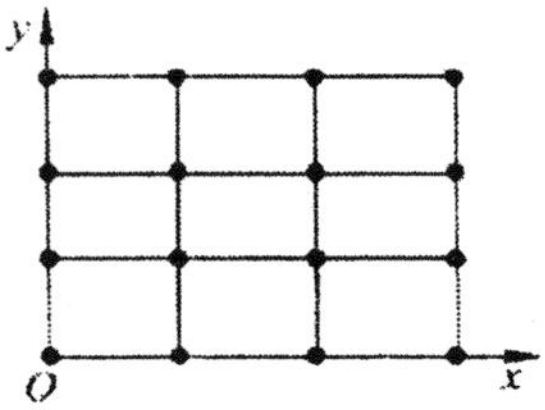

(b) 2D

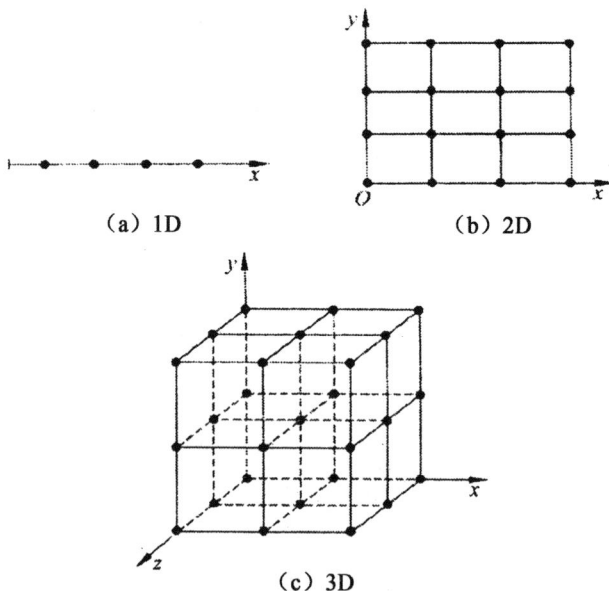

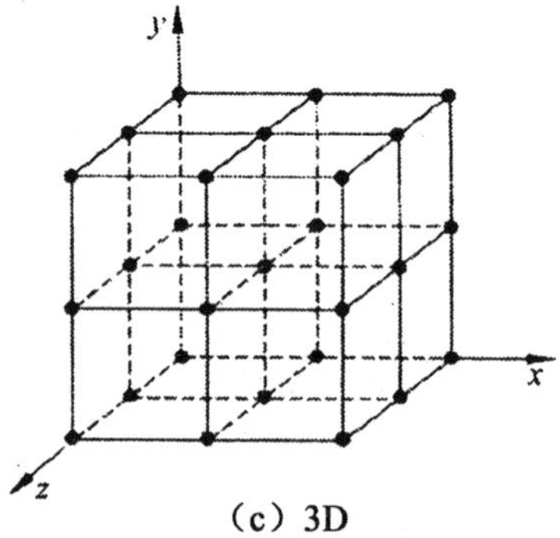

(c) 3D

图 7-9　离散设计变量的空间几何示意图

在所有基于离散变量的优化问题中,如果设计变量取整数值,那么类似的数学规划问题可以简单称为整数规划问题。1963 年,R. E. Gomory 提出

了求解整数线性规划的割平面法。使得整数规划逐渐成为一个独立的分支。此外,还有分枝定界法、隐枚举法、分解方法等求解整数规划问题的方法。本节我们将简单介绍基于整数变量的优化方法[①]。

7.6.1 整数变量优化问题的数学描述

整数变量优化问题的一般形式可以表示为

$$\begin{cases} \max\ f(\boldsymbol{x}) = c_1x_1 + c_2x_2 + \cdots + c_nx_n \\ \text{s.t.} \begin{bmatrix} a_{11} & a_{12} & \cdots & a_{1n} \\ a_{21} & a_{22} & \cdots & a_{2n} \\ \vdots & \vdots & & \vdots \\ a_{m1} & a_{m2} & \cdots & a_{mn} \end{bmatrix} \begin{bmatrix} x_1 \\ x_2 \\ \vdots \\ x_n \end{bmatrix} \leqslant \begin{bmatrix} b_1 \\ b_2 \\ \vdots \\ b_m \end{bmatrix} \\ \qquad \boldsymbol{x} \geqslant \boldsymbol{0}, x_i \in I \subset \{0,1,2\cdots\} \end{cases} \tag{7-6-1}$$

由于离散变量优化问题的求解要比连续变量优化问题困难得多,因此在求解离散变量优化问题时,尽量利用连续变量优化问题成熟的求解方法。为此,考虑去掉设计变量取整数的约束条件:$x_i \in I \subset \{0,1,2\cdots\}$,可以得到如下的连续变量优化问题

$$\begin{cases} \max\ f(\boldsymbol{x}) = c_1x_1 + c_2x_2 + \cdots + c_nx_n \\ \text{s.t.} \begin{bmatrix} a_{11} & a_{12} & \cdots & a_{1n} \\ a_{21} & a_{22} & \cdots & a_{2n} \\ \vdots & \vdots & & \vdots \\ a_{m1} & a_{m2} & \cdots & a_{mn} \end{bmatrix} \begin{bmatrix} x_1 \\ x_2 \\ \vdots \\ x_n \end{bmatrix} \leqslant \begin{bmatrix} b_1 \\ b_2 \\ \vdots \\ b_m \end{bmatrix} \\ \qquad \boldsymbol{x} \geqslant \boldsymbol{0} \end{cases} \tag{7-6-2}$$

为了表述方便,以问题 P 和 $\tilde{P}$ 分别表示整数变量优化问题(7-6-1)和连续变量优化问题(7-6-2)。

定义 7.6.1 在问题 P 中放弃某些约束条件所得到的问题 $\tilde{P}$ 称为问题 P 的松弛问题。

假设 R 表示问题 $\tilde{P}$ 的可行集,$\boldsymbol{x}^*$ 表示对应的最优解;$\tilde{R}$ 和 $\tilde{\boldsymbol{x}}^*$ 分别表示问题 $\tilde{P}$ 的可行集和最优解;那么,对于任何松弛问题 $\tilde{P}$,有如下的重要性质:

(1) $R \subset \tilde{R}$;

(2)若问题 $\tilde{P}$ 没有可行解,则问题 P 也没有可行解;

---

① 唐焕文,秦学志. 实用最优化方法[M]. 2 版. 大连:大连理工大学出版社,2000.

(3) $f(\boldsymbol{x}^*) \leqslant f(\tilde{\boldsymbol{x}}^*)$；

(4)若 $\tilde{\boldsymbol{x}}^* \in \mathbf{R}$，则 $\tilde{\boldsymbol{x}}^*$ 也是问题 P 的最优解。

定义 7.6.2 若条件

(1) $\bigcup\limits_{i=1}^{m} R(P_i) = R(P)$；

(2) $R(P_i) \cap R(P_j) = \varnothing (1 \leqslant i \neq j \leqslant m)$。

成立，则问题 P 被分解为子问题 $P_1, P_2, \cdots, P_m$ 之和，一般取 $m = 2$。像这种把可行集 $R(P)$ 分割为较小子集的过程，称为分枝。

7.6.2 分枝定界法

分枝定界法的基本思想是：将要求解的问题 P 不断分解为几个子问题的和，如果对每个子问题的可行域都能找到域内的最优解，或者明确原问题 P 的最优解不在这个子域内，这样原问题在这个子域上就容易解决了。对每个子问题，依然是求解它对应的松弛问题。若得到最优整数解或可以肯定原问题的最优解不在这个子域内，那么这个子域就查清了，无须再分枝；若该子问题的最优解不是整数解，又不能确定原问题的最优解是否在这个子域内，就需要把这个子域再分枝，同时把该子问题的非整数最优解排除在外。如何来确定在所考察的子域内是否有所找的最优解呢？这是利用“界”来确定。因为对应松弛问题的可行域 $\tilde{R}$ 包含原整数变量优化问题的可行域 R，即 $R \subset \tilde{R}$，所以，对求最大（小）值的问题，有 $f(\boldsymbol{x}^*) \leqslant f(\tilde{\boldsymbol{x}}^*)$ ($f(\boldsymbol{x}^*) \geqslant f(\tilde{\boldsymbol{x}}^*)$)。而与任一个整数可行解对应的目标函数值是最优值的一个上（下）界。

例 7.2 求整数规划问题 P

$$\begin{cases} \max\ f(\boldsymbol{x}) = 20x_1 + 10x_2 \\ \text{s. t.}\ \begin{bmatrix} 5 & 4 \\ 2 & 5 \end{bmatrix} \begin{bmatrix} x_1 \\ x_2 \end{bmatrix} \leqslant \begin{bmatrix} 24 \\ 13 \end{bmatrix} \\ \qquad \boldsymbol{x} \geqslant \boldsymbol{0}, x_i \in I \subset \{0,1,2,\cdots\} \end{cases}$$

解：(1)松弛。去掉约束 $x_i \in I$，得到原问题的松弛问题 P_0

$$\begin{cases} \max\ f(\boldsymbol{x}) = 20x_1 + 10x_2 \\ \text{s. t.}\ \begin{bmatrix} 5 & 4 \\ 2 & 5 \end{bmatrix} \begin{bmatrix} x_1 \\ x_2 \end{bmatrix} \leqslant \begin{bmatrix} 24 \\ 13 \end{bmatrix} \\ \qquad \boldsymbol{x} \geqslant \boldsymbol{0} \end{cases}$$

(2)求解。利用连续变量优化问题的求解方法可以得到其最优解为 $\tilde{\boldsymbol{x}}^* = [4.8 \quad 0]^{\mathrm{T}}$，最优值 $f(\tilde{\boldsymbol{x}}^*) = 96$。由于 $\boldsymbol{x} = [0 \quad 0]^{\mathrm{T}}$ 显然是问题 P 的

一个可行解($\boldsymbol{x}=[0\quad 0]^{\mathrm{T}}\in\mathbf{R}$),相应的目标函数值为 $f(\boldsymbol{x})=0$,所以目标函数值的下界为 0。上界为 96,即 $0\leqslant f(\boldsymbol{x}^*)\leqslant 96$。

若对非整数最优解 $\bar{\boldsymbol{x}}^*=[4.8\quad 0]^{\mathrm{T}}$ 取整,即令 $\bar{\boldsymbol{x}}=[5\quad 0]^{\mathrm{T}}$,显然它不满足约束条件 $5x_1+4x_2\leqslant 24$,因此,$\bar{\boldsymbol{x}}=[5\quad 0]^{\mathrm{T}}\notin R$。

(3)分枝。在松弛问题 P_0 的原有约束条件之外,分别增加两个相互排斥的约束条件:$x_1\leqslant 4$ 和 $x_1\geqslant 5$,形成两个子问题 P_1 和 P_2;由于新增的这两个约束相互排斥,因此原来的非整数最优解 $\bar{\boldsymbol{x}}^*=[4.8\quad 0]^{\mathrm{T}}$ 就不会重复出现,可以被排除。问题 P_1 和 P_2 分别为

$$(P_1)\begin{cases}\max f(\boldsymbol{x})=20x_1+10x_2\\ \text{s. t.}\begin{bmatrix}5&4\\2&5\end{bmatrix}\begin{bmatrix}x_1\\x_2\end{bmatrix}\leqslant\begin{bmatrix}24\\13\end{bmatrix}\\ \boldsymbol{x}\geqslant\mathbf{0},x_1\leqslant 4\end{cases}$$

和

$$(P_2)\begin{cases}\max f(\boldsymbol{x})=20x_1+10x_2\\ \text{s. t.}\begin{bmatrix}5&4\\2&5\end{bmatrix}\begin{bmatrix}x_1\\x_2\end{bmatrix}\leqslant\begin{bmatrix}24\\13\end{bmatrix}\\ \boldsymbol{x}\geqslant\mathbf{0},x_1\geqslant 5\end{cases}$$

另外,在子问题 P_2 中,可行集 $R_2\neq\varnothing$,因为满足 $x_1\geqslant 5,x_2\geqslant 0$ 的任何点都不能满足约束 $5x_1+4x_2\leqslant 24$,所以子问题 P_2 没有可行解,因此只需求解子问题 P_1。

(4)求解。利用连续变量优化问题的求解方法可以得到子问题 P_1 的最优解为 $\bar{\boldsymbol{x}}^*=[4\quad 1]^{\mathrm{T}}$,最优值 $f(\bar{\boldsymbol{x}}^*)=90$。由于 $x_i\in I$ 且 P_2 没有可行解,所以 $\boldsymbol{x}^*=[4\quad 1]^{\mathrm{T}}$ 为原问题 P 的最优解,$f(\boldsymbol{x}^*)=90$ 为对应的最优值。

第8章 基于有限元分析的汽车结构优化应用研究

有限元分析结果仅仅指出给定的设计是否满足设计目标，而并不指示如何去改进设计。在实际汽车设计中，零部件、车身或车架等总成件的设计往往存在多个可供选择的设计方案，优化设计就是一种寻找确定最优设计方案的技术。由于有限元法能够计算复杂结构在各种工况下的应力分布、位移分布及固有频率等性能，因此将有限元法与优化方法相结合，便能解决许多工程实际问题。

优化设计基本步骤汇总如下：

(1)参数化建立模型(设计变量为参数)并求解。

(2)提取并指定状态变量和目标函数，建立与分析变量相对应的参数。

(3)声明优化变量，选择优化方法，指定优化循环控制方式，进行优化分析。

(4)参数化提取结果(状态变量和目标函数为参数)及数据后处理。

有限元优化设计的流程如图8-1所示。

8.1 白车身灵敏度分析及多目标轻量化优化设计

8.1.1 白车身灵敏度分析

1.分析目的

为了提高关注模态的模态频率，需要找出影响低阶关注模态的灵敏零件，通过合理修改关键零件的结构形式与尺寸，提高车身整体抗弯或抗扭刚度等措施来改进车身模态。车身结构分析中的灵敏度分析就是分析车身结构性能参数的变化对车身结构设计参数变化的敏感程度。

2.建立模型

如白车身扭转刚度灵敏度分析，选取车身板厚为设计变量，以反映扭转刚度的扭转角为目标函数进行灵敏度分析，计算关键点的挠度对车身主要构件板厚的灵敏度。或者以车身弯曲刚度为性能指标，用车身板厚为结构参数，研究白车身静态弯曲挠度关于板厚的灵敏度，获得车身修改的最佳位置。取车身一阶扭转和一阶弯曲模态频率值为目标函数，以构成空间基本闭合的梁类构件和板类内外覆盖件的厚度参数为设计变量，对车身进行模态频率灵敏度分析。

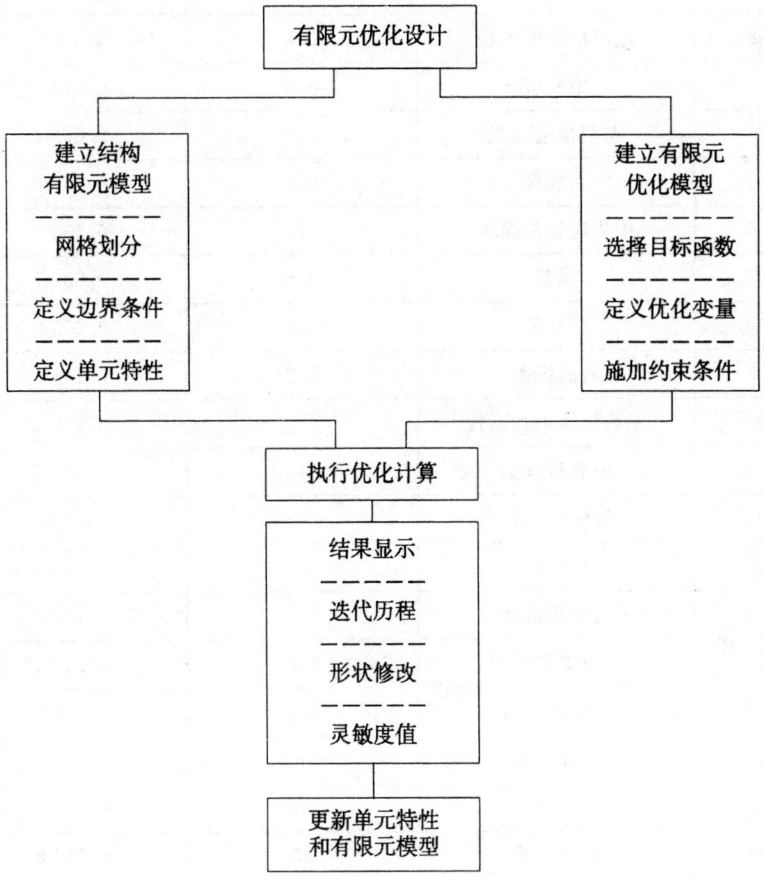

图 8-1　有限元优化设计流程

3. 结果评价

表 8-1 为某白车身扭转刚度灵敏度分析统计结果。由灵敏度分析可以得出，A 柱、前底板、中底板、后底板、门槛梁与前轮罩等构成了车身基本抗扭承载区，这些构件的加强对提高车身扭转刚度十分有效。可以将表 8-1 中数据用柱状图表示并排序，灵敏部件更加容易辨别。

表 8-2 为某车身一阶扭转和一阶弯曲模态频率灵敏度分析结果。将其

绘制成柱状图(图 8-2),分析对一阶扭转和一阶弯曲模态频率影响较大的部件,提高车身相关模态频率所需修改的部件就十分清楚了。

表 8-1 某车身扭转刚度灵敏度分析统计

序号	零部件名称	初始厚度/mm	扭转刚度灵敏度
1	侧围外板	0.8	0.892 5
2	左右后侧围内板	0.8	0.514 5
3	中底板	0.8	0.813 3
4	左门槛前内板	1.5	0.665 4
5	前底板	0.8	0.734 6
6	中央通道加强板	1	0.235 5
7	顶盖	0.8	0.685 7
8	后底板	0.8	0.568 8
9	右后纵梁	1.2	0.146 5
10	左后纵梁内加强板	2	0.228 9
11	中底板横梁	1	0.437 7
12	B 柱加强板	1.2	−0.338 5
13	后挡板	0.8	0.155 3
14	前底板横梁	1	0.472 6
15	左前纵梁外板	1.5	0.213 4
16	A 柱加强板	1.2	−0.592 7
17	A 柱内板	1	0.683 4
18	前围外板	1	0.469 3
19	右前轮罩	1.75	0.749 8

表 8-2 某车身一阶扭转与一阶弯曲模态频率灵敏度统计

序号	设计变量构件名称	初始厚度/mm	抗扭灵敏度/(Hz/m)	抗弯灵敏度/(Hz/m)
1	侧围外板	0.8	6 608	4 963
2	左、右后侧围内板	0.8	3 808	1 160
3	中底板	0.8	2 436	3 613

续表

序号	设计变量构件名称	初始厚度/mm	抗扭灵敏度/(Hz/m)	抗弯灵敏度/(Hz/m)
4	后围板外板	0.8	1 795	865.1
5	右门槛后内板	1	1 750	2 172
6	左门槛前内板	1.5	1 557	1 868
7	后轮罩	0.8	1 231	2 585
8	后悬架托架	1.5	1 369	2 010
9	前底板	0.8	1 515	294.8
10	前底板左加强梁	0.8	1 552	1 629
11	中央通道加强板	1	1 532	407.6
12	前底板横梁	1	1 589	1 666
13	后底板	0.8	1 535	1 456
14	左后纵梁	1	1 460	2 121
15	右后纵梁	1.2	1 466	2 123
16	左后纵梁内加强板	2	1 487	1 782
17	右后纵梁内加强板	2	1 494	1 789
18	中底板横梁	1	1 538	2 055
19	B 柱内板	0.8	289.2	1 751
20	B 柱加强板	1.2	282.1	1 214
21	行李舱隔板	0.8	37.31	−352.5
22	左刖轮罩	1.75	149.2	35.37
23	石刖轮罩	1.75	−121.8	26.27
24	后风窗下横梁	0.8	33.01	−163.4
25	顶盖	0.8	−1 553	−34.16
26	左前纵梁外板	1.5	−37.96	4.9
27	左前纵梁内板	1.5	−39.2	78.5
28	A 柱上加强板	1.2	27.13	386.9
29	A 柱下加强板	1.2	219.4	753.5
30	A 柱上内板	1	68.26	407.7
31	前围上盖板	0.8	−30.51	−112.8

续表

序号	设计变量构件名称	初始厚度/mm	抗扭灵敏度/(Hz/m)	抗弯灵敏度/(Hz/m)
32	前围外板	1	44.85	19.95
33	后挡板	0.8	195.2	19.31
34	后侧围内板加强板	1.2	728.4	217.9

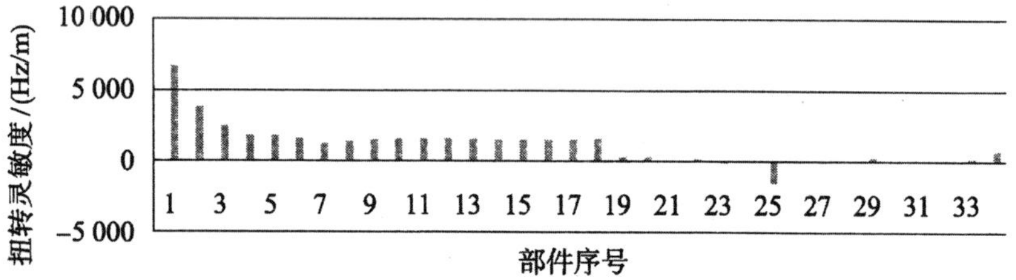

(a) 某车身扭转模态频率灵敏度

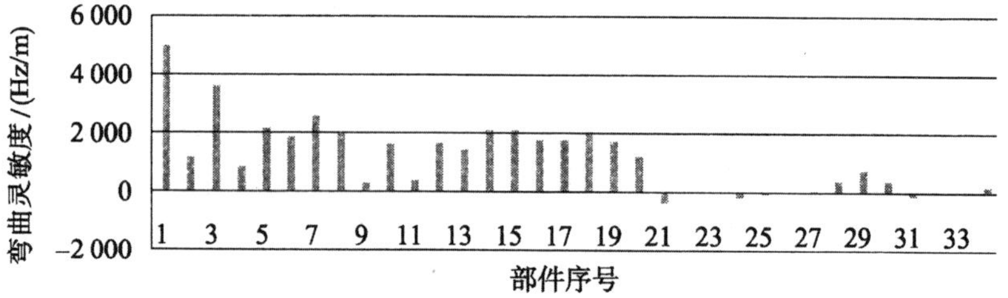

(b) 某车身弯曲模态频率灵敏度

图 8-2 某车身各部件一阶扭转与一阶弯曲模态频率灵敏度

8.1.2 白车身多目标轻量化优化设计案例

以上述灵敏度分析为基础对此白车身进行优化设计分析。白车身优化目标有多种选择,如取车身总质量最轻,或者以提高低阶模态频率为目标等。取前述对一阶扭转和弯曲频率灵敏度较大的构件为设计变量,以车身质量最轻为目标进行优化分析,该白车身优化分析结果见表 8-3。

表 8-3 某白车身优化分析结果

优化变量	项目	初值	最小允许值	最大允许值	优化结果
目标函数/kg	质量	294.33	—	—	279.74
状态变量/Hz	一阶扭转频率	29.907	28	32	29.006
	一阶弯曲频率	41.162	40	43	41.391

续表

优化变量	项目	初值	最小允许值	最大允许值	优化结果
设计变量/mm	侧围外板	0.8	1.065 5	1.4	0.659 47
	后轮罩	0.8			0.651 32
	中底板	0.8			0.659 62
	前底板	0.8			0.664 06
	后底板	0.8			0.651 4
	前底板加强梁	0.8			0.651 68
	左后纵梁	1.2			1.065 1
	右后纵梁	1.2			1.065 5
	中底板横梁	1.0			0.859 15

事实上，汽车结构设计需要满足产品多性能指标，就车身轻量化来说，并非就车身结构优化一项分析，而是车身结构综合优化的结果(图 8-3)。

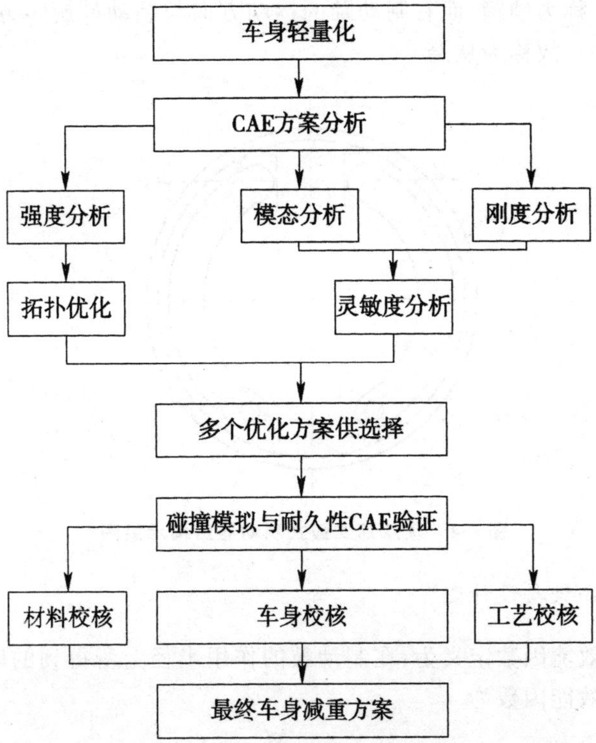

图 8-3　车身轻量化综合分析

考虑到加工工艺及材料规格的限制，实际构件厚度往往需要取整等处理，以上述优化数据为基础，就可以调整构件尺寸参数，实施结构合理化设计，达到减轻车身质量、提高车身刚度的目标。

8.2 鼓式制动器的优化设计

制动器是用来吸收汽车的动能，使之转变为热能散失到大气中，迫使汽车迅速降低车速直至停车的机构，是制动系统中用以产生阻碍车辆运动或运动趋势的力的部件。

8.2.1 制动器优化数学模型建立

如图 8-4 所示，为常见的鼓式制动器，其工作原理是：在促动力 P 的作用下，通过左右两个制动蹄靠紧制动鼓产生摩擦阻矩而制动。左制动蹄顺着制动鼓的旋转方向运动，因而产生一个附加的摩擦力矩，形成自增力效应，该制动蹄称为领蹄；而右制动蹄的运动方向与制动鼓旋转方向相反，形成自减力效应，故称为从蹄。

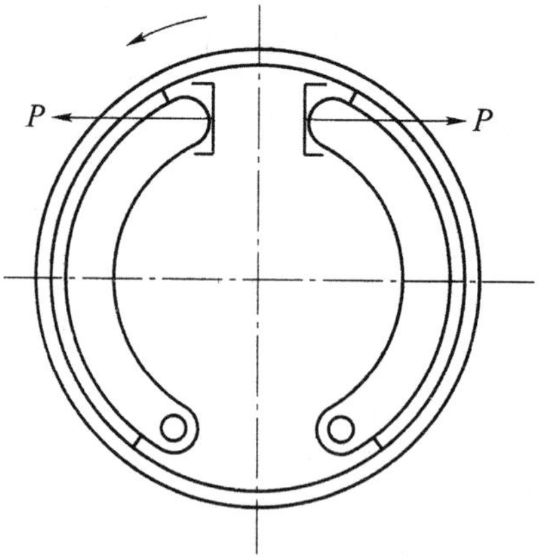

图 8-4 领从蹄式鼓式制动器结构示意图

1. 目标函数与设计变量

制动器效能因数定义为，在制动鼓的作用半径上所得到的摩擦力与输入力之比。效能因数为

$$K_t = \frac{M_\mu}{P \cdot r} \tag{8-2-1}$$

式中，K_t 为制动效能因数；M_μ 为制动器输出的制动力矩；P 为输入力；r 为制动鼓半径。

制动蹄效能因数为

$$K_{t_1}=\frac{\mu h/r}{\frac{f}{r}\left[\frac{\alpha_0-\sin\alpha_0\cos\alpha_3}{4\sin(\alpha_0/2)\sin(\alpha_3/2)}\right]-\mu\left[1+\frac{f}{r}\cos(\alpha_0/2)\cos(\alpha_3/2)\right]} \tag{8-2-2}$$

$$K_{t_2}=\frac{\mu h/r}{\frac{f}{r}\left[\frac{\alpha_0-\sin\alpha_0\cos\alpha_3}{4\sin(\alpha_0/2)\sin(\alpha_3/2)}\right]+\mu\left[1+\frac{f}{r}\cos(\alpha_0/2)\cos(\alpha_3/2)\right]} \tag{8-2-3}$$

如图 8-5 所示，式(8-2-2)和式(8-2-3)中，下标“1”和上面的符号 K_{t_1} 属于领蹄，而下标“2”和下面的符号 K_{t_2} 属于从蹄；r 为制动鼓半径；α_0 为制动器摩擦衬片的包角；α_3 为制动器的支撑角；f 为领、从支撑销到制动鼓中心的距离；h 为领、从蹄支撑销与促动力之间的垂直距离；μ 为摩擦衬片与制动鼓摩擦副间的摩擦系数，各种制动器用摩擦材料的摩擦系数的稳定值为 0.3～0.5，取 $\mu=0.35$。

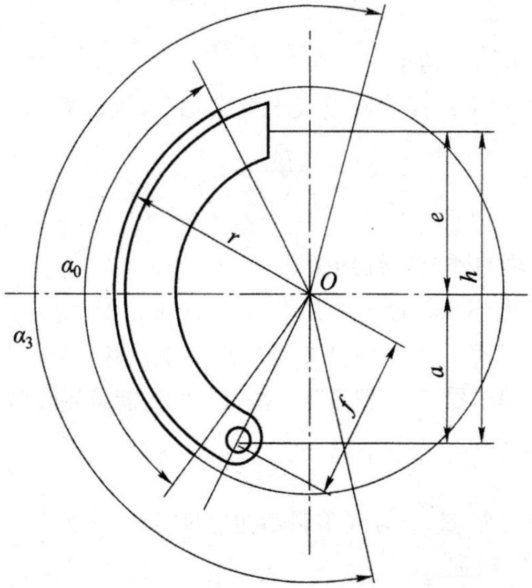

图 8-5　效能因数计算参数示意图

在相同的促动力下，效能因数越大，表明制动力矩越大，制动效果越好，工作效率越高。因此，尽可能地提高制动器的效能因数，对汽车行驶安全有着非常重要的意义，故取效能因数的倒数为优化的目标函数。目标函数为

$$f(\boldsymbol{X})=\frac{1}{K_t}=\frac{1}{K_{t_1}+K_{t_2}} \tag{8-2-4}$$

参照目标函数,设计变量可取为

$$\boldsymbol{X}=[r \quad \alpha_0 \quad \alpha_3 \quad f \quad h]^{\mathrm{T}}=[x_1 \quad x_2 \quad x_3 \quad x_4 \quad x_5]^{\mathrm{T}} \tag{8-2-5}$$

2. 约束条件

(1)自锁约束。

计算蹄式制动器时,必须检查蹄有无自锁的可能。要使制动器不自锁,需满足式(8-2-6)。

$$\mu=\frac{2\alpha_0 f^2-f(2f^2-h^2)\sin\alpha_0}{4rh\sin\dfrac{\alpha_0}{2}-h\sqrt{4f^2-h^2}\sin\alpha_0}\geqslant 0.67 \tag{8-2-6}$$

(2)衬片表面最大压力约束。

摩擦衬片上承受的最大压力应少于规定值,因此有

$$q_{\max}=\frac{2h^2M_\mu\sin\dfrac{\alpha_0}{2}}{b\alpha_0\left[2f^2\alpha_0-(2f^2-h^2+\mu h\sqrt{4f^2-h^2})\sin\alpha_0-4r\mu h\sin\dfrac{\alpha_0}{2}\right]}\leqslant 1.6 \tag{8-2-7}$$

(3)压力分布均匀约束。

希望摩擦衬片上的压力在全长上分布均匀,因此有

$$\Delta=\frac{f\alpha_0}{h\sin\dfrac{\alpha_0}{2}}\leqslant 2.0 \tag{8-2-8}$$

(4)摩擦衬片的磨损特性约束。

摩擦衬片的磨损与摩擦副的材质、表面加工情况、温度、压力以及相对滑磨速度等多种因素有关。制动器的能量负荷常以其比能量耗散率作为评价指标。在紧急制动过程中,一般希望摩擦衬片的比能量耗散率 B 小于规定值:

$$B=\frac{m_a v^2}{8trb\alpha_0}\leqslant 1.9 \tag{8-2-9}$$

式中,m_a 为汽车总质量;v 为汽车制动初速度,m/s;t 为制动时间,s。

(5)制动力矩约束。

制动力矩应小于车轮与地面的附着力矩,以免制动时车轮打滑。一般希望车轮与地面的附着系数 Φ 小于规定值:

$$\Phi=\frac{M_\mu n}{m_a r}\leqslant 0.9 \tag{8-2-10}$$

式中,n 为车轮数或制动器数。

(6)边界约束。

各设计变量的取值应有一个范围,见式(8-2-11)。

$$\begin{cases} 200 \leqslant r \leqslant 250 \\ 1.57 \leqslant \alpha_0 \leqslant 1.92 \\ 3.5 \leqslant \alpha_3 \leqslant 4.37 \\ 120 \leqslant f \leqslant 240 \\ 300 \leqslant h \leqslant 430 \end{cases} \tag{8-2-11}$$

综上所述,建立起几个不等式约束和一个目标函数组成的 5 维优化数学模型,由式(8-2-2)、式(8-2-3)、式(8-2-4)得目标函数,即

$$\min f(\boldsymbol{X})=\frac{x_4}{8\mu}\left(\frac{x_2-\sin x_2\cos x_3}{\sin\frac{x_2}{2}\sin\frac{x_3}{2}}\right)-\frac{2x_1^2\mu}{x_4x_5}\left(\frac{\sin\frac{x_2}{2}\sin\frac{x_3}{2}}{x_2-\sin x_2\cos x_3}\right)\left(1-\frac{x_4}{x_1}\cos\frac{x_2}{2}\cos\frac{x_3}{2}\right)^2$$

$$\boldsymbol{X}=[x_1 \quad x_2 \quad x_3 \quad x_4 \quad x_5]^{\mathrm{T}}$$

$$\text{s.t.}\ \ g_i(\boldsymbol{X})\leqslant 0,(i=1,2,3,\cdots)$$

8.2.2 计算实例及优化结果分析

以东风 EQ140 型制动器为例,汽车满载质量 9 290 kg,制动气室直径 128 mm,轮胎半径 478 mm,制动气压 0.539～0.588 MPa,制动初速度 80 km/h。计算结果如表 8-4 所示。

表 8-4 优化结果与原设计结果比较

方法	r/mm	α_0/(°)	α_3/(°)	f/mm	h/mm	K_t	V/cm^3
原始设计	210	105	205	168	336	2.5	4 428.4
优化设计	240.2	98.8	226.6	155.8	339.1	4.46	3 950.2

8.3 汽车离合器摩擦片的优化设计

设计离合器要确定离合器的性能参数和尺寸参数,这些参数对离合器的结构尺寸和工作性能有直接影响。

8.3.1 离合器基本参数分析

摩擦离合器靠摩擦表面间的摩擦力矩来传递发动机转矩。根据摩擦定

律，离合器的静摩擦力矩可表示为

$$T_c = fFZR_c \tag{8-3-1}$$

式中，T_c 为静摩擦力矩，N·m；f 为摩擦表面间的静摩擦系数；F 为压盘施加在摩擦面上的工作压力，N；R_c 为摩擦片的平均摩擦半径，m；Z 为摩擦面数。

假设摩擦片上压力均匀，则有

$$R_c = \frac{D^3 - d^3}{3(D^2 - d^2)} \tag{8-3-2}$$

$$F = p_0 A = p_0 \frac{\pi(D^2 - d^2)}{4} \tag{8-3-3}$$

式中，p_0 为摩擦面单位面积上的压力，N/m²；A 为一个摩擦面的面积，m²；D 为摩擦片外径，m；d 为摩擦片内径，m。

将式(8-3-2)、式(8-3-3)代入式(8-3-1)，得

$$T_c = \frac{\pi}{12} fZp_0D^3(1 - c^3) \tag{8-3-4}$$

式中，c 为摩擦片内外径之比，$c = d/D$。

为了保证离合器在任何工况下都能可靠地传递发动机的最大转矩，设计时 T_c 应大于发动机最大转矩，即

$$T_c = \beta T_{emax} \tag{8-3-5}$$

式中，T_{emax} 为发动机最大转矩，N·m；β 为离合器的后备系数，$\beta > 1$。

在同样外径 D 时，选用较小的内径 d 虽可增大摩擦面积，提高工作压紧力和传递转矩的能力，但会使摩擦面上的压力分布不均匀，使内外缘圆周的相对滑磨速度差别太大而造成摩擦面磨损不均匀，且不利于散热和扭转减振器的安装。

8.3.2 离合器基本参数的优化数学模型及方法

1. 确定设计变量和目标函数

后备系数 β 取决于离合器工作压力 F 和离合器的主要尺寸参数 D 和 d。单位压力 p_0 可由式(8-3-3)确定，取决于 F、D 及 d。因此，离合器基本参数的优化设计变量可选为

$$\boldsymbol{X} = [x_1 \quad x_2 \quad x_3]^T = [F \quad D \quad d]^T \tag{8-3-6}$$

离合器基本参数优化设计追求的目标是在保证离合器性能要求条件下，使其结构尺寸尽可能小，即目标函数为

$$F(\boldsymbol{X}) = \min\left[\frac{\pi}{4}(x_2^2 - x_3^2)\right] = \min\left[\frac{\pi}{4}(D^2 - d^2)\right] \tag{8-3-7}$$

2. 确定约束条件

(1)摩擦片的内外径之比 c 应在 0.53～0.7 范围内，则有

$$g_1(\boldsymbol{X}) = (-x_3/x_2) + 0.53 \leqslant 0 \tag{8-3-8}$$

$$g_2(\boldsymbol{X}) = (x_3/x_2) - 0.7 \leqslant 0 \tag{8-3-9}$$

(2)摩擦片的外径 D 选取应使摩擦片最大圆周速度 V_D 不超过 70 m/s，以免摩擦片发生飞离，即

$$V_D = \frac{\pi}{60} n_{\text{emax}} D \times 10^{-3} \leqslant 70$$

式中，n_{emax} 为发动机最高转速，r/min。则有

$$g_3(\boldsymbol{X}) = [(\pi n_{\text{emax}} x_2) \times 10^{-3}/60] - 70 \leqslant 0 \tag{8-3-10}$$

(3)为保证离合器可靠传递转矩，并防止传动系统过载，不同的车型 β 值应在一定范围内，对于轿车和轻型货车：$\beta = 1.2 \sim 1.75$；对于中型和重型货车：$\beta = 1.5 \sim 2.25$；对于越野车、重型货车：$\beta = 1.8 \sim 4.0$。则有

$$g_4(\boldsymbol{X}) = -\frac{fzx_1(x_2^2 - x_3^2)}{3T_{\text{emax}}(x_2^2 - x_3^2)} + \beta_{\text{L}} \leqslant 0 \tag{8-3-11}$$

$$g_5(\boldsymbol{X}) = -\frac{fzx_1(x_2^2 - x_3^2)}{3T_{\text{emax}}(x_2^2 - x_3^2)} - \beta_{\text{H}} \leqslant 0 \tag{8-3-12}$$

式中，β_{H} 为 β 的取值上限；β_{L} 为 β 的取值下限。

(4)为降低离合器滑磨时的热负荷，防止摩擦片损伤，单位压力 p_0 对于不同车型，根据所用的摩擦材料在一定范围内选取，烧结金属材料 p_0 = 0.35～0.60 MPa，金属陶瓷材料 p_0 =0.70～1.50 MPa。则有

$$g_6(\boldsymbol{X}) = -\frac{4x_1}{\pi(x_2^2 - x_3^2)} + p_{\text{L}} \leqslant 0 \tag{8-3-13}$$

$$g_7(\boldsymbol{X}) = -\frac{4x_1}{\pi(x_2^2 - x_3^2)} - p_{\text{H}} \leqslant 0 \tag{8-3-14}$$

式中，p_{H} 为 p_0 的取值上限；p_{L} 为 p_0 的取值下限。

(5)为了保证扭转减振器的安装，摩擦片内径 d 必须大于减振器弹簧位置直径 D_0 某一值，则有

$$g_8(\boldsymbol{X}) = -x_3 + D_0 + 50 \leqslant 0 \tag{8-3-15}$$

(6)为了减少汽车起步过程中离合器的滑磨，防止摩擦片表面温度过高而发生烧伤，每一次接合的单位摩擦面积滑磨功应小于其许用值，即

$$w = \frac{4W}{\pi Z(D^2 - d^2)} \leqslant [w] \tag{8-3-16}$$

式中，w 为单位摩擦面积滑磨功，J/m^2；[w]为单位面积滑磨功许用值，J/m^2；W 为汽车起步时，离合器接合一次所产生的总滑磨功，J。

$$W=\frac{\pi^2 n_e^2}{180}\cdot\frac{m_a r_r^2}{i_0^2 i_g^2} \tag{8-3-17}$$

式中，m_a 为汽车总质量，kg；r_r 为轮胎滚动半径，m；i_g 为起步时所用变速器的传动比；i_0 为主减速比；n_e 为发动机转速，轿车取 2000 r/min，货车取 1500 r/min。

则有

$$g_9(\boldsymbol{X})=\frac{\pi n_e^2 m_a^2 r_r^2}{45Zi_0^2 i_g^2(x_2^2-x_3^2)}-[w]\leqslant 0 \tag{8-3-18}$$

综上所述，建立起 9 个不等式约束[式(8-3-8)～式(8-3-15)和式(8-3-18)]和 1 个目标函数[式(8-3-7)]组成的三维非线性优化数学模型，即

$$\min F(\boldsymbol{X})=\frac{\pi}{4}(x_2^2-x_3^2)$$

$$\boldsymbol{X}=[x_1\quad x_2\quad x_3]^{\mathrm{T}}$$

$$\text{s.t.}\quad g_i(\boldsymbol{X})\leqslant 0,(i=1,2,\cdots,9)$$

8.4 汽车主减速器双曲面齿轮结构参数优化设计

在减速器传动比给定的条件下，以双曲面齿轮的体积最小为目标进行优化设计，合理选择双曲面齿轮的结构参数，以提高汽车的通过性。

8.4.1 优化设计的数学模型

1. 设计变量

经分析知，影响双曲面齿轮体积和的主要参数有从动齿轮分度圆直径 d_2，从动齿轮齿面宽 F，双曲面主动齿轮偏移距 E，主动齿轮端面模数 m_1，主动齿轮齿宽中点螺旋角 β_1，主动齿轮数 Z_1 和从动齿轮齿数 Z_2 等。设计变量为

$$\begin{aligned}\boldsymbol{X}&=[Z_1\quad Z_2\quad d_2\quad m_1\quad F\quad E\quad \beta_1]^{\mathrm{T}}\\&=[x_1\quad x_2\quad x_3\quad x_4\quad x_5\quad x_6\quad x_7]^{\mathrm{T}}\end{aligned}$$

2. 目标函数

本问题是以主减速器双曲面齿轮的体积和最小为设计目标，目标函数

如下：

$$F = V_1 + V_2 = F(Z_1, Z_2, d_2, m_1, F, E, \beta_1)$$

3.约束条件

(1)从动齿轮分度圆直径 d_2 的约束。

为满足汽车的通过性要求，应保证汽车所必需的离地间隙为 X，故对从动齿轮分度圆直径 d_2 有如下约束：

$$r_k - d_2/2 - h \geqslant X \tag{8-4-1}$$

式中，h 为从动齿轮到主减速器壳的间隙与主减速器壳体厚度之和；r_k 为汽车车轮滚动半径。另外，当以Ⅰ挡传递 M_{emax} 时，节圆直径应大于或等于以下两式中的较大值。

$$d_2 \geqslant 3.46\sqrt{M_{emax} i_{k\text{I}} i_0} \tag{8-4-2}$$

$$d_2 \geqslant 3.46\sqrt{0.85 G_2 r_k} \tag{8-4-3}$$

式中，M_{emax} 为发动机最大扭矩；$i_{k\text{I}}$ 为变速器Ⅰ挡速比；i_0 为主减速比；G_2 为驱动桥称重。

当以直接挡传递 M_{emax} 时，d_2 应满足：

$$d_2 \geqslant 5.74\sqrt{M_{emax} i_0} \tag{8-4-4}$$

最后，选取以Ⅰ挡传递 M_{emax} 时和以直接挡传递 M_{emax} 时所算 d_2 值中较大者，作为主减速器从动齿轮分度圆直径的下限取值。

(2)主、从动齿轮齿数的约束。

为了得到理想的齿面重叠系数，提高传动平稳性和降低传动噪声，齿数和应选为

$$Z_1 + Z_2 \geqslant 45 \tag{8-4-5}$$

同时为取得合适的离地间隙，应选择：

$$7 \leqslant Z_1 \leqslant 12 \tag{8-4-6}$$

另外，考虑 Z_1 与 Z_2 之间应满足一定的传动比条件，应有约束：

$$|Z_1 i_0 - Z_2| \leqslant \Delta Z \tag{8-4-7}$$

式中，ΔZ 为齿数调整范围，可取1或2等值。

(3)主动齿轮端面模数 m_1 的约束。

经推导，m_1 应满足如下关系式：

$$\frac{1.3d_2}{Z_1 d_0} \leqslant m_1 \leqslant \frac{1.5d_2}{Z_1 i_0} \tag{8-4-8}$$

(4)从动齿轮宽 F 的约束。

按有关推荐公式取：

$$|F - 0.155d_2| \leqslant k \tag{8-4-9}$$

式中，k 为从动齿轮齿宽；F 的取值变动范围，可取 1 或 2 等值。

(5)双曲面主动齿轮偏移距 E 的约束。

E 值过大，将导致齿面纵向滑动的增大而引起齿面的早期磨损或擦伤；E 值过小，则不能充分发挥双曲面齿轮的特点。E 的约束范围可选为

$$0.12d_2 \leqslant E \leqslant 0.2d_2 \tag{8-4-10}$$

(6)主动齿轮齿宽中点螺旋角 β_1 的约束。

螺旋角的大小影响齿面重叠系数、轮齿的强度和轴向力的大小。通常汽车主减速器的螺旋角 $\beta_m = 35° \sim 40°$，对于双曲面齿轮有 $\beta_m = (\beta_1 + \beta_2)/2$，即

$$35° \leqslant (\beta_1 + \beta_2)/2 \leqslant 40°$$

式中，β_2 为从动齿轮齿宽中点螺旋角，$\beta_2 = \beta_1 - \varepsilon$；$\varepsilon$ 为偏移角近似值，$\varepsilon = \sin^{-1}[2E/(d_2 - F)]$。

综上所述，有

$$35° \leqslant \beta_1 - \frac{1}{2}\sin^{-1}\left(\frac{2E}{d_2 - F}\right) \leqslant 40° \tag{8-4-11}$$

(7)接触强度的约束。

齿面接触平均应力 $\bar{\sigma}_H$ 为

$$\bar{\sigma}_H = \frac{C_p}{d_1}\sqrt{\frac{2M_{计主}k_0k_sk_mk_f10^3}{k_vFJ}}$$

式中，C_p 为材料的弹性系数；d_1 为主动齿轮分度圆直径，$d_1 = m_1Z_1$；k_0 为超载系数，对于一般载重汽车、矿用汽车和越野车以及液力传动的各类汽车取 $k_0 = 1$；k_s 为尺寸系数，反映材料性质的不均匀性，与齿轮尺寸及热处理状态有关，当端面模数 $m_s < 1.6$，取 $k_s = 0.5$，当 $m_s \geqslant 1.6$，取 $k_s = \sqrt[4]{\frac{m_s}{25.4}}$；$k_m$ 为齿面载荷分配系数；k_v 为动载系数；k_f 为表面品质系数；J 为计算接触应力用的综合系数；$M_{计主}$ 为主动齿轮计算扭矩，$M_{计主} = M_{计从}/(i_0\eta_m)$；$i_0$ 为主减速器传动比；η_m 为主减速器传动效率；$M_{计从}$ 为从动齿轮计算扭矩，$M_{计从} = \min\{M_{Ge}, M_{Gs}\}$；$M_{Ge}$ 为按发动机最大扭矩和传动系统最低挡传动比确定的主减速器从动齿轮计算扭矩；M_{Gs} 为按驱动车轮打滑扭矩确定的主减速器从动齿轮计算扭矩。

因此，接触强度约束为

$$\bar{\sigma}_H = [\sigma_n] \tag{8-4-12}$$

式中，$[\sigma_n]$ 为齿轮材料的许用接触应力。

(8)齿轮弯曲强度的约束。

主动齿轮弯曲应力 σ_{w1} 的计算公式为

$$\sigma_{w1} = \frac{2M_{计主}k_0k_sk_m}{k_vF'Z_1m_1^2J_{w1}} \times 10^3$$

式中，J_{w1} 为主动齿轮轮齿弯曲应力的综合系数；F' 为主动齿轮齿宽，取 $F' = 1.1F$。

从动齿轮弯曲应力 σ_{w2} 的计算公式为

$$\sigma_{w2} = \frac{2M_{计主}k_0k_sk_m}{k_vFZ_2m_2^2J_{w2}} \times 10^3$$

式中，J_{w2} 为从动齿轮轮齿弯曲应力的综合系数；m_2 为从动齿轮大端端面模数，取 $m_2 = d_2/Z_2$。

则齿轮的弯曲强度约束为

$$\sigma_{w1} \leqslant [\sigma_w] \tag{8-4-13}$$

$$\sigma_{w2} \leqslant [\sigma_w] \tag{8-4-14}$$

式中，$[\sigma_w]$ 为齿轮材料的许用弯曲应力。

综上，可得该问题的优化数学模型为

$$\boldsymbol{X} = [x_1 \quad x_2 \quad x_3 \quad x_4 \quad x_5 \quad x_6 \quad x_7]^T$$

$$\min F(\boldsymbol{X}) = V_1 + V_2$$

$$\text{s.t.} \ \ g_u(x) \geqslant 0, (u = 1,2,3,4,\cdots,18)$$

8.4.2　计算实例及优化结果分析

某型越野车满载总重 $G_{a \cdot g} = 20\ 050$ N，其发动机最大扭矩为 $M_{emax} = 172$ N·m，变速器Ⅰ挡速比为 $i_1 = 3.115$，轮胎为 6.50R15 型，$r_r = 0.375$ m，后驱动桥主减速器为双曲面齿轮传动，主减速比为 $i_0 = 4.55$，无轮边减速器。要求设计后驱动桥主减速器的双曲面齿轮。

按传统常规设计方法设计的双曲面齿轮的 7 个参数值如下：

$$Z_1 = 9, Z_2 = 41, d_2 = 223, m_1 = 8, F = 32, E = 40, \beta_1 = 50$$

按以上数据得到的目标函数值 $F = 1\ 111\ 544\ \text{mm}^3$。

采用惩罚函数法，得到的最优解为

$$\begin{aligned}\boldsymbol{X}^* &= [x_1 \quad x_2 \quad x_3 \quad x_4 \quad x_5 \quad x_6 \quad x_7]^T \\ &= [Z_1 \quad Z_2 \quad d_2 \quad m_1 \quad F \quad E \quad \beta_1]^T \\ &= [9 \quad 41 \quad 190 \quad 6.5 \quad 29 \quad 24 \quad 50]^T\end{aligned}$$

此时，目标函数值 $F(\boldsymbol{X}^*) = 861\ 575.5\ \text{mm}^3$。

参考文献

[1]谭继锦,张代胜.汽车结构有限元分析[M].2 版.北京:清华大学出版社,2018.

[2]谭继锦.汽车有限元法[M].3 版.北京:人民交通出版社,2018.

[3]胡顺安,李红艳,左克生.汽车零部件有限元技术[M].北京:人民交通出版社,2017.

[4]黄维平,杨永春.结构有限元分析基础及 ANSYS 应用[M].北京:中国铁道出版社,2017.

[5]陈克,田国红.车辆有限元及优化设计[M].北京:北京理工大学出版社,2015.

[6]王国军.车辆结构有限元分析[M].北京:机械工业出版社,2013.

[7]杜平安,于亚婷,刘建涛.有限元法——原理、建模及应用[M].北京:国防工业出版社,2011.

[8]赵继俊.优化技术与 MATLAB 优化工具箱[M].北京:机械工业出版社,2011.

[9]王霄锋.汽车底盘设计[M].北京:清华大学出版社,2010.

[10]卢耀祖,周中坚.机械与汽车结构的有限元分析[M].上海:同济大学出版社,1997.

[11]刘扬,刘巨保,罗敏.有限元分析及应用[M].北京:中国电力出版社,2008.

[12]梁醒培,王辉.基于有限元法的结构优化设计:原理与工程应用[M].北京:清华大学出版社,2010.

[13]胡于进,王璋奇.有限元分析及应用[M].北京:清华大学出版社,2009.

[14]杨庆生.现代计算固体力学[M].北京:科学出版社,2007.

[15]曾攀.有限元分析及应用[M].北京:清华大学出版社,2004.

[16]谷正气.轿车车身[M].北京:人民交通出版社,2002.

[17]高云凯.汽车车身结构分析[M].北京:北京理工大学出版社,2006.

[18]黄金陵.汽车车身设计[M].北京:机械工业出版社,2007.

[19]金先龙,李渊印.结构动力学并行计算方法及应用[M].北京:国防工业出版社,2008.

[20]张志文,韩清凯.机械结构有限元分析[M].哈尔滨:哈尔滨工业大学出版社,2006.

[21]彭细荣,杨庆生,孙卓,等.有限单元法及其应用[M].北京:清华大学出版社,2012.

[22]邢静忠,王永刚.有限元基础与ANSYS入门[M].北京:机械工业出版社,2005.

[23]秦太验.有限元法及其应用[M].北京:中国农业大学出版社,2011.

[24]孟春玲,张扬,张力.有限元法及ANSYS程序应用基础[M].北京:科学出版社,2008.

[25]孙新民,张秋玲,丁洪生.现代设计方法实用教程[M].北京:清华大学出版社,2009.

[26]陈屹,谢华.现代设计方法及其应用[M].北京:国防工业出版社,2004.

[27]钟志华,周彦伟.现代设计方法[M].武汉:武汉理工大学出版社,2004.

[28]高健.机械优化设计基础[M].北京:科学出版社,2000.

[29]孙靖民.机械优化设计[M].4版.北京:机械工业出版社,2007.

[30]谭继锦,张代胜.某型大客车车身骨架轻量化设计[J].汽车工程,2008(28),4.

[31]桂良进.某型载货车车架结构轻量化设计[J].汽车工程,2003,4:403-406.

[32]吴祚宝.有限元分析与以设计为中心虚拟制造系统的集成[J].机械工程学报,2000,8:43-46.

[33]陈克.利用Matlab优化设计汽车鼓式制动器[J].机械设计与制造,2003(4):18-19.

[34]周永.基于拓扑优化的某轿车前悬架控制臂设计及性能研究[D].安徽:安徽工程大学,2013.

[35]黄河.汽车悬架下控制臂轻量化优化设计及疲劳性能分析[D].长春:吉林大学,2016.

[36]王路.基于可靠性的悬架控制臂拓扑优化[D].北京:北京理工大学,2015.

[37]乐天聪.某轿车悬架控制臂有限元分析与结构优化[D].长春:吉

林大学,2009.

[38]黄亚威.轿车悬架控制臂性能分析与参数化轻量化优化设计[D].长春:吉林大学 2014.

[39]胡敏.白车身车门螺栓组装配工艺的研究[D].天津:天津理工大学,2018.

[40]董晓伟.某轿车白车身有限元仿真分析及轻量化设计[D].天津:天津职业技术师范大学,2018.

[41]陈勇.某车型汽车轻量化结构方案设计及优化[D].重庆:重庆理工大学,2018.

[42]丰亮.基于刚度和模态分析的纯电动汽车白车身轻量化设计[D].长沙:湖南大学,2017.